Embryonen an Kanonen

fredie

Embryonen an Kanonen

Kindersoldaten im Zweiten Weltkrieg

Bibliografische Information der Deutschen Nationalbibliothek
Die Deutsche Nationalbibliothek verzeichnet diese Publikation in der
Deutschen Nationalbibliografie; detaillierte bibliografische Daten sind im
Internet über http://dnb.d-nb.de abrufbar.

Satz,Umschlaggestaltung, Herstellung und Verlag:
BoD – Books on Demand, Norderstedt
ISBN 978 3 7597 1516 6

Die Prodöhls

Ich werde nicht wetten, aber ich glaube nicht, dass das Dorf Zippnow dem geschätzten Leser bekannt sein dürfte. Wie auch? Es heißt heute Sypniewo und liegt an der Straße Nadarzyce–Jastrowie im heutigen Polen. Bis 1945 gehörte es zum westpreußischen Regierungsbezirk Deutsch Krone und war mit Gründung des Deutschen Reiches im Jahre 1871 enger mit dem übrigen Deutschland verbunden. Insbesondere die polnisch-katholische Geistlichkeit versuchte, einen deutschen Einfluss zu unterwandern. Erst 1876 konnte der Gebrauch der deutschen Amtsprache zugelassen werden, was von polnischer Seite als Unterdrückung des polnischen Volkstums und als Germanisierungsmaßnahme angeprangert wurde. Die Arbeitslosigkeit in dieser Region war groß. Die bestehenden Nationalitätenprobleme und »Kulturkämpfe« belasteten die Bevölkerung zusätzlich.

Es muss so um das Jahr 1877 gewesen sein, also ein Jahr nach Einführung der deutschen Amtsprache, da verliebte sich eines der hübschesten Mädel Zippnows, Anna Sack, in den drei Jahre älteren Arbeiter Lorenz Prodöhl. Sie »gingen« miteinander, und da beide katholischer Herkunft waren, sehnten sie sich nach der Lust bringenden Hochzeitsnacht und heirateten alsbald.

Sie bewohnten eine kleine zum Gutsbetrieb gehörende Instwohnung und arbeiteten tagsüber als Saisonarbeiter auf dem Felde. Die Entlohnung, die sie für ihre schwere Arbeit erhielten, war gering. Sie reichte gerade aus, um leben zu können. Wenn die Saison vorüber war, versuchten sie sich im Dorf andere Arbeit zu verschaffen. Pille und Präservative gab es noch nicht, der Begriff »Verhütung« war auch noch nicht erfunden und der Koitus interruptus wurde von der katholischen Kirche verdammt. Man war aber sehr katholisch und voller Liebe zueinander. Und die Abende, frei von Fernseher, Radio, Zeitung und sonstigen Lustbarkeiten der heutigen Wohlstandsgesellschaft, dienten dazu, diese Liebe auszuleben. Das Ergebnis ließ sich sehen:

1880 wurde Eduard, ihr erster Sohn, geboren. Martin kam 1881 auf die Welt und Mathilde 1884. 1887 folgten Johann und 1889 Anna. Tochter Lucia erblickte 1893 das Licht, 1896 kam Bernhard an die Reihe und am 13. Juli 1898 war endlich Maria dran, Maria, meine Mutter! Aber damals wusste ich es noch nicht. Sie übrigens auch nicht! Es folgten nach ihr in Britz noch Lorenz (1902) und Paul (1905).

Mutter Anna war eine tüchtige Hausfrau, die ihre Familie zusammenhielt und in erster Linie um das Wohl ihrer zehn Kinder besorgt war. Trotz der leeren Kassen gelang es ihr immer wieder, ihre Kinder satt zu bekommen. Vater Lorenz unterstützte sie dabei, so gut er konnte.

Ende des 19. Jahrhunderts versuchten sie mehrmals aus ihrem Zippnow auszubrechen, um in Berlin Fuß zu fassen. Doch auch hier waren freie Arbeitsstellen rar. Zudem wurde ja auch noch eine Wohnung gesucht. Die Prodöhls ließen aber nicht locker.

1898 gründeten die Gebrüder Friesecke in Britz bei Berlin eine Kunststeinfirma, in der Fassaden- und Architekturteile, Kunstgranit- und Gehwegplatten, Betonrohre und anderes nützliches Brauchbares hergestellt wurden. Die Frieseckes suchten tüchtige Arbeitskräfte, und das erfuhren auch die Prodöhls im fernen Zippnow. Da galt es doch, mit Sack und Pack gen Berlin zu reisen und bei Frieseckes vorstellig zu werden. Vater Lorenz machte es auch nichts aus, dass die Firma Hoflieferant Sr. Majestät des Kaisers und Königs war. In der Chausseestraße, direkt am Teltowkanal, hatte die Firma nicht nur ihr großes Betriebsgelände, sondern auch ein kleines Häuschen, in dem eine Wohnung, bestehend aus Küche und drei Stuben, von einem Friesecke'schen Mitarbeiter gemietet werden konnte. Und Lorenz hatte Glück. Seine Familie bekam die Wohnung und er einen Arbeitsplatz in dem Kunststeinwerk.

Maria Prodöhl

Die älteren Kinder suchten sich in Berlin Arbeit und verließen bald die gemeinsame Wohnung, zumal die drei kleinen Stuben für die Großfamilie keinen ausreichenden Platz boten. Übrigens gab es kein Bad. Die dringenden Geschäfte mussten auf einem Plumsklosett, das unweit des Hauses stand, verrichtet werden. Eine auf dem Hof stehende Pumpe diente auch der Körperpflege. Und da Mutter Anna sehr auf Reinlichkeit achtete, waren ihre Töchter und Söhne abgehärtet und benötigten keine jährliche Grippeschutzimpfung.

In der nicht allzu großen Küche spielte sich das Leben der Großfamilie ab. Hier wurde gekocht, geflickt, gegessen und geklönt. Mutter Anna war nicht nur eine gute Köchin, sondern verstand es auch, die Familie zusammenzuhalten. Die Kinder vertrauten ihr, wie auch sie es ihnen gegenüber tat. Sie hatten ein herzliches und liebevolles Verhältnis zueinander. Wenn unter den Kindern irgendetwas nicht in Ordnung war, nahm Mutter Anna sich die Zeit, es zu richten, zu schlichten oder zu trösten. Meine Cousine Hertha beschrieb sie so: »Für mich war sie die Großmutter, wie man sie aus den Märchen kannte. Ich konnte mich als Kind oft in ihren Schoß flüchten!«

Um den Lebensunterhalt der noch im Hause lebenden fünf erwachsenen Kinder nebst ihrer Eltern zu sichern, nahm Mutter Anna Heimarbeit auf, bei der ihr ihre Töchter Maria und Lucia sowie ihr Sohn Lorenz tüchtig halfen. Die von einer Spangenfabrik gelieferten Spangen und Kämme mussten teilweise zusammengeklebt und zu jeweils einem Dutzend auf Kartons aufgesteckt werden. Wahrlich, eine sehr stupide Arbeit. Doch unsere fleißigen Kammkleber machten sich ihre Arbeit durch fröhlichen Gesang althergebrachter Moritaten und Küchenlieder erträglich.

Trotz der bestehenden finanziellen Sorgen ging es im Prodöhl'schen Hause immer fröhlich zu. Vater Lorenz, Mitglied und zweiter Schriftführer des Britzer Katholischen Männervereins St. Joseph, liebte die Geselligkeit und hatte die Gabe, allseits für gute Laune und Stimmung zu sorgen. Er sang sehr gern und wusste viele wahre und geflunkerte Geschichten aus seiner Zippnower Zeit zu erzählen. Seine geheimnisvollen Gruselgeschichten sollen manchen seiner Zuhörer den Schlaf geraubt haben.

Es nahm nicht wunder, dass Prodöhls Kinder in der im Hause vorherrschenden freundlichen Atmosphäre nicht »weit vom Stamm fielen«. Alle waren sangesfreudig und zu Spä-ßen aufgelegt. Sie feierten gern im Familienkreis und einige trugen durch Gesangseinlagen oder Sketche zur allgemeinen Erheiterung bei. Lieder und Sketche waren nicht immer ganz stubenrein, aber das tat selbst dem katholischen Glauben kei-nen Abbruch.

Sohn Lorenz sollte noch in der Heimat als Priester ausgebil-det werden. Nach einigen katholischen Seminaren verging ihm aber die Lust und er erlernte ein Handwerk. Als treuer Katho-lik kannte er die Bibel und wusste aus den Seminaren auch mit ihr umzugehen. Diese Kenntnis und sein Talent nutzte er bei Familienfeierlichkeiten weidlich aus. Wenn der Ruf er-scholl: »Lorenz, mach mal den Pfarrer!«, verschwand Lorenz ins Nebenzimmer, zog sich um und erschien in einem hinten zugeknöpften schwarzen Mantel, auf dem Kopf eine bis an die Augenbraue reichende Baskenmütze, breitete die Arme aus und begann seine Predigt: »Und es begab sich zu seiner Zeit, da die Elbe brannte und die Hunde und Katzen nach Stroh liefen, um das Feuer zu löschen. Doch sie wurden nicht Herr über das Feuer. Da riefen die Katzen alle Hasen zu Hilfe, um das Feuer zu löschen. Sintemalen waren es aber der Hunde viele und – es stand schon geschrieben: Viele Hunde sind des Hasen Tod …« – Gegen Ende befasste er sich in seiner Predigt mehr und mehr mit den geheimen und Lust befriedigenden weiblichen Körperteilen. Abschließend wurde die »Gemeinde«

im Namen des Herrn gesegnet und zu einem kräftigen Schluck aus der Pulle aufgefordert.

Die Diebels

Zu jener Zeit, da für Anna und Lorenz die Reichshauptstadt lockte, gebar Luise Pauline Mühmel, verehelicht mit Friedrich Wilhelm Diebel, am 5. Dezember 1892 in Berlin-Neukölln einen Knaben namens Franz Emil Paul, meinen Vater. Aber auch das wusste ich damals noch nicht!

Gleich den Prodöhls hatten sie das Landleben satt gehabt und nach langem Hin und Her in Berlin Fuß gefasst. Sie waren ursprünglich in dem zum Deutschen Reich gehörenden Kreis Grünberg – in Schlesien, nahe der Mark Brandenburg gelegen – zu Hause und hatten Ähnliches erlebt, wie ihre fahnenflüchtigen Landsleute aus Westpreußen. Paul focht dies aber nicht sonderlich an, er machte sich auf den Weg, ein echter Berliner zu werden.

In der in Neukölln gelegenen Juliusstraße, die von der Chausseestraße abging, verbrachte er seine ersten Jugendjahre. Er ging auf die »Klippschule«, wie er fürderhin die Volksschule nannte, war ein guter Schüler mit ordentlichem Betragen, was ihn aber nicht davon abhielt, sich zur Verteidigung der Juliusstraßenehre in regelmäßigen Abständen Straßenschlachten mit den ihre Ehre verteidigenden Lümmel aus der Glasower Straße zu liefern. Bei diesen Auseinandersetzungen gab es weder Tote noch Schwerverletzte. Ein paar Blessuren trug wohl ein jeder mit nach Hause und ließ sie dort mütterlich behandeln. Allerdings gab es abends für Paul vom körperlich hart arbeitenden Steinsetzer Wilhelm Diebel ein paar väterlich gar nicht so gut gemeinte Maulschellen.

Mit 15 Lenzen begann Paul eine Lehre als »Schreiberlehrling« in der Fakturenabteilung der Annoncenexpedition August Scherl und wechselte dann als Kontorist und Registrator zur Annoncenexpedition Jacques Albachary.

Paul Diebel

Als 1914 Kaiser Wilhelm furchterregend mit dem Säbel rasselte, heiratete er noch schnell das Fräulein Martha Sorique und zog am 7. Dezember 1914 als Landsturmmann der 51. Kompanie des 11. Armee-Bataillons aus, die Franzosen zu verhauen. Wie wir wissen, kam es in Frankreich zu lang anhaltenden Stellungskämpfen, die auf beiden Seiten unzähligen Menschen das Leben kosteten. Paul hasste zwar den Krieg, erfüllte aber andererseits jederzeit seine Pflicht. So erhielt er für vorbildliche Durchführung eines Spähtrupps das Eiserne Kreuz II. Klasse. Aber dennoch verriet ihn die Heimat ganz hinterlistig und schnöde. Er merkte es allerdings erst, nachdem er während seines Heimaturlaubes einige illustre Nächte mit seiner flotten Martha verbracht hatte. Für ihn war es äußerst peinlich, als er, wieder an die Front zurückgekehrt, an Tripper erkrankte. Er ließ sich von seinem Luxusweib, das, während er im Felde um die Ehre des Kaisers oder so kämpfte, ihren Körper gegen entsprechendes Salär vermietet hatte, scheiden. Am 13. Januar 1919 wurde er – inzwischen zum »überzähligen Gefreiten« ernannt – infolge Demobilmachung aus dem Wehrdienst nach Britz in die Chausseestraße 92 entlassen.

Die Zeiten nach dem irrsinnigen Krieg waren alles andere als rosig. Die große Arbeitslosigkeit und Hungersnot, die bereits während des Krieges bestanden hatte, verstärkte sich jetzt durch die zurückkommenden Krieger. Bereits 1910 wurde in Britz der Straßenbahnhof in der Gradestraße, nahe seinem Wohnsitz, eröffnet. Paul hatte Glück. Er bewarb sich dort und erhielt einen Arbeitsplatz als Straßenbahnschaffner. In dieser Eigenschaft klingelte er sich auch oft auf einer der Linien 21, 28, 58 oder 55 durch die Chausseestraße, vorbei an dem auf dem Friesecke'schen Gelände stehenden kleinen Wohnhaus Nummer 64. Irgendwie hatte Paul spitzgekriegt, dass dort noch eine hübsch anzusehende Maria frei herumlief. Doch hinter Maria war auch ein gewisser Otto her, dessen Frau Anna verstorben war und der nun eine Mutter für seinen einsamen Sohn suchte. Vergeblich! Maria roch den Braten. Sie wollte eigentlich noch gar nicht unter die Haube. Doch als besagter Paul um sie buhlte, verfiel sie seiner charmanten Art. Fortan gingen sie miteinander. Und die Eltern hatten noch nicht einmal etwas dagegen! Paul, nicht dumm, hatte sich nämlich vorerst die Sympathie der wachsamen Mutter Anna gesichert. Er begrüßte sie immer mit Kusshand und behandelte sie als Dame. Paul verehrte eben Frauen, eine Eigenschaft, die er trotz seiner Tripperererfahrung nicht ablegte.

Die Vereinigung

Es kam, wie es kommen musste (denn sonst wäre ich wohl nicht existent): Am 17. Juni 1922 heiratete der geschiedene Straßenbahnschaffner Paul Diebel die Fabrikarbeiterin Maria Prodöhl. Eigentlich wollten sie sich kirchlich trauen lassen. Beide kamen ja aus einer gläubigen katholischen Familie, und besonders Paul war recht bibelfest. Einer der bei der Anmeldung zur Trauung die Personalien aufnehmenden Nonne gefiel aber Pauls nicht gerade knitterfreier Papiermassenanzug (es war sein einziger!) nicht und sie erlaubte sich die Bemerkung, dass er mit diesem Anzug doch wohl nicht die Kirche betreten wolle. Das hätte sie nicht sagen sollen. Paul nahm seine Maria an die Hand und verzichtete auf die kirchliche Trauung. Er bekannte sich fürderhin in Glaubensfragen nur noch als »Dissident«.

Die Hochzeitsfeier im Hause Chausseestraße 64 sollte für das jüngste Mädchen, Liebling der Eltern und seiner Geschwister, unvergessen bleiben. Es wurde gesungen, Sketche wurden dargeboten und Reden gehalten. Das Paar erhielt viele Geschenke und wurde mit Blumen förmlich überschüttet. Übrigens war es die einzige Hochzeitsfeier im Hause und mangels Nachwuchses auch die letzte. Die ganze Familie hatte dafür gespart, jeder Reichspfennig ging in den hochzeitlichen Sparstrumpf und sorgte für eine gelungene Feier.

Die Jungvermählten erhielten in der kleinen Wohnung eine Stube, in der sie ihre ersten Ehejahre verbringen konnten. Maria arbeitete weiterhin in der Kammfabrik und Paul klingelte zunächst noch weiter als Straßenbahnschaffner. Später gelang es ihm, als Expedient bei einer Berliner Verlagsgesellschaft unterzukommen.

Das Dorf Britz

Maria und Paul liebten ihr Britz. Paul wollte mehr über »sein« Britz wissen und hatte Gelegenheit, sich in seiner Verlagsgesellschaft mit entsprechender Literatur zu versorgen. Und so erweiterte er sein Wissen über die Entwicklung dieses Dorfes bei Berlin (erst seit 1922 gehört es zu Berlin):

Das genaue Geburtsdatum des Dorfes Britz konnte er in den Annalen kaum finden. Es wird vermutet, dass so im 13. Jahrhundert unter dem Einfluss der Askanier eine Ansiedlung gegründet wurde. Erstmals werden die Eigentumsverhältnisse des Dorfes »Britzik« 1375 erwähnt, das zu der Zeit aus 58 Hufen bestand. Die Familie, die sich später »Britzke« nannte, war bereits im Besitz der Gerichtsbarkeit, der Wagendienste und des Patronats.

Nach dem Dreißigjährigen Krieg (1618–1648), von dem auch Britz nicht verschont wurde, wechselte in kurzen Zeitabständen ein Besitzer den anderen. Namen wie der von Hofmarschall von Erlach und Graf Friedrich Wilhelm von Schwerin gingen – wenn auch nur kurz – in die Annalen ein.

Nachdem Britz zum Allodialgut erhoben worden war, erwarb es 1719 Heinrich Rüdiger von Ilgen, der Wirklich Geheime

Staats- und Kabinettsminister Friedrich Wilhelms I., für 36.000 Taler. Von Ilgen, ein Mann von Genialität und Sarkasmus, war es nicht vergönnt, das Gut weiter auszubauen. Er verstarb im Dezember 1728. Nach seinem Tode übernahm seine Tochter Charlotte, Louise Freifrau von Knyphausen, den Besitz. Ihre Erbin, Gräfin Hilma Maria von Hertzberg, geborene Freiin von Knyphausen, überließ 1789 das Allodialrittergut Britz ihrem Gemahl, dem Königlichen Kabinettsminister Ewald Friedrich von Hertzberg, zum Taxwert von 42.000 Talern. Hertzberg hatte Maria, eine Enkelin von Ilgens, geheiratet, soll aber seine Frau nur kurz bei der Trauung gesehen haben. Es heißt, dass er nach der Trauung in der Britzer Kirche seinen Degen zwischen sich und seiner Frau legte.

Paul, der Frauen verehrte – seine Schwiegermutter, der er auch nach seiner Hochzeit mit Maria noch immer die Hand küsste und die er bis zu ihrem Tode siezte –, war mit Recht empört, als er das lesen musste. Und dann hieß die so Gedemütigte auch noch so wie seine ihm Angetraute!

Von Hertzbergs Maria wurde tiefsinnig. Sie bekam eine Dienerin und hielt sich mit ihr im sogenannten Irrgarten des Schlossparkes auf. »Dennoch«, sagte sich Paul, »Hut ab vor Ewald Friedrich!« Er, der treue Berater des Alten Fritzen, tat für das Gut und Dorf Britz sehr viel. Trotz seiner anstrengenden Tätigkeit im Staatsdienst kümmerte er sich viel um seine Güter. So oft es ihm die Umstände gestatteten, weilte Hertzberg nicht nur in Britz, um sich unter dem Laubdach hundertjähriger Baumriesen von den Staatsgeschäften zu erholen, sondern er sorgte sich auch um das Wohl und Wehe seiner Untertanen. Die Leibeigenschaft bestand zu seiner Zeit noch, war aber für ihn bedeutungslos. Er suchte, dem ollen Fritz gleich, das persönliche Gespräch mit jedem seiner Leute. So entstand ein Vertrauensverhältnis, das für die weitere Entwicklung der Gemeinde sehr förderlich war.

Nachdem Minister Hertzberg im Jahre 1786 wegen seiner außerordentlichen Verdienste den Grafentitel abgestaubt hatte, verstarb er im Mai 1795 in Berlin und wurde im nachfolgenden Juni im Gewölbe der Britzer Kirche beigesetzt. Seine rothaarige Maria verschied ein Jahr später. Sie ruht nun – trotz der Degengeschichte – neben ihrem Gemahl in jenem »Erbgewölbe«.

Nach dem Tode Hertzbergs ging das Gut an seinen Bruder, den Rittmeister Ernst Rudolph Graf von Hertzberg, über. Das Gut war zu dieser Zeit nahezu eine Musterwirtschaft. Die Brauerei und die Brennerei bildeten zwei wichtige Faktoren im Betriebe. Die 70 bis 80 Kühe friesischer Rasse wurden schon damals mit der sogenannten »Schlempe«, dem Rückstand aus der Spritbrennerei, gefüttert. Ernst Rudolph ließ auch eine große Maulbeerbaumplantage anlegen, um die Seidenraupenzucht zu intensivieren. Die Seide wurde damals in Britz nicht nur gewonnen, sondern auch gesponnen und gewebt.

Nachdem Ernst Rudolph im März 1805 verstorben war, erbten das Gut seine beiden Kinder Dorothea und Albertina Augusta Gräfin von Hertzberg sowie Ewald Friedrich Georg Wilhelm Julius (Paul war es bei seiner Recherche nicht möglich, noch mehr Vornamen aufzutreiben) Graf von Hertzberg. Denen gelang es in 19 Jahren, das Gut vollkommen herunterzuwirtschaften, das dann Baron von Eckardstein erwarb.

Vom Jahre 1824 an befand sich das Rittergut dann erstmals in bürgerlichen Händen. Besitzer wurde Johann Karl Jouanne. Er war als tüchtiger Landwirt bekannt, krempelte die Ärmel hoch und versetzte im Laufe der Jahre das Gut wieder in seinen ehemaligen mustergültigen Zustand. Wenige Jahre nach seinem Tode verkauften Johanns Kinder das Gut an den Geheimen Archivrat Adolf Friedrich Riedel, der es drei Jahre später an den Kaufmann und Fabrikbesitzer Wilhelm August Julius Wrede weiterverscheuerte.

Die Wredes taten alles, um das Gut Britz in mustergültiger Verfassung zu erhalten. Unter ihrem Einfluss wurde der Gutspark neu gestaltet. Das Schloss ließen sie 1883 vollständig umbauen.

Planung und Errichtung der Hufeisensiedlung Britz

Im Jahre 1924, zwei Jahre nachdem das Dorf Britz zu Groß-Berlin gehörte, erwarb die Stadt das Rittergut von den Erben des 1895 verstorbenen Rittergutsbesitzers Wrede. Die gemeinnützigen Wohnungsbaugesellschaften »Einfa« (eine Tochter der »Gehag«) und »DeGeWo« kauften ihrerseits von der Stadt große Geländeteile, um darauf moderne, zeitgemäße Wohnungen zu erschwinglichen Mieten zu bauen und diese rationell und vorteilhaft zu verwalten.

Bruno Taut, Architekt und Stadtplaner bei der Gehag, war zusammen mit dem Stadtbaurat Martin Wagner für die Planung einer neuen Siedlung auf dem erworbenen Gelände verantwortlich. Beide entwickelten das stadtplanerische Konzept der Britzer Hufeisensiedlung.

In sieben Bauabschnitten entstanden in den Jahren 1925 bis 1932 1.072 Wohnungen, von denen 472 in aneinandergereihten Einfamilienhäusern und 600 in dreigeschossigen Mietshäusern liegen. Der Innenbereich des »Hufeisens« mit dem Teich bildete die dominierende Freifläche und verband den Bereich mit der Fritz-Reuter-Allee als zentralem Kommunikationsbereich mit Versorgungseinrichtungen. Taut baute für die Gehag im vom Bauhaus inspirierten Stil der »neuen Sachlichkeit« den westlich von der Fritz-Reuter-Allee gelegenen Bereich, während östlich der ochsenblutfarbenen Mietshausfront die DeGeWo-Wohnanlage »Am Eierteich« entstand. Die von der DeGeWo beauftragten Architekten Engelmann und Fangmeyer orientierten sich dabei an der traditionellen Formensprache mit verspielten und romantisierenden Elementen.

Ein neues Leben beginnt

Paul und Maria wohnten noch immer in der zu der elterlichen Wohnung gehörenden Stube. Ihre Bemühungen, eine eigene Wohnung zu erhalten, scheiterten wegen der bestehenden Wohnungsnot. Inzwischen hatte Maria am 25. Februar 1926 ihren Sohn Günter geboren, der durch einen tragischen Unglücksfall im Alter von sieben Monaten verstarb. Trauer und die beengten Wohnverhältnisse ließen das junge Ehepaar schier verzweifeln. Doch Paul, der ja die Entwicklung des Rittergutes Britz verfolgt hatte, blieb nicht untätig. Er bewarb sich bei der DeGeWo um eine Wohnung in der Hufeisensiedlung. Freunde und Verwandte hielten ihn für verrückt bis größenwahnsinnig, wurde doch vermutet, dass die Mieten in dieser Wohnanlage für einen wie ihn unerschwinglich sein würden. Paul ließ sich nicht davon abbringen, war sich aber selbst darüber im Klaren, dass die finanzielle Decke sehr eng werden würde. Seit 1923 hatte er zwar einen sicheren Arbeitsplatz als Anzeigenbuchhalter bei der Union Deutsche Verlagsgesellschaft Berlin, mit seinem Monatsgehalt konnte er sich aber keine großen Sprünge leisten. Er musste sich darüber klar sein, dass er mit seinem Wohnungswunsch ins kalte Wasser sprang. Und Paul sprang!
Anfang 1928, Maria war in freudiger Erwartung eines neuen Gewächses, erhielten sie nicht nur die Zusage, sondern auch eine im zweiten Stockwerk des Hauses Parchimer Allee 60 gelegene 2-Zimmer-Neubauwohnung mit einem an der Nordseite angepappten Balkon.

Fredi ist da!

Am 19. Juli 1928 herrschte in der Neubauwohnung eine Riesenaufregung. Maria lag in den Wehen, umringt von einer Hebamme, dem Arzt Dr. Brandt, einer Nonne und … Paul! Der Ehemann war sich nicht zu schade, nein, er war nachgerade fest gewillt, Zeuge bei der Entbindung seiner geliebten Frau zu sein. Gewiss, die Hebamme drängte ihn ein wenig Richtung Tür, aber immerhin war Paul seiner Zeit weit voraus und kehrte sich einen Kehricht um das Getuschel im Bekanntenkreis. Er wollte Zeuge sein! Übrigens muss die Nonne irgendetwas Unpassendes zu Pauls Verhalten gesagt haben; denn einige Monate später verlor die katholische Kirche ein weiteres Mitglied. Maria wurde Protestantin! Er blieb weiter Dissident.

Ich schrie furchterregend, als man mich aus dem geschützten Mutterleib in die mir vollkommen unbekannte Welt hinauskomplimentierte. Gefiel mir gar nicht, aber was sollte ich machen? Ich war jetzt mit einem Mal da und meine Mutter hieß Maria, mein Vater Paul. Und mich nannten sie Fredi, mit dem zweiten Namen Heinz. Alle drei hießen wir Diebel.

Ich will ja nicht protzen, aber immerhin wog ich nachweislich einer Eintragung der Städtischen Kleinkinder- und Säuglingsfürsorgestelle Nummer »römisch drei« am 17. August 4,680 Kilogramm und war 56 Zentimeter lang. Mama wog 76,7 Kilogramm. War auch nicht schlecht! Der letzten Eintragung in der Wiegekarte am 31. Mai 1929 zufolge hatte mich die gute Muttermilch auf 11,530 Kilogramm Lebendgewicht gebracht. Ein Jahr später wurde ich zum ersten Male »mit Erfolg« geimpft und genügte somit schon in diesem zarten Alter erstmalig meiner gesetzlichen Pflicht. Die Zukunft empfing mich mit offenen Armen!

Ein wohlbehütetes Leben

Mit Nuckel oder Daumen der linken Hand (»das ist der Daumen, der schüttelt die Pflaumen«) begann ich meine erste Lustbefriedigung, die sich zur Wollust steigerte, bekam ich mit meiner rechten Hand ein Stück Seide zu fassen, das ich sanft zwischen Daumen und Zeigefinger rieb. Ich war dann das artigste und zufriedenste Kind zumindest in der Parchimer Allee 60. Ich kam bald dahinter, dass die Damen jener Zeit ihre nicht immer den heutigen Körpermaßen entsprechenden Figuren mit seidenen Unterröcken umhüllten, die sanft vor meinen Augen schwebten. Wer konnte es mir verwehren, dass meine kleinen Händchen zugriffen und wollüstig meiner Lieblingsbeschäftigung nachgingen? – Den Damen war es recht, sie ließen den Winzling gewähren und unterhielten sich derweilen angeregt. Um allen Vorurteilen zu begegnen: Es ging mir wirklich nur um die Seide!

Neben uns wohnte die Familie Albert und Frieda Krautz mit Ursel, Rudi und Roselotte in einer gleich großen Wohnung, wie wir sie hatten. Während Ursel und Rudi bereits das Kleinkinderalter hinter sich hatten, war »Püppi«, wie die Erwachsenen Roselotte nannten, für mich schon ein ernst zu nehmender Erdenmensch. Püppi war bei meiner Geburt gerade einmal ein Jahr und sieben Monate älter als ich, also nicht zu alt, um mit ihr nach meiner Nuckelphase ernsthaft anzubändeln. Das Verhältnis zwischen den beiden Familien entwickelte sich dank der beiden Mütter Maria und Frieda vom nachbarlichen »Sie« zum freundschaftlichen »Du«, wobei sich Frieda mit ihren deftigen Sprüchen (»So warsch, Herr Kommissarsch, es gab eins auf den Arsch und weg warsch« oder »Wird schon wer'n mit Mutter Beern, mit Mutter Born ist's ooch jewor'n – bloß Mutter Schmitten ham'se jeschnitten«) kontaktfreudig und unkompliziert hervortat. Ein Stockwerk tiefer wohnte das Ehepaar

Nicolai. Tante »Nittai« liebte Kinder und war sowohl für meine Mama wie auch für Mutter Krautz die Betreuerin, bei der man sein Kind bedenkenlos »abgeben« konnte, wenn einmal »Not an der Frau« war. Bei Tante Nittai erhielt ich auch jedes Mal ein kleines Leckerli und – als ich aus dem Nuckelalter heraus war – die »Bauchbinde« einer Havanna, die Onkel »Nittai« am Abend vorher genussvoll geraucht hatte.

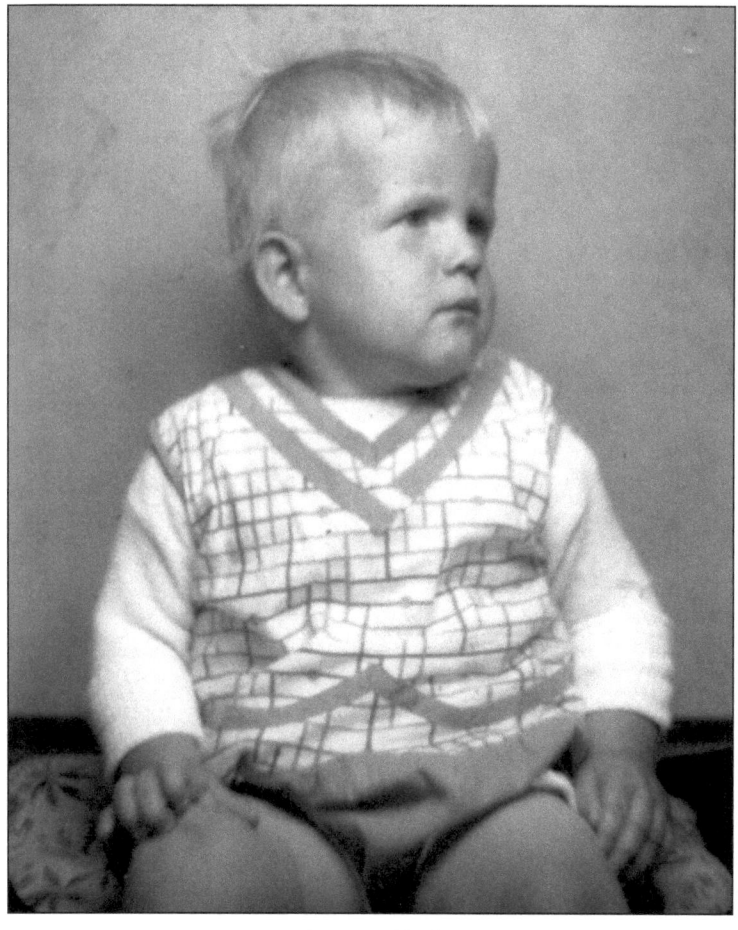

»Dowitz« Fredi

Von meiner Mutter wohlbehütet, von einem Vater, der auf seinen Sohn stolz war und ihn wie ein rohes Ei behandelte (sich auch nicht scheute, ihn allein im Kinderwagen spazieren zu fahren, und damit den Spott seiner männlichen Bekannten auf sich nahm), wuchs ich, mit mir und den Meinen zufrieden, heran. Meine Mutter begann zwar alsbald, mir den Beinamen »Dowitz«, zunächst ohne Zusatz, später mit dem Zusatz »alter« zu geben, aber dies tat unserer Liebe zueinander keinen Abbruch, betrachtete ich ihn doch als gewisse Auszeichnung für irgendeinen Unsinn, der mir wieder einmal eingefallen war.

Die Wohnhäuser der Parchimer Allee 58 bis 62 umgaben mit den Blöcken der Fritz-Reuter-Allee und den Einfamilienhäusern der Dömitzer Straße mit Sträuchern abgegrenzte Wirtschaftwege, die zu den Mülltonnen- und Klopfstangenplätzen sowie zu den Gärten der Einfamilienhäuser führten. Dazwischen lagen mit kleinen Hecken umgebene Rasenflächen und zwei recht große Buddelkästen für die kleinsten Bewohner der DeGeWo-Häuser. Hier, abseits des Autoverkehrs, der jedoch mit dem heutigen kaum zu vergleichen ist, backte ich meine ersten Sandtorten und pinkelte auch mal in den zu trockenen Sand, wenn es keiner sah. Meine Mutter begleitete mich vom zweiten Jahr meines Erdendaseins an mit Strickzeug und dem Ergeiz, mir das Einsammeln der von mir verstreuten Buddelutensilien (sie nannte es »Ordnung«) beizubringen. Später kam sie dann nicht mehr mit, sondern saß mit ihrem Strickzeug oder einer Hausarbeit auf dem Balkon, von dem aus sie den Buddelkasten im Blickfeld hatte, und passte auf mich auf. Mit der Zeit hatte ich dann auch gelernt, ihrem Rufe »Fredi, raufkommen!« – meistens mit Zeitverzögerung und ohne die eine oder andere Buddelform – zu folgen. Und manchmal waren auch die Hosen nass, weil ich keine Gelegenheit gehabt hatte, ungesehen in den Sand zu machen.

Ich bin mir nicht mehr so sicher, ob man meine »kleinen Ge-

schäfte« Lingling- oder Pipimachen nannte. Ich meine, es war
»Pullern«. Wenn mein Vater mit mir allein im Zickzackkurs
(nicht, weil er einen über den Durst getrunken hatte – was
auch selten passierte –, sondern weil ich noch halb stolpernd
den Kurs angab) die Runde um die Häuser machte, war er
immer sehr darum besorgt, dass ich mit trockenen Hosen zu
Hause ankam. So wurde öfter eine Pause eingelegt, in der er
mich an den Rinnstein stellte, meinen Puller herausholte und
mit einem zischenden, enorm hohen Pfeifton mein Innerstes
zur Entleerung reizte. Wenn es nicht gleich klappte, erhöhte
er den Ton so lange, bis ich pullerte. Und so übergab er mich
meiner Mama fast immer stubenrein.

Mein Vater wünschte sich schon längst eine größere Wohnung und möglichst – für ihn ein Traum – mit einem an der
Südseite liegenden Balkon. Er bewarb sich bei der DeGeWo
um eine in der Parchimer Allee 58 im ersten Stockwerk gelegene 2-Zimmer-Wohnung mit Kammer, Wohnküche, Bad
und einem Südbalkon. Die Miete sollte 64,80 RM betragen,
eine erhebliche finanzielle Belastung für die Haushaltskasse.
Meiner Mutter, Vater nannte sie »Miekchen«, war dabei nicht
ganz wohl, war sie es doch, die für die Ausgaben des täglichen
Lebens verantwortlich war und in Zukunft noch sparsamer
wirtschaften müsste. Aber sie vertraute ihrem Mann und setzte
auch ihre Unterschrift unter den Mietvertrag.

Ein eigenes Zimmer und ein sorgenfreies Leben

Das Mietverhältnis begann am 1. Februar 1933, zwei Tage
nachdem Reichspräsident Hindenburg Hitler zum Reichskanzler ernannt hatte. Ich durchlebte gerade mein fünftes Lebensjahr und war dabei, einen eigenen Willen zu entdecken und
ihn gegen meine Eltern durchzusetzen. Manchmal gelang es

mir ja, aber meistens kam ich einfach gegen den Starrsinn der immer recht haben Wollenden nicht an und wehrte mich mit einem handfesten Bock. Der wiederum schien überhaupt keinen Eindruck zu schinden. Man ließ mir meinen Bock und schenkte uns beiden kaum Beachtung. Mama kommentierte meinen Auftritt höchstens mal mit der Bemerkung: »Alter Dowitz!« – In der neuen Wohnung hatte ich jetzt mein eigenes Zimmer. Es war etwa acht Quadratmeter groß, aber leider nicht beheizbar. Das focht mich nicht an, konnte ich mich doch mit oder ohne meinen Bock zurückziehen und über die Ungerechtigkeiten, die das Leben einem fast Fünfjährigen beschert, nachdenken.

Lieselotte und Fredi im Hufeisen

Die Krautzens wechselten zu dieser Zeit auch ihre Wohnung und wohnten dann in einer gleich großen Parterrewohnung, Parchimer 50. Roselotte (»Püppi« wurde sie ja nur von den Erwachsenen genannt) war für mich also immer noch gut erreichbar. Sie besaß ein aus mehreren Zimmern bestehendes Puppenhaus, das Vater Albert ihr selbst gebaut hatte. Dieses Haus hatte es mir angetan, und obwohl männlichen Geschlechts, spielte ich fast leidenschaftlich gern damit. Wenn Roselotte die Lust an diesem Spiel manchmal verlor, wollte ich kein Ende finden und machte allein weiter. Mutter Krautz holte mich dann mit dem Hinweis auf meine »sicherlich schon wartende Mama« in die Wirklichkeit zurück.

Wenn von draußen der Lockruf »Fredi, kommste runter?« ertönte, war ich fast immer bereit, ihm zu folgen, denn unten warteten die Spielfreudigen, überwiegend Mädchen, auf einen Mitspieler. Und da musste ich doch mitmachen! Ich fragte eigentlich immer Mama: »Darf ich?«, und nach dem beinahe obligatorischen »Aber um … bist du wieder oben!« sockte ich auf die Straße. Vor den an der Parchimer Allee gelegenen Häusern der Hufeisensiedlung waren mit niedrigen Hecken eingefasste Rasenflächen angelegt, die durch die Zugangswege zu den einzelnen Eingängen unterbrochen wurden. Zwischen den beiden Fahrbahnen der asphaltierten Straße verlief eine breite, grobkiesige Promenade mit einem Bestand älterer Ahornbäume. Da auf den Siedlungsstraßen selten Kraftfahrzeuge verkehrten, konnten wir auch vor den Häuserreihen gefahrlos spielen. Auf den mit Steinfliesen befestigten Bürgersteigen ließ es sich stuckerfrei mit Rollern, Holländern oder Dreirädern wunderbar fahren, während sich die Promenade weniger dazu eignete. Aber nur wenige Kinder besaßen ein derartiges Fortbewegungsgerät, weil die Väter doch nicht so viel verdienten, um sich neben dem Luxus der modernen Wohnung auch noch teure Spielsachen für ihre Kinder leisten zu können. Meiner konnte es ganz sicher nicht. So war ich auf die Gnade meiner mobilen Mitspieler angewiesen, um auch einmal »eine Runde« mit ihrem Gerät, was immer das gerade war, fahren zu dürfen. Als Alleinunterhalter im Trieseln gehörte ich, mich von Jahr zu Jahr fortbildend, bald zur Spitze aller Trieselerinnen und Trieseler der Nachbarschaft. Die Anschaffungskosten für dieses Sportgerät waren äußerst gering. Eigentlich kostete nur der »Triesel« (Kreisel), ein fünf bis zehn Zentimeter langer Holzkegel, etwas. Eine etwa ein Meter lange dünne, reißfeste Strippe wurde an einen Stock geknüpft. Das war gewissermaßen die Peitsche, mit der man den Triesel an der Erde trieb. Es kam darauf an, den Gepeitschten so lange wie möglich in Bewegung zu halten. Ein Stück Kreide, mit dem auf dem Bürgersteig ein »Hopsekasten«-Feld, unten mit »Erde« und oben mit »Himmel«, aufgezeichnet wurde, kostete auch nicht viel. Dieses Hüpfspiel war sehr abwechslungsreich und allseits beliebt. Gar nichts kostete das Spiel »Fischer, Fischer, wie tief ist das Wasser?« Dazu benötigten wir aber eine Straße. Meistens begaben wir uns in die selten von einem Auto benutzte Dömitzer Straße. Auf der einen Straßenseite nahmen die fragenden Kinder Aufstellung. Der Fischer stand auf der anderen Seite. Beantwortete der Fischer die gestellte Frage mit »Ja«, kam von der anderen Seite die weitere Frage: »Dürfen wir rüber?«, und wenn der dann die Überquerung gestattete, rannten alle durch das tiefe Wasser und der Fischer musste wenigstens einen von ihnen fangen. Man mag erkennen oder auch nicht, dass meine Erinnerung an dieses Spiel mehr als fragwürdig ist. Ich weiß aber noch ganz genau, dass es einen riesigen Spaß gemacht hatte. Wir mussten allerdings ab und an wegen eines dennoch durchfahrenden Autos das irre Fangenspiel unterbrechen.

Fredi und Cousinen

»Vater, Mutter, Kind« war auch ein Spiel, das nur eines Stücks Kreide bedurfte. Damit wurde auf dem Bürgersteig der Grundriss eines kleinen Einfamilienhauses aufgemalt, bestehend aus Schlafzimmer, Wohnzimmer, Küche und Bad. Manchmal war auch ein Kinderzimmer mit dabei. Für dieses Spiel brauchte man eine Spielkameradin. Ein Junge konnte die Frauenrolle schlecht übernehmen, weil man damals die Schwulenehe noch nicht kannte. – Unser aller Führer und Reichskanzler hätte sicherlich auch etwas dagegen gehabt. – In diesem Spiel wurde oftmals Selbsterlebtes aus dem Elternhause nachgespielt. Da waltete die Frau in der Küche und bereitete das Essen vor, während der liebende Ehemann schon vor der Wohnungstür stand und »Klingelingeling« sagte. Sie öffnete, fiel aber ihrem Gatten nicht um den Hals und liebkoste ihn, sondern sagte nur: »Komm doch rein!« Und dann wurde es meistens sehr eng in dieser Wohnung. Man trat auf die Wände, sagte noch dies oder das, bis einer von beiden den Vorschlag machte, Hopse zu spielen. Und das machte dann mehr Spaß.

Ich gehe davon aus, dass Winter, die man in der Kindheit erlebt hat, immer kälter und schneereicher waren als die heutigen Winter. In den Jahren von 1934 bis 1939 war es jedenfalls die Regel. Der Britzer Kirchteich war zugefroren und zum Eislaufen freigegeben, am Ufer stand eine kleine Wärmehalle, in der man heiße Brühe und Würstchen kaufen konnte. Wer keine Schlittschuhe hatte, konnte sie sich dort auch leihen. Lautsprecher berieselten die fleißigen Läufer mit Musik. Ich hatte Kufen, die man unter die Schuhe klemmen konnte. Sie hatten auch den Vorteil, mit der Schuhgröße mithalten zu können, und konnten so jahrelang ihrem Besitzer dienen, sofern er sie auch richtig pflegte. Meine hielten jedenfalls sehr lange. – Zum Schlittenfahren standen uns nur die kleinen Hügel in der hinter den Häusern liegenden Wirtschaftsanlage, die etwas größeren im Hufeisen und am Fennpfuhl und der größte am

Buschkrug zur Verfügung. Sie wurden weidlich genutzt. Mit dem Kampfschrei »Baaahhhne!« wurden unachtsam fahrende Rodler darauf hingewiesen, dass nun der Rufer käme und sie bitte schön Platz zu machen hätten, da es sonst rumste! Und so rumste es denn auch öfter. Tote waren nicht zu verzeichnen, aber es gab einige blaue Flecke.

Unter diesen schneebedeckten Anlagen hielten Rasenflächen ihren Winterschlaf, die vom Frühjahr an wieder als Zierrasen gehegt und gepflegt wurden. Zum Schutze des Rasens, der Ziersträucher und der Rosen und um die Ordnung zu überwachen, war ein Wächter angestellt, der für die Grünanlagen der Hufeisensiedlung zuständig war. Ich weiß nicht, wie er hieß, wir nannten ihn »Pupe«. Es war uns immer ein Bedürfnis, ihn zu ärgern, indem wir die ausgesprochenen Verbote missachteten. Er schimpfte dann immer wie ein Rohrspatz, konnte uns aber nichts anhaben, weil wir die Schnelleren waren. Trotzdem hatten wir vor ihm einen Heidenrespekt, denn wenn er uns kriegte, konnten nicht nur wir, sondern auch unsere Eltern viel Ärger mit der Obrigkeit bekommen. – Im Sommer hatten die Rollschuhe Saison. Sie waren auch unter die Schuhe zu schnallen und wuchsen mit der Schuhgröße mit. Auf den Asphaltstraßen in der Hufeisensiedlung ließ es sich auch fantastisch mit den Rollschuhen laufen. Abseits des Straßenverkehres fuhr es sich auf der asphaltierten Promenade allerdings sicherer.

Das in der Sexta gelernte Gedicht »My cupboard is large, deep and white – I take my books and toys inside ...« fällt mir ein, wenn ich an den in meinem Zimmer stehenden Allzweckschrank denke. Darin sah es aus wie Kraut und Rüben. Meine Mutter mühte sich vergeblich ab, mir Ordnung beizubringen. In der kleinen Kammer befanden sich neben meinem Bett ein kleiner runder Tisch und ein Stuhl sowie ein kleiner Kleiderschrank. Mehr ging nicht rein. Der zur Verfügung stehende Freiraum reichte gerade aus, um zu den einzelnen Möbelstücken zu gelangen. Neben mir hätte vielleicht noch ein Spielkamerad ein Plätzchen auf dem Fußboden gefunden. Es war eben nur eine Kammer, aber es war mein Zimmer und ich konnte darin wunderbar allein spielen. Den größten Teil der Schularbeiten machte ich allerdings am Küchentisch.

»A proper place I have for each …« Das war es ja gerade, was ich nicht hatte. Meine Angewohnheit, aus Stabil-Metallbaukästen mühsam irgendwelche selbst zusammengeschraubten Bauwerke nach einer gewissen Spielzeit nicht wieder auseinanderzuschrauben und fein ordentlich in die Kästen zu tun, sondern einfach unter das Bett zu schieben, verärgerte meine Mutter. Im Laufe einer Woche sammelten sich unter dem Bett viele Bauwerke und sonstiger Kleinkram an, der von der fleißigen Hausfrau entrümpelt werden musste. Klein Fredi störte das nicht, er hatte sein eigenes Ordnungsprinzip. »And nothing is beyond my reach …« Was unter dem Bett lag, interessierte ja schon nicht mehr, es brauchte – jedenfalls von mir – nicht mehr erreicht zu werden! Im Laufe der weiteren Entwicklung legte sich zum Glück diese Unart des unordentlichen Kindes.

Das Kind bekam auch zu besonderen Anlässen von seinen Eltern – je nach Ebbe oder Flut in deren Geldbeutel – Geschenke. Obwohl mein Vater ein sehr entschlossener Kriegsgegner war, schenkte er mir, allerdings auf besonderen und eindringlichen Wunsch, Soldaten der deutschen Wehrmacht. Mit der Zeit wuchs meine Streitmacht auf immerhin 21 Kämpfer aus Plastilin an. Ein kniend Schießender, ein liegend Schießender, drei stehend Schießende befanden sich unter den mit »Gewehr über« Marschierenden. Es brachte gar nicht den erwarteten Spaß, mit dieser Truppe zu spielen. Einmal fehlte der Feind und außerdem waren die paar Männeken viel zu wenig, um eine richtige Schlacht darzustellen. Selbst als ich zu Weihnachten ein mobiles Flakgeschütz bekam, änderte sich an diesem Dilemma nichts. Und wenn ich ehrlich sein soll, hatte ich überhaupt keine Ahnung, wie man Schlacht spielt! – Und so machten mir meine Soldaten keine Freude mehr. Sie lagen nutzlos in der Reserve unter dem Bett. In einem plötzlichen Befreiungsanfall nahm ich alle 21 und schmiss sie in den glutbestückten Kachelofen. So starben sie den Heldentod, verbrannten aber nicht und wanderten in den Müllkasten.

Als mein Vater mehr verdiente, konnte er seinen Sohn auch mit größeren Geschenken erfreuen. Da gab es zu einem Geburtstag Rollschuhe, auf denen ich viel Freude hatte. Als Nächstes war ein Luftdruckgewehr Anlass zu einem Freudenschrei. Von dem ein Jahr später geschenkten Fahrrad Marke »Fedia« hatte ich am meisten. Nach einer Lehrstunde auf der Parchimer Allee diente es mir mehrere Jahre als sportliches Fortbewegungsmittel an sich und für Ausflüge aller Art. Wenigstens einmal im Monat holten Vater und Sohn ihr Fahrrad aus dem Keller. Putz- und Flickstunde war angesagt. Auf dem zum Müllhäuschen führenden Wirtschaftsweg durchsuchten wir gemeinsam die Fahrräder nach vermeintlichen Schäden, fetteten die Radnaben und Ketten und putzten alles fein säuberlich blank. Papa war nach getaner Arbeit immer wieder begeistert, wie sein Rad blitzte, ich hingegen begann schon nach der ersten Viertelstunde zu maulen. Ich hätte lieber mit meinen Freunden gespielt. Leider fiel mein Fahrrad 1944 der unser Haus zerstörenden Bombe zum Opfer.

Jede Woche, alle 14 Tage oder einmal im Monat – ich weiß es nicht mehr genau – bewaffnete uns Mama mit zwei Teppichklopfern und schickte uns mit dem großen Teppich auf den hinter dem Haus befindlichen Teppichklopfplatz mit dem Auftrag, diesen so zu vermöbeln, dass kein Stäubchen mehr aus ihm entweiche. Hier maulte mein heldenhafter Papa zuerst, konnte aber für uns keine Klopfbefreiung erreichen. Also galt es, den 3,50 x 3,50 Meter großen Perser über die Teppichklopfstange zu ziehen und ihn mit dem Klopfer munter zu verdreschen. Der Teppichstaub verpestete die Luft und legte sich auf unsere Bronchien. Bei Windstille setzte er sich wieder im Teppich und in unsere Kleidung ab. Es war eine ungesunde und – wie Papa meinte – unnötige Arbeit und er befahl: »Schluss für heute!«

Fragte man mich im Vorschulalter nach meinem Berufswunsch (übrigens die hirnloseste aller Erwachsenenfragen an einen Fünfjährigen), dachte ich nicht lange nach und wie aus der Pistole geschossen kam die Antwort: »Bimmel-Bolle!« Mich interessierte an diesem Beruf weniger der erfolgreiche Lebensweg des Meiereigründers Carl Andreas Ludwig Bolle. Vielmehr hatten es mir die regelmäßig bei uns vorfahrenden mit Milch und Käseprodukten beladenen Pferdewagen und seine auf dem Kutschbock sitzenden glockenschwingenden weiß gekleideten »Bimmel-Bolles« angetan. Bei ihnen kaufte meine Mutter ab und zu den Schichtkäse. »Bolle hat den besten«, meinte sie. Lange währte aber mein ausgefallener Berufswunsch nicht. Als mich ein Weißgekleideter nach meinem Alter fragte und ich wahrheitsgemäß »Sechs!« sagte, tat er verständnislos: »Was sechs – sechs Eier oder Schrippen?« Das hätte er nicht fragen sollen, denn fortan suchte ich nach einem neuen Beruf.

Neben Bolle bereiteten noch drei weitere durch die Siedlung ziehende Pferdefuhrwerke besonders meinem Vater viel Freude. Er konnte auf seine in den Balkonkästen stehenden besonders stark blühenden Geranien nur deswegen stolz sein, weil die Pferde ab und an »äpfelten« und er diese Hinterlassenschaften zum Teil auch mit meiner Hilfe sammelte. So konnte man Vater und Sohn des Öfteren mit Eimer, Handfeger und Müllschaufel bewaffnet beim Einsammeln des puren Goldes beobachten.

Der kleine Milchwagen des alten König wurde von seinem auch in die Jahre gekommenen weißen Klepper gezogen. Mit Scheuklappen vor den Augen trottete der Alte, neben sich auf dem Bürgersteig der andere Alte, die schlaffen Zügel in der Hand haltend von Haltestelle zu Haltestelle, um dort seine Milchprodukte anzubieten. Das Pferd kannte seine Verkaufstour offensichtlich in- und auswendig. Es wusste genau, ab wann der Nachhauseweg begann, und wechselte aus Rücksichtnahme auf seinen lahmen Herrn fast unmerklich die Gangart. So blieben die Zügel auch weiterhin schlaff. – Da war das Duo »Brennholz für Kartoffelschalen« aus einem anderen Holze geschnitzt. Pferd und Herr waren mittleren Alters und betrieben ihr Geschäft lautstark und »ruck, zuck«. Auf seinen gekonnt vorgetragenen lauten Lockruf eilten die tüchtigen Hausfrauen mit ihrem Kartoffelschalenkorb zu Pferd und Wagen und erhielten für den lecker Abfall eine Handvoll in dünne Scheite gehacktes Holz zum Feueranmachen. Der Handel lief in Anbetracht der Tatsache, dass sämtliche Wohnungen der Hufeisensiedlung nur durch Kachelöfen beheizt werden konnten, vorzüglich. Der Lockruf des Kartoffelschalensüchtigen war straßenweit hörbar und hatte Stil. Mit seiner sonoren Stimme lockte er: »Brenn – ho – ho – holz – für – Karrrr – toffel – schalln!« – Der Kartoffelhändler, ebenfalls mit Pferd und Wagen unterwegs, konnte diesen Lockruf nicht überbieten. Er setzte vor das Wort die Töne einer Schiffsglocke, mit anderen Worten: Er bimmelte vorher. Etwa so wie Bimmel-Bolle. Und dann schrie er es hinaus: »Kartoffelll, prima Industrie, Kartoffelll!« – bimmel-bimmel. Das wurde so lange wiederholt, bis sich jemand seiner – und das muss betont werden – guten Ware bemächtigte.

Montags kam – ohne Pferd und Wagen – ein Leinöl-Mann direkt aus einer Spreewälder Ölmühle. Er pries sein frisches Leinöl auf den hinter den Häusern liegenden Wirtschaftswegen an, das er aus einem auf dem Rücken befindlichen Kanister direkt in ein Gefäß abfüllen konnte. Da auch bei uns gern Leinöl, ob pur mit einer frischen Schrippe aufgestippt oder in weißen Käse eingerührt, gegessen wurde, war meine Mutter eine treue Abnehmerin dieser Köstlichkeit.

Bis zu Beginn des Zweiten Weltkrieges wurden die Siedlungsstraßen regelmäßig mit großen Sprengwagen der Berliner Stadtreinigung gereinigt. Aus den dicken Bäuchen dieser Wagen spritzten links wie auch rechts halbkreisförmige Wasserfontänen auf den Asphaltbelag und hinten ergänzte ein Wasservorhang die Reinigung. Diese Säuberung der Straße wurde meistens in den Sommermonaten bei herrlichem Sonnenschein durchgeführt. Angekleidet mit Badehose oder Badeanzug rannten wir mit dem langsam fahrenden Sprengwagen durch Wasservorhänge und Fontänen und genossen die kostenlosen Erfrischungen. Unsere Mütter sahen das gar nicht gern. Meine musste ich erst überzeugen, indem ich hoch und heilig versprach, ja aufzupassen und, falls ein Auto käme, von der Straße zu verschwinden. Manchmal kam das Paketpostauto der Deutschen Reichspost. Dem konnten wir aber schnell ausweichen, weil es von Batterien angetrieben wurde und nicht schneller als 20 Kilometer in der Stunde fahren konnte.

Die »Klippschule«

Ich war noch nicht einmal sechs Jahre alt, da entschied sich mein Erziehungsberechtigter, mich einschulen zu lassen. Eigentlich hätte das ja noch ein Jahr Zeit gehabt, aber er wurde von dem Ehrgeiz getrieben, aus mir »was Anständiges« zu machen, nicht ich. Wenn es nach mir gegangen wäre, hätte ich noch gern ein paar Jahre so wie bisher sorglos und ohne Zwang weitergelebt. So bekam ich im April 1934 eine nicht allzu große Schultüte in die eine Hand gedrückt, meine Mutter nahm die andere und führte mich zur 47./48. Volksschule, die ihr Domizil in der Chausseestraße, gegenüber dem Kirchteich, hatte.

Es war sicherlich alles eine aufregende Angelegenheit, aber ich kann mich an dieses in das Schicksal eines Fünfjährigen hart eingreifende Ereignis nicht mehr erinnern. Der Klassenlehrer hieß jedenfalls Wambach und gehörte eigentlich zu einer Lehrerkategorie, der man als Schüler eine gewisse Sympathie entgegenbringen konnte. Ich fand ihn jedenfalls so lange nett, bis er sich vergaß und mir im wahrsten Sinne des Wortes »den Hintern strammzog«, um ihn rücksichtslos zu verdreschen. Ich musste etwas Furchtbares getan haben!

Klasse in der »Klippschule«

An den ersten Tagen begleitete mich noch meine Mutter auf dem etwa einen Kilometer langen Fußweg über die Parchimer Allee bis zur Chausseestraße. Auf dieser Straße pulsierte schon ein ernst zu nehmender Verkehr mit mehreren Straßenbahnlinien, der die zur Schule strömenden Kinder gefährdete. Eine Ampelanlage (seit 1924 in Berlin eingeführt) sorgte an der

Kreuzung Parchimer Allee / Ecke Chausseestraße für den sicheren Übergang zur anderen Straßenseite. Da wir mit diesem Gerät kaum Erfahrungen hatten, wurde allein und in Gruppen geübt, bis wir es singen konnten: »Bei Rot bleib stehn, bei Grün darfste gehn!«

Für mich gab es zwei Schulwege. Der eine führte morgens von zu Hause zur Schule – den konnte ich nicht leiden. Man wurde früh – ob sanft oder unsanft, spielt hier keine Rolle – aus dem warmen Bett gezwungen, musste sich meistens mit kaltem Wasser waschen, die Zähne putzen, bekam sein Frühstück vorgesetzt, den Schulranzen aufgesetzt und mit einem Küsschen von Mama und ihren guten Wünschen hastete man in Richtung Schule. Man wollte ja nicht unpünktlich sein, denn anderenfalls bekam man Ärger mit dem Wambach. – Bei dem anderen handelte es sich um den Rückweg, der eigentlich gar nicht Schulweg heißen dürfte, weil er nach Hause führte. Darum war es für mich auch der Nachhauseweg. Und den genoss ich. Nur in Ausnahmefällen, wenn sich schlechte Noten mit im Schulranzen befanden, konnte ich auch ihn nicht ausstehen. Aber das kam gottlob nicht oft vor. Kaum hatte die Schulklingel das Ende der letzten Schulstunde verkündet, nahm ich den Ranzen und meine Beine in die Hand und wetzte aus dem ungastlichen Schulgebäude, den Geruch einer Mischung aus Bohnerwachs, Kindermief und Aktenstaub hinter mir lassend. An der Ampel stauten sich die heimwärts Ziehenden mit viel Geschrei, Gebuffe und Gestoße. Nach »Grün« verteilte man sich auf kleinere Gruppen via »nach Hause«.

Ich trollte mich allein oder mit ein, zwei meiner in unserer Nähe wohnenden Mitschülern die Parchimer Allee hinunter. Am Kirchengrundstück vorbei kam ich zu dem zur alten Britzer Realschule gehörenden Maschendrahtzaun, dem mit einem Stöckchen schnarrende Töne entlockt wurden. Dann hängte ich mir den Ranzen vor die Brust, breitete meine Arme aus und begann das nächste Stück des Weges bis zu den Insthäusern, die gegenüber dem »Gletscher« lagen, zu fliegen. Immer wenn ich flog, war ich Manfred von Richthofen, wenn ich Rennen fuhr, Bernd Rosemeyer. Das Gelände, auf dem die Insthäuser standen, lag über dem Straßenniveau. Den hier sehr schmalen Bürgersteig hatte man durch eine abgerundete Feldsteinböschung gesichert, auf der ich wunderbar herumklettern konnte. Ich war dann Luis Trenker. Weiter ging es an der Gutsgärtnerei vorbei, die vor dem Gutspark lag. Jetzt musste ich mich entscheiden. Entweder ging ich auf der rechten Alleeseite unter den riesigen Kastanienbäumen weiter oder ich wechselte die Seite und lief an den bis zur Onkel-Bräsig-Straße liegenden Gutsfeldern vorbei. Im Herbst wäre rechts mehr los, weil die Bäume voller knackiger, glänzend braun leuchtender Kastanien, verpackt in grüner, pickliger Schale, hingen. Man konnte sie mit umherliegenden Steinen von den Ästen holen und zu allerlei kleinen Spielereien verarbeiten. Rheuma hatte ich ja noch nicht! – Da die Kastanienbäume gerade erst geblüht hatten, schien mir die linke Straßenseite spannender zu sein. Dort wohnte hinter der Onkel-Bräsig-Straße ein Echo. Unsere Fragen wurden fast immer von ihm beantwortet. So wusste ich, dass der Bürgermeister von Wesel »Esel« heißt und die Väter »Affen« geschaffen hatten. Rief jedenfalls das Echo zurück. Mit diesem Wissen ausgestattet hatte ich noch die fünf Seitenstraßen bis zu unserer Wohnung zu überqueren. Da jetzt nur noch Häuser kamen, war ich mal Rosemeyer, mal Richthofen und erreichte unser Haus fliegend und rennend, raste die Treppe hoch und stand außer Puste vor meiner schon lange auf mich wartenden Mutter. Sie hatte sich Sorgen um mich gemacht und vertraute auf meine Einsicht, in Zukunft schnurstracks nach Hause zu eilen. Ich versprach es, hatte aber dennoch ab und zu Rückfälle.

In unserer Klasse wurden über 40 Schüler unterrichtet. Einige von ihnen kamen aus den Laubenkolonien und hatten keinen guten Ruf. Sie rauften gern, und wenn geklaut wurde, gehörte der Täter meistens zu den Laubenpiepern. Wir, die wir in der Hufeisensiedlung wohnten, versuchten, sie zu meiden. War bei der Klassenstärke nicht immer möglich. Etwa im zweiten Schuljahr führten die Stänker bei uns das »Abeiern« ein, was sich wie eine Seuche unter den Gleichaltrigen in der Schule verbreitete. Bei dieser vorsexuellen Tätigkeit haute man seine flache Hand zwischen die Beine seines Opfers, umfasste dessen Genitalien und versuchte daraus »Rührei« zu machen. Aus Lust an der Freude »eierte« man sich gegenseitig ab, empfand dabei aber keineswegs Wollustgefühle. Den Anstoß zu der gemeinsamen Lustaktion gab ein gewisser Holm M. mit seiner gern theatralisch vorgetragenen Rezitation:

»Man nenne mir den Schuft,
der meiner Tochter ins Loch gebufft.
Man schleife ihm das linke Ei,
das rechte fülle man mit Blei!
Der Vorhang fällt, man hört mit Grausen
die Eierschleifmaschine sausen!

Aus Spaß wurde oft Ernst, wenn sich die Schläger unter uns ein Opfer ausgewählt hatten, das aus irgendeinem Grunde hart bestraft werden sollte. Das Opfer, das sich heftig wehrte, wurde dann von zwei Jungen festgehalten, während ein dritter seine Hand in dessen Genitalien haute und kräftig darin herumrührte, ja sie förmlich zerdrückte! Das tat höllisch weh, und so brauchte man sich nicht zu wundern, wenn der so Geschundene vor Schmerzen schrie. Ich fand das alles gar nicht so gut, hatte Angst vor einer derartigen Behandlung und versuchte, den Schlägern möglichst weitläufig auszuweichen. Zum Glück ließ die Lust an diesem Mistspiel im Laufe der Zeit nach, um dann mit Beginn des neuen Schuljahres ganz zu versiegen.

Sexuelle Aufklärung

Zur Zeit, da ich dies schreibe, ist – es muss einmal gesagt werden – nur noch das Gehirn mein »primäres Geschlechtsorgan«. Ich muss daher über meine sexuelle Entwicklung sehr lange nachdenken. Es begann, meine ich mich erinnern zu können, im Vorschulalter, ausschließlich im Unterbewusstsein. Ich weiß nicht genau, wie alt ich war, da erregten Märchen in mir Gefühle, die ich später in mein frühes Sexualleben einstufte. Nehmen wir zum Beispiel »Hänsel und Gretel«. Ich war natürlich Hänsel. Mich interessierte Gretel noch nicht einmal als Schwester. Ich hatte es mit der Hexe und dem Käfig und dem Finger. Wobei der Finger wirklich einer meiner an der Hand befindlichen Finger war. Obwohl, wenn ich jetzt nachdenke: Bei Familienfesten spielte mein Onkel Paul ja immer den »einarmigen Geiger«, bei dem als Höhepunkt der Zeigefinger des fehlenden Armes aus dem Hosenschlitz schlüpfte und »winkewinke« machte. Aber das stimulierte sicher nicht. Es war die Hexe, das Böse, das Ungewisse oder weiß der Geier was. Ich kämpfte jedenfalls vor dem Einschlafen im Bett mit der Hexe, die, als Federbett verkleidet, von mir mit Armen und Beinen umklammert, fürchterlich bearbeitet wurde. Ich hatte dabei angenehme Gefühle und schlief danach zufrieden ein.

Meinen ersten sexuellen Kontakt hatte ich im stolzen Alter von acht Jahren! Die in den Zwanzigerjahren erbaute Hufeisensiedlung wurde ja überwiegend von jungen Ehepaaren bewohnt, die hier ihre Familie gründen wollten. Es gab also genügend Spielgefährten. Uns gegenüber wohnte unter anderem auch ein sechsjähriges Mädchen, eine kleine, kesse Rübe, die ab und zu auf der Parchimer-Allee-Promenade bei »Vater-Mutter-Kind« mitspielen durfte. Dieses kleine Biest wollte mir unbedingt was zeigen, aber nicht hier auf der Promenade, sondern im Keller. Aber nicht in ihrem, sondern in unserem Keller. Sie hatte mich neugierig gemacht, und so zogen wir in unseren Keller, dessen Tür zufällig nicht abgeschlossen war. Einen Keller umgab für mich etwas Mystisches, Unheimliches, Ängstliches und dennoch Angenehmes. Ich kann mich heute noch an den Geruch eines Kellers erinnern. Der Geruch von Holz, Kohle und Kartoffeln mischte sich mit dem Mief alter Möbel, Klamotten und feuchtem Mörtel und Gestein. Im Sommer war es immer schön kühl dort unten.

Im Keller hob die Sechsjährige ihren kurzen Rock hoch, zog ihren kleinen Schlüpfer aus und forderte mich auf, ihr das zu zeigen, was ich dort unten zu bieten hatte. Ich tat wie geheißen, und während sie sich meinen Puller interessiert betrachtete, meinte sie, wir sollten jetzt Vater und Mutter spielen und ich müsse mein Teil nun an ihr freigelegtes halten. Ich tat wie geheißen, hatte aber – wer hätte mich als Achtjährigen in diesen Zeiten aufklären können? – eine Scheißangst vor dem Ungewissen! – Sie war mit diesem Geschlechtsakt jedenfalls zufrieden, zog Schlüpper hoch, ließ Röckchen fallen und meinte zur Verabschiedung noch, dass Mama und Papa es auch so machten. Es nimmt nicht wunder, dass nach diesem Erlebnis nächtelang der Alb zu mir kam und die Furcht, etwas Verbotenes getan zu haben, mich lange nicht losließ!

Ich hielt in der Kindheit eigentlich nicht sehr viel vom Sport. Besonders um die Foltergeräte (Barren, Reck, Kasten) in der Turnhalle machte ich möglichst einen großen Bogen. Aber das Klettern an der Stange machte mir von Mal zu Mal mehr Spaß, zumal sich dabei vollkommen unbekannte, äußerst angenehme Gefühle zwischen Bauchnabel und Schniepel verbreiteten. Aus meiner Sicht muss die Stange so an die zehn Meter lang gewesen sein (sicher war sie kürzer). Ab Meter sieben begann die Wollust und steigerte sich bis Meter zehn. Eigentlich wollte ich gar nicht mehr runterkommen, musste aber dank des unerbittlichen Turnlehrers. Ungeduldig wartete ich dann, bis ich wieder dran war. Ging es aber dann zum Seil, verlor ich mein Interesse an der Kletterei. Die schlappen Muskeln schafften es einfach nicht. Nein, nur an der Stange klappte es ausgezeichnet. Ich war zwar nicht immer als Erster oben, aber es machte mir aus den genannten Gründen Spaß. Und weil sportlicher Erfolg hier mit einem wunderbaren Gefühl in der Hose einherging, konnte ich davon nicht genug bekommen. Es war meine Disziplin, und wäre sie olympisch anerkannt worden, hätte ich bestimmt die Goldmedaille errungen.

Ete hatte mich im zarten Knabenalter darüber aufgeklärt, dass mein Schwanz nicht nur zum Pinkeln, sondern zu Höherem geboren ist. Ich erinnere mich: Nach einem Jungenschaftsabend setzten wir uns in der Hufeisensiedlung auf die zum Hufeisenteich führende große Freitreppe, guckten in die sternklare Nacht und quatschten. Ete musste die neueste Entdeckung, die er mit seinem Schwanz gemacht hatte, unbedingt loswerden: Er meinte, es sei ein »janz irret Jefühl«, wenn man die Haut an seinem »harten Riemen« so lange hin und her reibe, bis da so 'ne weiße Soße rauskäme. Sprach's, griff in meine Hose, lud mich ein, in seine Hose zu greifen, und beide rieben wir, bis es uns kam. Ich war begeistert, nunmehr sexuell aufgeklärt (hatten meine Eltern ja nicht daran gedacht oder sich nicht getraut) und die Onanie ward bei mir eingeführt. Nun hätte man vermuten können, Ete und ich wären fürderhin schwul oder würden es in absehbarer Zeit werden, aber wir brauchten uns nicht zu outen!

Ich hatte ja zum Glück keine religiösen Vorbehalte. Doch für das schlechte Gewissen sorgten meine fürsorglichen Eltern. Der abends unter der Bettdecke aufgefangene lebensspendende

Saft wurde von mir in einem Taschentuch aufgefangen, das dann in der Nachttischschublade am nächsten Morgen schnell »behandelt« werden musste, bevor meine liebe Mama davon Wind bekam. Ab und an vergaß man aber die entsprechende Entsorgung, und dann geriet das Corpus delicti in Mutters Hände. Als nicht ganz so Doofer (obwohl mich meine Mutter wieder mal »alter Dowitz« genannt hatte) bemerkte ich geheime Gespräche zwischen Papa und Mama, in denen sie versuchten, dieses Problem zu lösen. Mit anderen Worten: »Wie sag ich es meinem Kinde?« – Die Armen machten es sich schwer. Wer sollte mit Söhnchen sprechen? Und was war zu sagen? – Mir war das damals ja piepegal, aber je länger ich auf das drohende Gespräch warten musste, desto stärker kämpfte ich mit dem schlechten Gewissen. Und das kam manchmal nachts. Da kam aus der rechten Zimmerecke ein schwarzes Gespenst, setzte sich auf meine Brust und machte mir Angst. Wenn mir dieses Gespenst in jüngeren Jahren erschien, schrie ich nach meinen Eltern. Aber jetzt war ich ja schon groß und es ging um mein großes Geheimnis. Irgendwann fasste sich mein Vater dann ein Herz und sprach mit mir über meine sexuelle Praktik. Er verwies eigentlich nur auf die Betroffenheit einer Mutter, deren Sohn sich so wie ich verhält, und bat, in Zukunft mehr auf Mamas Empfindungen Rücksicht zu nehmen. Ich versprach es, konnte mir aber nicht vorstellen, wie ich das bewerkstelligen sollte. So blieb alles beim Alten.

In Liebe aufwachsen

Ich hatte das Glück, in einem Elternhaus, in dem sich Vater und Mutter liebten, aufzuwachsen. Ich kann mich nicht erinnern, dass sich meine Erzeuger über eine längere Zeit in den Haaren lagen. Es gab selten Meinungsverschiedenheiten, die ausgetragen werden mussten. Wenn sie sich einmal gestritten hatten, verging nicht einmal ein Tag und sie lagen sich wieder in den Armen. Mutter war eine gute Köchin, der es trotz der schmalen Haushaltskasse immer gelang, ein schmackhaftes Essen zuzubereiten. Wenn Vater abends fast immer zur gleichen Zeit von der Arbeit nach Hause kam, stand das gut Abgeschmeckte bereits auf dem Tisch. Falls die erwartete Zeit seines Eintreffens um zehn Minuten überschritten wurde, lehnten Mutter und Sohn auf einem über die Fensterbrüstung gelegten Kissen und warteten voller Ungeduld auf den bereits als vermisst Geltenden. »Wann kommt er denn nun endlich?«, murmelte meine Mutter mehrmals voller Ungeduld.

Das »gute Zimmer«, so nannte sich das Wohnzimmer, war oft abgeschlossen. Die mühsam vom Munde abgesparten »guten Sachen« sollten geschont werden. Gewohnt wurde in der Küche. Dort aßen wir unsere Mahlzeiten, dort wurde »Mensch ärgere dich nicht« gespielt, dort machte ich – abends unter Aufsicht des Herrn Papa – Schularbeiten. Wenn mein Vater zu Hause war, half er immer seinem »Miekchen« bei der Hausarbeit. Während sie das Geschirr abwusch, trocknete er die Einzelteile sorgfältig mit dem Geschirrtuch ab. Dabei sangen sie auch mir bekannte Wanderlieder oder herzzerreißende und gar garstige Küchenlieder, wie »Mariechen saß weinend im Garten ...« oder »Sabinchen war ein Frauenzimmer, gar hold und tugendhaft ...« Zur Adventszeit enthielt ihr Repertoire auch Weihnachtslieder. Beim Singen der dritten Strophe des Liedes »Am Weihnachtsbaume die Lichter brennen ...« schmetterten sie (er mit zweiter Stimme) ihr »Kein Auge hat sie – kommen sehn ...« derart ergreifend unter verhaltener Verlängerung der zwischen »sie« und »kommen« einzuhaltenden Pause, dass ich nur das »Kein Auge hat sie« vernahm und – ich war vier Jahre alt – bittere Tränen vergoss.

Unser Bad war neben der Toilette mit Wasserspülung auch

mit einer Badewanne und einem beheizbaren Badeofen ausgestattet. Wir wuschen uns täglich nur mit kaltem Wasser, im Winter erwärmt durch einen Schuss heißen Wassers aus dem pfeifenden Wasserkessel. Sonnabends war Badetag. Das Baderitual lief immer gleich ab. Vater heizte den Badeofen an, dessen Inhalt für eine volle Badewanne ausreichte. Von da an blieben die drei Mitglieder der Familie in der Küche und warteten geduldig auf das erste Einfließen des Badewassers. Für Unterhaltung sorgte die jeden Sonnabend ausgestrahlte Rundfunksendung »Die drei lustigen Gesellen vom Reichssender Köln«. Sie brachte neben Operettenmelodien und bekannten Schlagern allerlei Volkstümliches, Humoristisches und Geschichten aus dem Kleinbürgeralltag. Ich erinnere mich noch an Ludwig Manfred Lommel (Pauline), Ernst Bendow (Wo laufen sie denn?) und die Couplets von dem 1931 verstorbenen Otto Reuter (»In fünfzig Jahren ist alles vorbei«). Ich freute mich immer auf unsere Badesonnabende, auch wenn ich als Letzter in das von Mama bereits benutzte, aber noch warme Badewasser eintauchte. Von ihr ließ ich mir ungern die Haare waschen, weil sie mir immer den brennenden Seifenschaum in die Augen rieb. Da war Papa einfühlsamer. Er achtete stets darauf, dass kein Seifenschaum in die Augen kam. Als ich älter war, wusch ich mir die Haare lieber selber, konnte aber nicht verhindern, dass ich noch immer in bereits benutztes Badewasser eintauchen musste.

Vater bestellte jährlich immer rechtzeitig vor Beginn der kalten Jahreszeit Holz und Briketts bei der Britzer Holz- und Kohlenhandlung Muskadewitz. Er stand für ausreichende Bevorratung, und so schleppte der Kohlenträger Zentner für Zentner Briketts von seinem Wagen in unseren Keller, wo sie mein Vater ordentlich und übersichtlich in Reih und Glied aufschichtete. Ich half ihm dabei. Ein paar Kästen Holz und zwei Zentner Eierkohle ergänzten den Vorrat. Der Winter

konnte kommen. Nach Kriegsbeginn war es dann mit dieser
Bevorratung vorbei. Es gab auch hierfür Karten, mit denen die
Kontingente zugeteilt waren.

Die in den Zimmern stehenden Kachelöfen sorgten bei richtiger »Fütterung« für ausreichende Wärme. Das Elternschlafzimmer wurde aber aus Sparsamkeitsgründen nur bei sehr kal-
ter Witterung beheizt. In harten Wintern konnte ich nicht so
schnell zittern, um davon in meiner Kammer warm zu werden.
Es fehlte eben der Ofen, und den ersetzte die liebende Mutter,
indem sie das Federbett am elterlichen heißen Kachelofen an-
wärmte, um es mir im Bett über den mit Gänsehaut bedeckten
Körper zu legen. Das angewärmte Federbett vereinte sich mit
meiner Körperwärme und ließ mich wohlig einschlafen. In der
Vorschulzeit hatte ich oftmals nachts mit dem Alb zu kämpfen. Aus diesem Grunde legte ich auch Wert darauf, dass die
Schlafzimmertür meiner Eltern und meine Tür immer geöffnet
waren und möglichst noch ein kleiner Lichtschein in meine
Kammer fiel. Es kam vor, dass meine Mutter wach wurde und
mich von einem Dämon befreien musste, weil ich wahrnehm-
bar unruhig schlief. Hatte ich tags zuvor Verbotenes verbrochen und mich mit einer Lüge vor Bestrafung gerettet, erschien
nachts der Alb im Traum und bedrohte mein Leben. Wenn
es eine ganz, ganz schlimme Lüge war, die ich meinem Vater
aufgetischt hatte, sah ich den Alb sogar im Halbschlaf in der
rechten Ecke meines Zimmers drohend stehen, wie er gerade
eine Keule oder so etwas gegen mich schwang. Ich schrie beide
zusammen, Mama und Papa! – Einmal, der Vollmond schien
gerade durch das Schlafzimmer der Eltern, hatte ich versucht,
seinem Ruf zu folgen, wurde aber von Papa vorsichtig geweckt.
Zum Glück war das der einzige Anfall von Mondsüchtigkeit,
den Alb musste ich allerdings noch einige Zeit ertragen. Erst
als ich gegen acht Jahre alt war, ließ er mich in Ruhe.

Der für unsere Wohnung zu zahlende Mietzins von monatlich 64,80 RM belastete unsere Haushaltskasse derart über die Maßen, dass sich mein Vater ernsthaft sorgte, die monatlichen Zahlungsverpflichtungen pünktlich erfüllen zu können. Um seinem Grundsatz treu zu bleiben, allen Verpflichtungen pünktlich nachzukommen, musste er sich etwas einfallen lassen. Die seinem Chef vorgetragene Bitte um Gehaltserhöhung hatte zwar Erfolg, brachte aber nicht viel ein. So nahm er eine Heimarbeit als Adressenschreiberling an, woran sich meine Mutter freiwillig und ich mich mehr oder weniger gezwungenermaßen beteiligte. Die Adressen, die auf seitenlangen Listen standen, mussten wir auf Adressenaufkleber übertragen. Je geschriebene Adresse gab es dann nicht einmal einen Pfennig. Vater kaufte sogar eine gebrauchte Schreibmaschine, in dem Glauben, damit die Adressen schneller schreiben zu können, aber hier irrte er. Wir schrieben uns eine Zeit lang die Finger wund, wurden aber davon nicht reicher. Die Quälerei hörte dann bald auf und die Deutsche Verlagsgesellschaft war bei der nächsten Anfrage meines Vaters nach Gehaltsaufbesserung großzügiger.

Erziehungsmethoden

Die Erziehungsmethoden meines Vaters waren zur damaligen Zeit, gelinde gesagt, ungewöhnlich. Zwar war er hier und da einmal so erbost über meine Versuche, die elterliche Zuständigkeit infrage zu stellen, dass er versucht war, mir eine runterzuhauen. Aber er hielt sich im Zaum und zog es vor, mit seinem Vorbild zu glänzen, auf dass es auf mich abfärbe. Und dafür bin ich ihm heute noch dankbar, konnte ich seine Methode doch auch für die Erziehung meiner Töchter übernehmen. Einmal allerdings rutschte ihm die Hand aus und er haute mir den Arsch voll, weil ich mit dem Kartoffelhändler mitfuhr, ohne es ihm vorher zu sagen. Wie oft hatte er mich eindringlich gebeten, ihm oder der Mama immer zu sagen, wo ich beabsichtigte, mich gerade rumzutreiben, damit man wisse, wo ich zu finden sei. Für mich war die Fahrt auf dem Kutschbock des Kartoffelmenschen, vor mir die beiden Ärsche der Pferde, ein abenteuerliches Erlebnis. Ich verlor dabei mein Zeitgefühl, fuhr durch mehrere Straßenzüge, bis – in der Onkel-Bräsig-Straße am Hüsung angekommen – mein »Kutscher« sagte: »Ich glaube, du gehst jetzt lieber wieder nach Hause!« – Wie recht er hatte!

Das Ziel seiner Erziehung war es unter anderem, mir klarzumachen, dass man es im Leben ohne zu lügen leichter hat und, wenn man zu seinen Taten steht, sein Unrecht einsieht und sich entsprechend entschuldigt, mit einem reinen Gewissen weiterkommt. Ich denke gern an sein Meisterstück zurück, das mir eigentlich zeit meines Lebens als Lehre diente. Über Roselotte wohnten die Brüder Rausch, mit denen ich eigentlich gar nicht so oft zusammen war. Sie trafen mich zufällig in der Parchimer und quatschten mich an. Uns überholte gerade ein oller wohlbehüteter Herr, als mich einer der Brüder forderte: »Du trauster nich, 'n paarmal ›oller Glatzkopp‹ hintaherzerufen!« – Ich Blödmann traute, und zwar mehrmals!! Der so Genannte drehte sich sofort um und wollte sich den Übelrufer greifen. Die Brüder rasten sofort in ihr Haus, die Treppe hoch in ihre Wohnung. Ich hinterher in dem irren Glauben, sie würden mich mit in die Wohnung lassen. Die gemeinen Hunde schlugen die Tür vor meiner Nase zu, unten hörte ich schon den Häscher kommen. Mir blieb nichts weiter übrig, als weiter die Treppen hochzustolpern, in der Hoffnung, dass oben die Bodentür offen war. Sie war verschlossen! Schwer atmend ging ich in die Hocke und erwartete den Gescholtenen. Der kam aber nicht, klingelte hingegen an Rauschens Tür, die sich öffnete und ihn einließ. Inzwischen nahm ich meine Beine in die Hand und rannte treppab, treppauf nach Hause in der Hoffnung, entkommen zu sein. Die Brüder Rausch waren aber wieder einmal ihrem schlechten Rufe treu geblieben. Sie hatten mich an den Häscher, es war einer ihrer Lehrer, verraten. Paul Diebel erhielt also ein paar Tage später einen entsprechenden Brief von dem gescholtenen Lehrer.

Mein Vater nahm sich mir vor und ich erwartete jetzt einen Arsch voll oder so etwas Ähnliches. Doch war er die Ruhe selbst und versuchte mir klarzumachen, dass ich nunmehr zu dieser Tat stehen und mich bei dem Lehrer entschuldigen müsse. Er werde einen Termin vereinbaren und würde mit mir dann zu dem Lehrer gehen. Der Termin wurde vereinbart, in drei Tagen sollte es so weit sein. Diese drei Tage erlitt ich Höllenqualen. Ich wäre am liebsten tot oder so etwas gewesen. Hätte mein Vater mir den Hintern versohlt, gut, das hätte sicher sehr wehgetan, wäre aber am nächsten Tag bereits wieder vergessen worden. Endlich war es so weit. Papa ging mit mir zu dem Lehrer, der in der Rudower Straße wohnte. Wir wurden freundlich empfangen und ich begann meine Entschuldigung herunterzustottern, ohne die Anstiftungsversuche der Brüder Rausch zu erwähnen. Der Lehrer nahm meine Entschuldigung an und sagte noch ein paar anerkennende Worte dazu. Als wir uns verabschiedeten, kam die Frau des Lehrers und drückte mir aus Dank für meinen Mut eine Tafel Schokolade in die Hand. »Siehste«, sagte mein Vater, »jetzt hast du etwas gelernt!« Und damit hatte er wieder einmal recht.

Vater und die NS-Ideologie

Seine Erziehungsmethoden passten so gar nicht zu den Vorgaben, die die Nationalsozialisten in ihrem Programm von den Eltern erwarteten. Nach der NS-Ideologie stand das gesamte

Erziehungsrecht an der Jugend dem »Führer« und dem NS-Regime zu. Mein Vater wäre eigentlich verpflichtet gewesen, mich körperlich, geistig und sittlich im Geiste des Nationalsozialismus zu erziehen. Doch daran dachte der alte Sozi nicht im Traume. Bei den Prodöhls gab es nur meinen Onkel Eduard, an dessen Revers zwar kein Parteibonbon klebte, der aber vermutlich Mitglied der NSDAP war. Er bewohnte am Spreeufer bereits vor 1933 eine Dienstwohnung, von der ein Tunnel in den Reichstag, seiner Arbeitsstätte, führte. Als Leiter der Poststelle war er im Februar 1920 mit in Weimar, als die Nationalversammlung dort tagen musste, weil in Berlin wegen der Niederschlagung des Spartakusaufstandes und der Ermordung der Kommunisten Rosa Luxemburg und Karl Liebknecht Unruhen herrschten. Um sein Arbeitsverhältnis als Beamter nicht zu verlieren, dürfte er nach der Machtübernahme durch Hitler PG geworden sein. Im Familienkreise hielt er sich mit Äußerungen zu den politischen Fragen sehr zurück. Mein Vater machte dagegen aus seinem Herzen keine Mördergrube, sondern brachte seine Meinung zur aktuellen Lage in die oft sehr gedämpft geführte Diskussion mit ein. Innerhalb des Familienkreises war dies auch kein Problem, selbst Onkel Eduard konnte man vertrauen. Aber außerhalb der vier Wände konnte mein Erzeuger oft seinen Mund nicht halten und gefährdete damit sich und seine Familie.

Anfang der Dreißigerjahre wurde die Laubenkolonie »Roseneck« erweitert. Vater pachtete eine Parzelle. Jeden Sonntag zogen wir zum Leidwesen meiner Mutter und später auch zu meinem auf »unser Feld«, um es urbar zu machen. Eine Laube war geplant und das Bauholz wartete schon auf die Verarbeitung. Hilfe konnten wir von meinem Onkel Lorenz und einem Bekannten, der in der benachbarten Kolonie »Windmühle« die Kantine betrieb, erwarten. Eines Tages – es war kurz nach der »Machtübernahme« – fand eine Versammlung der Kolonisten statt, zu der mich mein Vater mitnahm. Es wurde viel gesprochen und gestritten. Ich fühlte mich überhaupt nicht wohl und verstand nur »Bahnhof«. Dann stand mein Vater auf und hielt eine Rede, aus der ich auch nicht schlau wurde. Er erntete Buhrufe und »Diebel raus«-Aufforderungen. – Vater und Sohn verließen daraufhin fluchtartig das Lokal. – Den Sonntag darauf gingen wir noch einmal auf »unser Feld«, aber wohl nur, um unser Eigentum in Sicherheit zu bringen. Dann wurde darüber nicht mehr gesprochen. Mir war es recht, ich hatte die Nase von diesen sonntäglichen Zwangsarbeiten schon vorher voll gehabt.

1936 konnte sich mein Vater mit seiner Familie seine erste Urlaubsreise leisten. Es ging in das Elbsandsteingebirge. Wir wohnten im Jägerhaus Waldesruhe unweit eines Wasserfalles, der aber nur dann sein kostbares Nass versprühte, wenn man in irgendeinen Schlitz ein Geldstück gesteckt hatte. Für mich war dieser Urlaub mangels fehlender Spielkameraden doch etwas langweilig. So beschäftigte ich mich mit Katze und Hund des Wirtes oder kletterte mit den Eltern von einem Felsen auf den anderen. War auch ziemlich anstrengend. Wir waren anfangs die einzigen Gäste in dem Hause, später kam eine zwölfköpfige Gruppe dazu. Ich nahm sie erstmalig zum Frühstück zur Kenntnis. Sie saßen geschlossen an einem langen Tisch und erhielten dort ihren Morgenkaffee. Wir drei saßen von ihnen etwas entfernt an einem separaten Tisch und bekamen ein ordentliches Frühstück mit gekochtem Ei, Käse, Butter, Marmelade und Schinken. Offenbar nicht so unsere Gegenüber. Man begann über das Frühstück zu meckern. Ihres war nämlich nicht so opulent wie unseres und das ärgerte sie, denn so drang an meine Ohren, »unter Volksgenossen« dürfe es keine derartigen Unterschiede geben. Da stand mein Vater auf, wieder einmal bereit, sich den Mund zu verbrennen, und hielt eine Rede. Mutter versuchte, ihn auf den Stuhl zurückzuziehen, ein vergebliches Unterfangen. Er ließ sich nicht beirren und sprach etwas über »Kraft durch Freude« einerseits und andererseits von mühsam selbst erarbeitetem, angespartem Urlaubsgeld und ehrlicher Bezahlung des uns Gelieferten. Dieses Mal buhte man zwar nicht, man murmelte nur verärgert und strafte uns durch Missachtung.

Eines Tages ging ich mit meinem Vater die Fritz-Reuter-Allee entlang, um uns von dem in der Nähe des Eierteiches wohnenden Friseurs die Haare schneiden zu lassen. Da kam uns unser Hauswart, ein Hämeken, stolz in voller SA-Gala gekleidet, entgegen. An der linken Körperhälfte baumelte an einer Kette hängend der SA-Ehrendolch. Mein Vater sagte artig »Guten Tag« und murmelte etwas von »Käsemesser«. Das muss der Hauswart gehört haben. Aus dem Hämeken wurde plötzlich ein Goliath, als er sich umdrehte und zischte: »Diebel, dich kriegen wir auch noch!« – Nach diesem Erlebnis schien mein Erzeuger vorsichtiger mit seinem Mundwerk umzugehen. Seine Äußerung: »Jetzt müssen wir uns wohl doch eine Fahne kaufen!«, die er machte, als die deutschen Truppen kurz vor Moskau standen, und deren Umsetzung deutete jedenfalls darauf hin. Die Nachrichten des »Feindsenders« BBC hörte er zu stiller Stunde und für sich aber weiterhin ab, obwohl er wusste, dass der eine oder andere, den die Nazi-Häscher erwischten, klammheimlich verschwand. Falls ich einmal das dumpfe »Bum-bum-bum-bum« des Senders vernahm, wusste ich, dass mein Papa wieder einmal »schwarz« hörte, und verzog mich lieber in mein Zimmer.

Vater wusste ganz sicher, dass es Konzentrationslager gab. Wenn sich die Familie einmal traf, hörte ich oft in den Gesprächen das Wort »Konzertlager« fallen. Ich konnte mir darunter nichts vorstellen, ahnte aber, dass dort Furchtbares geschah. Als ich 13 Jahre alt war, beschloss ich, mit vier Klassenkameraden mit dem Fahrrad nach Rheinsberg zu fahren und dort in einer Jugendherberge zu übernachten. Wir nannten uns nicht einfach »Leute«, sondern einigten uns auf die Bezeichnung »Leude«, wobei wir vom althochdeutschen »luiti« und dem lateinischen »leudes« ausgingen und dies mit »freie Untertanen« übersetzten. Die Erziehungsberechtigten der »Leude« berieten sich, ob sie eine derartige Fahrradtour ihrer 13-Jährigen verantworten konnten. Unter Abwägung aller Risiken waren sie letztlich damit einverstanden. – An einem herrlichen Sonnentage fuhren wir mit unseren Rädern, eingedeckt mit Proviant und Zahnbürste, zum S-Bahnhof Neukölln. Mit der S-Bahn ging es bis nach Oranienburg und dann gehörten die Landstraßen bis nach Rheinsberg uns. Als wir uns auf der Landstraße – es muss so hinter Gransee gewesen sein – voller Lust und Freude bergab rollen ließen, kam uns auf der anderen Straßenseite eine aus etwa 240 Frauen bestehende Marschkolonne entgegen. Die krankhaft aussehenden und mir ängstlich erscheinenden, in gestreifter Sträflingskleidung marschierenden Frauen wurden von mehreren uniformierten, mit Karabinern bewaffneten Frauen begleitet. Die mit schriller Stimme erteilten, mir unverständlichen Befehle und der Anblick des Haufens Elend, die den herrlichen Sonnentag verdarben, ließen mich in die Pedale treten. Die Gewissheit über meine Unwissenheit über das »Warum?« machten mir Angst. In Rheinsberg übernachteten wir in einer dem Schloss gegenüberliegenden Jugendherberge. An den weiteren Verlauf unserer Radtour kann ich mich heute nicht mehr erinnern. Tief eingebrannt in meinem Inneren hat sich aber die gleich meinen Albträumen empfundene Begegnung mit den Frauen aus dem – so erfuhr ich es nach Kriegsende – nahe gelegenen Konzentrationslager.

Am 1. Mai, dem »Tag der Arbeit«, wurde ja auch unter dem Nationalsozialismus nicht gearbeitet, sondern demonstriert. Weil es unter Hitler keine Arbeitslosen gab, konnten schlecht mehr Arbeitsplätze oder gar höherer Lohn gefordert werden.

Also hatten an diesem Tage die Mitarbeiter der Betriebe und Firmen anzutreten, um zu einem befohlenen Sammelplatz – je größer, desto besser – zu marschieren und dort den Reden des Führers und Reichskanzlers sowie des Reichsarbeitsministers zu lauschen. Mein Vater ging dort ungern hin, weil man ihn aber »auf dem Kieker« hatte, wagte er nicht mehr, sich vor dieser Pflicht eines jeden deutschen Arbeitenden zu drücken. Es muss 1936 oder 1937 gewesen sein, als mein Vater wieder einmal am »Tag der Arbeit« mit seiner Firma für irgendetwas (sicherlich »für den Führer«, gegen etwas gab's ja nicht) durch die Straßen Berlins marschieren musste. Er nahm mich mit, versprach Interessantes, nie Gesehenes und ganz sicher ein Würstchen mit Senf. Wüstchen kosteten damals 20 bis 30 Pfennig. Vater konnte, obwohl er immerhin den Beruf eines Lohnbuchhalters ausübte, nicht allzu oft diese Kostbarkeit spendieren. Von seinem Verdienst blieb nicht allzu viel »Penunse« (wie Vater zu sagen pflegte) zum Leben übrig und da war ein Würstchen schon Luxus!

Das Würstchen ließ meine innere Abwehr gegen den Maimarsch schwinden. So begleitete ich Sozipapa auf seinen Trip für Führer, Volk und noch was. Vor seiner Arbeitsstätte in der Gitschiner Straße in Kreuzberg traf man sich zum Abmarsch. Vor uns die Hakenkreuzfahne und ein Transparent mit der Aufschrift »Führer, wir danken Dir!«, marschierte der Firmentrupp in Richtung Maifeld. Vater nahm mich bei der Hand und war darauf bedacht, die Truppe als Nachhut abzusichern. Das war nicht ganz so einfach, weil sich offenbar auch andere bewogen fühlten, diesen wichtigen Posten zu bekleiden! So gab es am Ende immer eine kleine Drängelei, die von den wohlbedachten Absatzbewegungen aber nach und nach verringert wurde. Wir kamen an einigen Würstchenbuden vorbei, und so verführerisch es auch roch: »Jetzt noch nicht!«, bedeutete Papa und ließ uns weiter von der Marschkolonne treiben. Als wir dann an mehreren Marktständen, die uns die rückwärtige Plane zuwandten, vorbeikamen, nahm mich mein Vater an die Hand und an einer Lücke zwischen zwei Ständen gab er den Befehl: »Komm, wir verpissen uns!« – Haken schlagend verdrückten wir uns – von Vaters Kollegen und Parteioberen unbemerkt – und verschwanden im Gewusel des gewöhnlichen Stadtverkehres. Ich bekam dann endlich mein Würstchen, und danach liefen wir (wieder 30 Pfennige gespart) flugs nach Hause, in unsere Wohnung, aus der noch immer keine Hakenkreuzfahne hing!

Nahrhafte Begebenheiten

Apropos Würstchen. Ich habe in meinem Leben nie so gut schmeckende Würstchen kennengelernt wie die »Britzer Knubelinchen«, die hinter grünen Hecken am Tempelhofer Weg 50–78 von den Efha-Werken hergestellt wurden. Bis zu 100.000 Paar dieser im ganzen Deutschen Reich und darüber hinaus bekannten und beliebten Würstchen erhielten erst in den Räucherkammern mit schwelenden Sägespänen ihre schöne Farbe und den pikanten Geschmack. Bei dem vor Beginn des Zweiten Weltkrieges jeden Sommer in Britz stattfindenden Rosenfest befand sich unter den prunkvoll mit Rosen geschmückten Fahrzeugen auch ein dekoriertes Fahrzeug der Efha-Werke, von dem Britzer Knubelinchen in die schaulustige Menge geworfen wurden.

Auf dem Britzer Wochenmarkt, der dienstags und freitags am Vormittag und sonnabends am Nachmittag aufgebaut wurde, hatte die Würstchenbude meistens keine Knubelinchen im Angebot, aber auch auf die anderen, ganz gut schmeckenden hatte ich Appetit. Als ich noch im Kinderwagen saß, befand sich der Wochenmarkt noch in der Rungiusstraße. Von dort war es nicht mehr sehr weit zur Juliusstraße, in der meine Lieblingstante Lucie wohnte. So blieb es nicht aus, dass der Marktbesuch sehr oft eine Stippvisite zu Tanta Lucie nach sich zog. Ich lernte dadurch sehr zeitig den verhältnismäßig langen Fußweg zur geliebten Tante kennen, sodass ich bereits im Vorschulalter meine kleinen Beine in die Hand nehmen konnte, um bei ihr in der immer nach Olbas riechenden Küche einen Eierkuchen oder Kartoffelpuffer zu verdrücken.

Auf dem Wochenmarkt wurden fast nur Lebensmittel, insbesondere frisches Obst und Gemüse angeboten. Nur ab und zu gab es auch Händler, die irgendeinen »Renner« hatten. Meine Mutter interessierte sich fast immer für diese lauthals angepriesenen Gegenstände. Und wenn einmal neben dem Geld für ein Fredi-Würstchen noch etwas übrig war, wechselte der »Renner« seinen Besitzer. Und zu Hause zeigte sie ihre Errungenschaft, wenn sie denn etwas taugte, stolz ihren Bekannten. Einmal verlor sie mich im Gewühl des Marktes. Ich irrte umher, rief nach meiner Mama und hatte sicherlich auch geweint. Ausgerechnet ein Spreewälder Gurkenhändler nahm mich in Obhut, setzte mich vorn auf ein Gurkenfass und drückte mir eine saure Gurke in die Hand, an der ich halb genussvoll rumlutschte. Die vorbeigehenden Einkäuferinnen schienen ob dieses Bildes belustigt und manche blieben wohl auch stehen und kauften dem Händler ein paar Gurken ab. So wurde ich unverschuldet zu einem Werbeobjekt für saure und andere Gurken. Meine Mutter konnte mich jedenfalls wohlbehalten in Empfang nehmen.

Ein paar Jahre später zog der Markt in die Parchimer Allee. Die Marktstände wurden auf der Promenade, uns gegenüber, aufgebaut. Ich war inzwischen dem Vorschulalter entwachsen, bekam ein wenig Taschengeld und wusste mit dem wenigen sorgsam umzugehen. Der Markt eröffnete mir die Möglichkeit, zu mehr Geld zu kommen. So benötigte der Marktständeaufsteller zum Aufbau wie zum Abbau Hilfskräfte, und einige Markthändler konnten auch Hilfe gebrauchen. Leider ließ die Schulpflicht einen regelmäßigen Einsatz auf dem Markt nicht zu. Man musste sich daher von Fall zu Fall anbiedern, und wenn man dann helfen durfte, erhielt man nach getaner Arbeit, die ja Spaß machte und nicht beschwerlich war, 50 Reichspfennig, manchmal – aber ganz selten – auch mal eine Reichsmark. Das war damals für einen Acht- bis Zehnjährigen eine Menge Geld. Und wenn man fleißig sparte, konnte man sich schon bald einmal einen Rennwagen mit abnehmbaren Gummireifen kaufen. Ich erstand von dem Ersparten den »Blauen Vogel«, den Rennwagen von Caracciola, stopfte ihn innen wegen der besseren Straßenlage mit Knete aus (manche nahmen Blei) und gewann gegen »Silberpfeil« mit Rosemeyer.

Aus hygienischen Gründen wurde die Splittschicht der Promenade in der Parchimer Allee entfernt und ein Asphaltboden aufgetragen, der sich besser reinigen ließ und mit Sprengwagen befahren werden konnte. Davon profitierten auch wir Kinder, die wir jetzt mit unseren Rollern und – vor allen Dingen – mit unseren Rollschuhen diesen glatten Boden besser befahren konnten. Es waren nun auch mehr Marktstände aufzubauen, sodass sich die Aussichten verbesserten, ein paar Sechser mehr zu verdienen. Ich erhielt eine Nebenerwerbsstelle bei einem Räucherwarenfritzen. Er verkaufte die auf dem Stand ordentlich sortierten herrlich goldglänzenden Räucherwaren, die er marktschreierisch den einkaufswütigen Hausfrauen anbot: »Meine Damen, heute ganz frisch geräucherte Ware! Extra für Sie vor zwei Stunden aus dem Räucherofen geholt! Meine Damen …!« Während er dies oben rief, hockte ich unter dem Stand, mit einer Blechbüchse voller Speiseöl und einem Pinsel bewaffnet, und hatte die Aufgabe, die in Holzkisten liegenden geräucherten toten Fische frisch einzuölen, auf dass sie, wie oben behauptet, herrlich goldig glänzten! Für diesen Betrug erhielt ich dann auch einen Fuffziger. Es war eine meiner besten Arbeitsstellen, hielt sich aber nicht lange. Eines Tages kam er nicht mehr.

Oma und Opa

Meine Großeltern mütterlicher- wie väterlicherseits waren für mich eigentlich gar nicht vorhanden. Ich vermisste auch weder eine Oma noch einen Opa. Es konnte mich auch keiner mit der erschreckenden Frage: »Wasss? – Du hast keine Oma???« sonderlich ängstigen. Mir fehlten jedenfalls diese den Kindern sicherlich wohltuenden Geschöpfe nicht. Mein Opa Lorenz starb am 8. April 1930. Da war ich gerade mal erst eineinhalb Jahre alt. Oma Anna wohnte nun allein in der Chausseestraße 68. Sie war fast 70 Jahre alt, begann zusehends zu kränkeln und bekam schließlich Magenkrebs. Meine Cousine Hertha schrieb darüber in ihr Tagebuch: »Nun blieb die Großmutter zurück. Irgendwo musste sie untergebracht werden. Aber bei wem? Wir konnten sie leider nicht nehmen, da wir selbst zu wenig Raum hatten. Vier Personen bewohnten ein Zimmer mit anschließender Küche. Bei Tante Lucie war es dasselbe. Ja, und die Schwiegertöchter machten saure Mienen. So blieb sie dann bei den Diebels, die inzwischen eine sehr schöne Wohnung in der Parchimer Allee hatten. Maria pflegte ihre geliebte Mutter bis zu ihrem Tode. Wir waren noch kurz vor ihrem Tod bei ihr. Da nahm sie meine Hand, legte sie auf ihren Magen und sagte: »Fühle mal, wie hart der Magen ist, wie ein Stein.« – Als sie uns verließ, ist mir auch ein Stück Heimat verloren gegangen.«

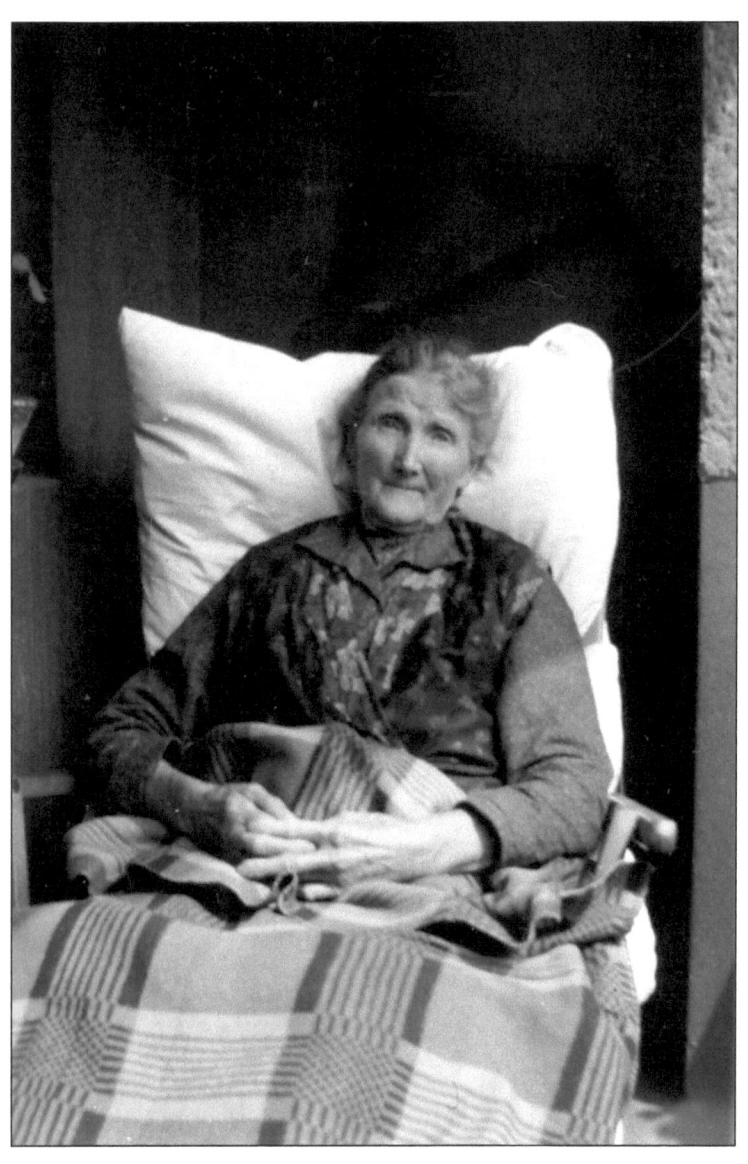

Oma Anna Prodöhl

Und ich lernte meine Oma gewissermaßen erst auf ihrem Sterbebett kennen. Sie lag einige Zeit mit in dem Elternschlafzimmer, an das der Balkon grenzte. Bei schönem Wetter ruhte sie, umgeben von Vaters stolzen Geranien, in einer bequemen Liege an der frischen Luft und erduldete klaglos ihre Schmerzen. Zu mir war sie besonders freundlich, immer wenn ich einmal vorbeiging, erhielt ich von ihr aus einer Tüte, die hinter ihrem Kopfkissen steckte, einen Keks. Ich freute mich zwar darüber und sagte artig »Danke schön«, hielt mich aber ansonsten zurück, weil sie für mich eine Fremde war und leider auch blieb. Am 23. Juli 1933, vier Tage nach meinem fünften Geburtstag, verstarb sie. Zehn Kindern hatte sie auf die Welt gebracht und zu anständigen Menschen erzogen, sieben von ihnen – Eduard, Mathilde, Johann, Lucie, Maria, Lorenz und Paul (Anna verstarb in jungen Jahren, Martin und Bernhard fielen im Ersten Weltkrieg) – begleiteten sie auf ihrem letzten Weg. Ich hätte sie gern kennengelernt.

Prodöhl'sche Familienfeten

Familienfeiern fanden jetzt nicht mehr in der Chausseestraße statt, sondern bei meiner Tante Mathilde, Mutter der beiden »Mädels« Häsi und Tutti, meiner schon in die Jahre gekommenen Cousinen, in ihrer kleinen Hauswartswohnung in Charlottenburg. Tante Mathilde war eine ganz Liebe. Voll übersprudelnder Lebenskraft meisterte sie das Leben, hatte es mit ihrem Mann nicht immer ganz leicht. Umso mehr Freude schenkten ihr aber ihre beiden Töchter. Es war kaum zu glauben, dass die ganze Sippschaft in den engen Räumen – ein Zimmer und eine Küche – untergebracht werden konnte. Meistens fanden die Zusammenkünfte zu Silvester statt. Groß und Klein freuten sich dann auf das Prodöhl'sche Nationalgericht »Büderwurscht« (Beutelwurst). – Tante Mathilde und Martha Sack standen vor den beiden Feuerlöchern des Küchenherdes und bedienten zwei Pfannen über den lodernden Flammen. Auf ihnen brutzelten in Schweine- oder Gänseschmalz etwa ein bis anderthalb Zentimeter dicke Beutelwurstscheiben mit einem Durchmesser von fünf bis sieben Zentimetern. Die lecker duftenden Dämpfe durchzogen die ganze Wohnung. In Küche und Wohnzimmer tummelten sich sechs Geschwister mit ihren Angeheirateten. Da die Stühle nicht ausreichten, saß man auch auf den Betten und einem zu einer Bank umfunktionierten Bügelbrett und wartete auf die goldgelb gebratenen Scheiben. Ab und zu gab es auch einige kross gebratene Blutwurstscheiben dazu, eine Zugabe, die sich nicht jeder leisten konnte. Als standfeste Trinker (nicht Säufer!) bekannt, war man auch gar nicht abgeneigt, sich einen hinter die Binde zu gießen. – Wir Kinder spielten Einkriegezeck, Verstecken und wuselten im Hinterhof umher. Eine Zeit lang konnten wir uns auch in den Klubräumen, die Tante Mathilde zu betreuen hatte, auf den sportlichen Geräten austoben. Da meine Eltern und ich noch einen langen Fußweg von Charlottenburg nach Britz vor uns hatten – es musste wieder das Fahrgeld gespart werden –, durfte ich meine ersten Knallfrösche schon vor Mitternacht abbrennen.

Die Sippschaft hatte also wieder gefeiert – »wie bei Muttan«, hieß es anschließend. Man bedauerte allerdings, dass Bruder Johann nicht mit dabei sein konnte. Er war ein ruhiger und angenehmer Zeitgenosse, jedoch vergällte ihm seine angetraute Amalie jeglichen Verkehr mit seinen Geschwistern. Zudem hatte sie die Angewohnheit, den Männern, die noch Haare auf dem Kopf hatten, mit beiden Händen in den Haarschopf zu greifen, um daran zu zotteln und zu ziehen. Der Versuch, meinem Vater an die Haare zu gehen, scheiterte an dessen Angebot, ihr – obwohl er noch nie eine Frau geschlagen hatte – eine runterzuhauen. Um Ruhe und Frieden zu haben, ließ sich Johann die Haare vom Kopfe scheren und trug fortan Glatze. Amalie brachte vier Jungen und ein Mädchen zur Welt, für die sie sich allerdings sehr einsetzte. Ich rannte ihr eines Tages zufällig in der Parchimer Allee in die Arme, als sie – warum auch immer – meinen Vater besuchen wollte. Ich sagte artig »Guten Tag«, worauf sie erstaunt fragte, ob ich denn wisse, wer sie sei. Nach meiner richtigen Antwort drückte sie mir 50 Reichspfennig in die Hand. – Ja, so war sie eben!

Beutelwurst (Rezept)

Das Rezept aus Großmutters Zeiten (Prodöhl'scher Clan) wurde von meiner Cousine Häsi kurz vor ihrem 95. Geburtstag (2003 verstarb sie) an mich weitergegeben.

Zutaten für 15 bis 20 Personen:

> 30 Pfund Kartoffeln
> 1,5 Pfund Grütze mittelfein
> Gewürzkörner
> Pfefferkörner
> 5 Lorbeerblätter, zerkleinert
> Majoran
> Bohnenkraut
> Salz

Gut betuchte Arbeiterfamilien leisteten sich noch:
    Speck, Zwiebeln und Knoblauch

Und so wird es gemacht:

Kartoffeln reiben, dann alle Gewürze – je nach Geschmack – untermengen.

Grütze separat kochen, bis sie weich ist (nicht vergessen zu rühren, damit sie nicht anbrennt).

Fertige Grütze heiß über die Kartoffeln gießen. Alles gut mit den Händen durchmengen.

In Stoffbeutel füllen, zubinden (etwas frei lassen, da die Masse beim Kochen quillt).

Nach dem Kochen die Beutel in kaltes Wasser legen (abkühlen).

Die »Wurst« aus dem Beutel streifen, in Scheiben schneiden und in Schweine-, Gänse- oder Butterschmalz braten.

Man kann noch Blutwurst darunter braten.

(Speck, Zwiebel und Knoblauch rösten, dann diese Zutaten dem »Wurstteig« beigeben.)

Was aus ihnen wurde

Mutters jüngster Bruder, Paul, hatte in seiner Kindheit eine Hirnhautentzündung, die ihn geistig zurückbleiben ließ. Er erhielt dadurch keine Berufsausbildung und war in seiner Art sehr labil. Seine Geschwister unterstützten ihn, so gut sie konnten, besorgten ihm leichte Arbeiten und gaben ihm so einen gewissen Halt. Nach dem Tode seiner Mutter drohte er jedoch auf die schiefe Bahn zu geraten. Um dies zu verhindern, nahm meine Mutter ihn für einige Monate bei uns auf. Sie hatte es sich in den Kopf gesetzt, ihn zu erziehen. Ein schweres Unterfangen, wie sich herausstellte. Es gab oft Streit und mein Vater wollte ihn »hochkant rausschmeißen«, ließ sich aber von seinem »Miekchen« überreden, es weiter zu versuchen. Mich interessierten Onkel Pauls Schallplatten, von denen ich eine immer wieder abspielte. Es war das Lied des Mackie Messer »Und der Haifisch, der hat Zähne« aus der Dreigroschenoper von Bertolt Brecht. Ich fand es dufte, nicht so mein Vater, der aus allen Wolken fiel, als er es mitbekam. Er konnte es sich nicht leisten, auch noch als Verbreiter einer verbotenen Oper zu gelten; einige Nazis warteten schon darauf, ihn endlich endgültig aus dem Verkehr zu ziehen! – Es verschwanden die Schallplatten und kurz danach auch Onkel Paul. Er hatte eine Frau gefunden, die ihn bei sich aufnahm und bald darauf heiratete.

Onkel Lorenz und Tante Mariechen hatten zwar in der Bergstraße in Neukölln eine Wohnung, benutzten sie aber nur im Winter, wenn es sehr kalt wurde. Sommers wie winters wohnten sie in der Laubenkolonie und betrieben hier Ackerbau und Viehzucht in Miniatur. So konnten sie ihren Haushalt mit selbst geernteten und fleischlichen Genüssen bereichern. Seine Kaninchen waren bei uns sehr beliebt. Bei mir, weil ich die hoppelnden Wesen gern in den Arm nahm und ihr weiches Fell streichelte, bei meinem Vater, weil sein »Miekchen« das vom Fell entblößte nackte rosa Hasenfleisch zusammen mit Schweinebraten in der Röhre schmackhaft zubereitete. Meine Cousine Gerda ließ sich immer wunderbar von mir ärgern. Wenn mich mein älterer Cousin Heinz dabei mit besseren Einfällen unterstützte, rief sie schreiend ihre Mutter zu Hilfe. Sie bekam später noch einen Bruder Werner und einen weiteren namens Dieter.

Die Dienstwohnung meines Onkels Eduard hätten wir mit Straßen- und S-Bahn gut erreichen können, jedoch war es billiger, sich auf Schusters Rappen auf den Weg zu machen. Dabei musste immerhin fast halb Berlin durchquert werden. Verständlich, dass ich von diesen Besuchen nicht gerade begeistert war. Nur die Aussicht, bei Onkel Eduard Farbstifte und sonstige Büroutensilien aus dem Fundus des Reichstages zu erhalten, stimmten mich gnädig. Nach dem Reichstagsbrand am 27. Februar 1933 hatte mein Onkel jederzeit Zutritt zu der noch begehbaren Ruine, in der auch Ausstellungen für geladene Gäste stattfanden. Manchmal ließ er sich übereden, mit uns wieder einmal »rüberzugehen«. Einmal erlebte ich dort in einem hohen, düsteren, tunnelähnlichen Seitenteil der Ruine eine Weihnachtsausstellung, mit vielen elektrisch zu bewegenden Figuren und Fahrzeugen aus der deutschen Märchenwelt.

Cousine Häsi schrieb in ihrem Tagebuch über einen Besuch bei Onkel Eduard: »Wir saßen gemütlich beim Kaffeetrinken, da schrillte das Telefon. Onkel Eduard hatte ein kurzes Gespräch und bekam den Befehl, sofort zum Reichstag zu kommen, um den Reichskanzler zu begleiten. Aufgeregt nahm er seine Schlüssel und ging zu seinem Führer. Wir wären gern mitgegangen, aber da es sich um eine geheime Sache handelte, durfte er unseren Wunsch nicht erfüllen. Wie er nachher erzählte, war Hitler mit seinem Bauminister Albert Speer und einem weiteren Berater erschienen. Onkel Eduard musste ihn durch die Räume führen. Bei der Besichtigung gab Hitler architektonische Anweisungen zum Wiederaufbau des Reichstages unter Berücksichtigung des Großbauvorhabens Germania. Der Onkel war fasziniert und begeistert, seinem Führer so nah begegnet zu sein. Er meinte, dass Hitler etwas Bezwingendes ausstrahlte, dem keiner widerstehen könne.«

Cousine Häsi

Cousine Häsi hätte meine Mutter sein können, denn sie war immerhin 20 Jahre älter als ich. Sie führte, gemeinsam mit ihrer jüngeren Schwester Tutti, eine gut gehende chemische Reinigung in der Nürnberger Straße. Meine Mutter fuhr eine

Zeit lang zweimal in der Woche zu ihnen, um dort gegen ein Salär auszuhelfen. Es war nicht nur die zusätzliche Geldquelle, die sie dazu veranlasste, sondern auch das zwischen ihr und den »Mädels« bestehende herzliche Verhältnis. Ich fuhr nach Schulschluss öfter mit der U-Bahn in die Nürnberger, saß dann in dem den Laden abschließenden Kabuff, hörte Schallplatten oder machte Schularbeiten. Dabei konnte ich auf die Hilfe der beiden Belesenen zählen. Ab und zu bekam ich auch den Auftrag, ein Päckchen gereinigter Kleidungsstücke an eine Kundin zu liefern.

In diesem Bezirk Berlins wohnten verhältnismäßig viele Deutsche jüdischen Glaubens. So bestand auch die Kundschaft überwiegend aus Juden. Ich hatte beobachtet, wie sich viele der Frauen, die in den Laden kamen, ängstlich ihre Handtasche vor die Brust hielten, als gelte es etwas zu verdecken. Im Laden sah ich dann ihren Judenstern, wenn sie die Tasche von der Brust nahmen. Häsi erzählte mir, dass alle Juden diesen Stern tragen müssten. Ich konnte das nicht verstehen, zumal ich bei meiner Lieferung der gereinigten Sachen nur nette jüdische Damen kennengelernt hatte, von denen ich auch immer ein Geldstück, meistens 50 Pfennige, in die Hand gedrückt bekam. – Als ich meinem Vater davon berichtete, erzählte er mir etwas von dem Berliner Judenviertel und davon, dass er immer gern bei einem Juden gekauft hätte, weil er nie übers Ohr gehauen wurde.

Kristallnacht

Im November 1938 fand auch in Berlin die von den Nationalsozialisten organisierte und befohlene Zerstörung jüdischer Einrichtungen statt. Ich war zwar gerade ein paar Monate Mitglied des Deutschen Jungvolkes, aber vollkommen ahnungslos. Von meiner Tante Lucie kommend, lief ich über die Fritz-Reuter-Allee und vernahm vor einem an der Ecke Luise-Reuter-Ring befindlichen Ladengeschäft eine schreiende, sich austobende Menschengruppe (darunter SA-Uniformierte), die offensichtlich dabei war, die Einrichtung des Ladens zu zertrümmern. Ich bekam meinen Alb, nahm die Beine in die Hand und rannte die Onkel-Herse-Straße hinunter, um über die Dömitzer nach Hause zu kommen. Doch vor dem kleinen, in einem Einfamilienhaus eingerichteten »Tante-Emma-Laden« tobten sie auch. Der rechts vor mir liegende Wirtschaftsweg war meine Rettung, hatte ich doch Angst, von denen verprügelt zu werden! Als ich meinem Vater das Erlebte schilderte, sagte er nur: »Das verdanken wir unserem Führer!« – Mehr nicht!

Häsi schrieb in ihr Tagebuch: »1938 – die sogenannte Kristallnacht. Wir erlebten sie in unmittelbarer Nähe: Das KaDeWe, Woolworth, die jüdische Synagoge. In unserem Haus ein jüdisches Lampengeschäft. Es war wie ein Spuk. Wir wussten gar nicht, was los war, hörten nur die Scheiben klirren. Dann kam schreckensbleich eine elegante Jüdin mit ihrer Tochter in unser Geschäft gestürzt. Beide waren jahrelange Kunden von mir. Sie weinten bitterlich und konnten sich kaum beruhigen. Hier ihr Ausspruch: »Das lässt Gott nicht ungestraft zu!«

Häsi und ihr Geheimnis

Häsi verschwand aus irgendeinem unerfindlichen Grunde aus Berlin und tauchte in Sachsen unter. Ich vermisste sie zwar, da es aber hieß, sie sei mehr oder weniger evakuiert, ließ ich meine Eltern weiter darüber nachdenken. Allerdings bemerkte ich, wie meine Mutter ab und zu ein Päckchen mit mir zu klein gewordenen Anziehsachen zu ihr schickte. Mama meinte, sie habe dort einen armen Knaben, dem sie die noch verhältnismäßig guten Sachen zukommen ließ. So erfüllten sie noch einen guten Zweck. – Erst später erfuhren meine Eltern, dass dieser arme Knabe Häsis eigener war, den sie dort ausgetragen hatte. Da unehelich, sollte er – und auch sie – nicht ins Gerede kommen. Als mein Papa dies erfuhr, rastete er förmlich aus und las meiner Cousine die Leviten. Er versuchte ihr klarzumachen, dass man in der Sippe bisher zusammengehalten hatte und er keinen Prodöhl kenne, der über sie und ihr Kind den Stab gebrochen hätte. Er fühlte sich beinahe beleidigt, dass sie ihm und seinem Miekchen kein Vertrauen geschenkt hatte. Na, und ich hätte auch gern einmal gewusst, wer da meine Sachen trug.

Ausflüge und Reisen

Das Zusammengehörigkeitsgefühl der Prodöhl'schen Sippschaft war bis zu der noch kalkulierbaren Kriegszeit stark ausgeprägt, ebbte später aber dann aufgrund der kriegsbedingten Verhältnisse ab. So verabredete man bei den geselligen Familientreffen manchen Sonntagsausflug »ins Grüne«. Da die meisten Familien im Süden Berlins wohnten, war es nicht verwunderlich, dass die in den Jahren 1905 bis 1906 erbaute Ausflugsgaststätte »Schmetterlingshorst« favorisiert wurde. Diese Gaststätte lag gegenüber dem Strandbad Grünau in der waldreichen Gegend der Müggelberge und war vom Gesellschaftshaus Grünau mit einer Fähre über den Langen See zu erreichen. An dieser Gaststätte, in der sich eine Schmetterlingssammlung des Wirtes befand, prangte das Schild mit der Aufschrift »Der gute Brauch wird nicht gebrochen, hier könn' Familien Kaffee kochen«. Mit anderen Worten, hier wurde kochendes Wasser nebst Kanne und Geschirr gegen ein geringes Entgelt abgegeben. Den gemahlenen Kaffee und den selbst gebackenen Kuchen brachte man mit. Aber das interessierte die Prodöhls weniger. Sie brachten sich gebratene Koteletts und Buletten, Kartoffelsalat, wenn möglich auch ein Glas »Schlaberlatutsch« (Pudding oder Ähnliches) und ihren Kaffee in einer Thermoskanne mit. Und dann »machte man sich« unter schattigen Kiefern in Nähe der Badestelle »lang«. Der Gaststätte wurde nur in Notfällen Besuch abgestattet. Während sich die Menschen in der Gaststätte drängten, lagen – manchmal bis zu zwanzig – Familienzugehörige schwatzend unter Bäumen in sonst sonntäglicher Ruhe. Die Badestelle war eigentlich nur für uns Kinder interessant.

Prodöhl'scher Clan in Schmetterlingshorst

Es kam auch vor, dass eine längere Fahrradtour unter den männlichen Verwandten vereinbart wurde. An einer Pfingstfahrt nach Werder zur Baumblüte wollte auch ich, gerade erst gelernter Radfahrer, teilnehmen. Bis Zehlendorf hielt ich noch mit den Erwachsenen mit. Doch kurz vor dem Kilometerberg wurden meine Knie weich. Ich steckte auf, trank noch eine Sportmolle und fuhr allein nach Hause.

1937 verabredete mein Vater und Onkel Eduard eine gemeinsame Urlaubsreise in den Sommerferien. Beide von Be-
rufs wegen Bürohengste mit wenig körperlicher Bewegung,
beschlossen sie, die ihnen zustehenden 14 Urlaubstage mit
ihren Lieben bei einem Bauern zu verbringen, um sich dort so
richtig abzuschaffen. Die Wahl fiel auf das im südlichen Teil
des Thüringer Waldes in landschaftlich schöner und waldrei-
cher Umgebung gelegene Dorf Lichte. Ich hielt es ja nicht für
möglich, aber meine Eltern wie auch Onkel und Tante nahmen
Forke und Harke in die Hand und halfen dem Bauern bei der
Getreideernte. Ich hielt mich dabei lieber raus und spielte mit
zwei anderen Gastkindern und den beiden Rangen des Bauern »Heu einfahren«. Die schwarzhaarig gelockte sechsjährige
Tochter des Bauern unterhielt uns dabei mit Plappereien und
unanständigen Witzen. Ihren Sinai-Vers sagte sie so oft auf,
dass er sich bei mir einprägte:

»Auf dem Berge Sinai kam der Teufel Kikeri.

Setzt sich auf 'ne lange Bank, lässt een Furz zehn Meter
lang!«

Papa und Onkel Eduard hatten bei ihrem sportlichen, gesunden Einsatz nicht daran gedacht, dass der Bauer uns mit einer
äußerst wohlschmeckenden, fettreichen Kost bedachte, die nur
ein Bauer ohne Gewichtserhöhung verarbeiten konnte. Als es
dann einmal zum Frühstück auch leckere Schmalzstullen gab,
rastete Onkel Eduard aus und war nur durch körperlichen Einsatz meines Vaters davon abzuhalten, die Stulle mit der fetten
Seite gegen die Wand zu klatschen. Nachdem er sie aufgegessen
hatte, beschloss er, von dem herrlichen Schmalz ein Pfündchen
mit nach Hause zu nehmen!

Ein Jahr später ließen sich einige Mitglieder der Sippe überreden, ihren Urlaub mit uns an der Ostsee zu verbringen. Mein
Vater überzeugte sie davon, dass die Lungen der Städter freudig
in die Hände klatschen würden, wenn sie die gute Seeluft in

sich spürten. Da waren dann Tante Lucie, mein Vetter Heinz, Cousinchen Gerda, Tante Mathilde, Onkel Lorenz und Tante Mariechen mit von der Partie, die mit meinen Eltern und mir ihren Lungen in Pritter (heute: Prsytor), einem auf der Insel Wollin gelegenen kleinen Dorf, diese Freude gewährten. Um unser Wohl kümmerte sich ein Kleinbauernehepaar, er 66 Jahre, sie 34 Jahre alt. Ich nahm erst an, sie sei seine Tochter, wurde aber schnell auf meinen Irrtum hingewiesen. – Wir wurden wieder gut versorgt und waren – auf die heutigen Verhältnisse bezogen – spartanisch untergebracht. Es war zwar nicht hochherrschaftlich, aber doch einigermaßen komfortabel, unter superdicken Federbetten zu schlafen, morgens mit kaltem Wasser die Zähne zu putzen und sich mit einer Kanne Wasser über einer Waschschüssel zu waschen.

Nach dem Frühstück liefen wir mit Seegepäck (Handtuch, Badehose, Schaufel, Bälle, Getränke und Strandzehrung) gen Ostseestrand, eine für meine Begriffe erhebliche Wegstrecke: erst durch den Ort und dann am Bahnhof vorbei durch den Wald. Das dauerte fast eine Stunde. Hin ging ja noch, aber zurück – womöglich noch mit einem Sonnenbrand – schlurfte ich nur so dahin. – Jedenfalls lernte ich in der Ostsee schwimmen. Mein Vater, der diese Kunst nicht praktisch beherrschte, brachte mir das Brustschwimmen bei. War gar nicht so einfach, bei dem immerwährenden Wellengang. Nach einiger Zeit gelang es mir schon, von Sandbank zu Sandbank zu schwimmen. Das waren immerhin ein paar Meter, nach denen ich mich dann aber gleich auf der Sandbank ausruhte, um neue Kräfte zu sammeln. Gegen Ende des Urlaubs hatte ich es dann geschafft; ich konnte ohne Zwischenhalt bis zu einer Boje und wieder zurück schwimmen.

1939 – es sollte unsere letzte Urlaubsreise sein. Unter den Erwachsenen wollte die sonst so freudige Stimmung nicht aufkommen. Man erwartete offenbar bereits in Kürze einen

Krieg. Konnten wir im vorigen Jahr noch zu Fuß am Strand bis nach Ostswine laufen, so war dies in diesem Jahr nicht mehr möglich. Bereits nach kurzer Wegstrecke stieß man auf einen mit Stacheldraht bestückten Zaun, den bewaffnete Soldaten streng kontrollierten. Und wieder kam ein Teil der Sippe mit nach Pritter, um sich zu erholen. Tante Mathilde, die »Säule« der Prodöhls, hatte sich im vergangenen Jahr für immer aus dieser Welt verabschiedet: Wir vermissten sie sehr. Meinem Vetter Heinz und mich interessierten die ernsten Diskussionen der Erwachsenen weniger. Wir waren damit beschäftigt, unsere Cousine Gerda zu ärgern!

Der »Diebel-Clan«

Der familiäre Zusammenhalt des Diebel-Clans brach bald nach der Gründung des Dritten Reiches auseinander. Daran schuld war im Grunde genommen das nationalsozialistische System, das nur eine politische Richtung zuließ. Die sozialdemokratisch eingestellte Familie erhielt nach 1933 Zuwachs durch angeheiratete andersdenkende Mitglieder, die ihre Mitmenschen von ihren Ideen und Werten überzeugen wollten.

So hatte eine Schwester meines Vaters, Schwester Elli, einen Obernazi geheiratet, der unter Hitler unwahrscheinlich Karriere machte. Bei der ersten mir bekannten Familienfeier war er in voller Galauniform zugegen und versuchte, die Gäste von seinem Führer zu überzeugen. Seine Tochter Eva hatte es bei ihm sehr schlecht. Er fand es nicht unter seiner Würde, sie bei jeder auch nur geringsten Verfehlung zu schlagen. Evas Oma, Anna Wilde, nahm sich ihrer dann oft an, wenn der strenge Vater längere Zeit zu Hause war. – Meines Vaters Bruder Max (verstarb bereits 1942) ehelichte ein liebenswerte Frau, die den vom Regime verlangten Ariernachweis (die deutsche Rasse musste rein sein!) nicht erbringen konnte: Sie war Halbjü-din! – Das war für den Obernazi nicht zu ertragen. Es lässt sich daher denken, dass Familienfeiern, so wie sie bei den Prodöhls stattgefunden hatten, nicht möglich waren. Mein Vater suchte daher die eine oder andere Familie seiner Brüder einzeln auf.

Zu dieser Familie gehörte Tante Anna, verheiratet mit dem Möpelpolierer Gustav Wilde und anfangs auch Kneipier. Sie zeugten zwei Töchter, Hanni und Elli, sowie einen Sohn, Ar-thur. Atze, wie er auch genannt wurde, war unwahrscheinlich musikalisch. Schon mit sechs Jahren saß er in Wildes Kneipe am Klavier, an das er kaum heranreichte, und spielte fröh-liche Weisen. Sein Berufsziel stand also fest, er musste ein-fach Musiker werden. Er erhielt entsprechenden Unterricht und lernte das Klavier perfekt zu beherrschen. Nachdem er die Schule verließ, tingelte er mit mehreren seiner Kollegen durch Deutschland und verdiente sich die eine oder andere Mark. Mein Vater konnte nicht mit ansehen, wie dieser begabte Pianist sein Talent förmlich verspielte, und versuchte ihn zu überreden, doch mit einem Studium zu beginnen. Er wollte sich jedoch keinen Zwängen unterwerfen und tingelte weiter. Bis 1939 spielte er in verschiedenen Tanzkapellen in Holland und Belgien, war also selten in Deutschland. Ich hätte ihn gern näher kennengelernt.

Anna hatte vor dem S-Bahnhof Kaiser-Friedrich-Straße einen kleinen, gut gehenden Zigarren- und Zigarettenladen. Dort besuchte ich sie ab und zu einmal. Nicht um dort Tabakwaren zu kaufen – bei uns rauchte ja keiner –, sondern weil immer etwas abzustauben war. Begehrt waren die aus leichtem Holz gefertigten Zigarrenkisten in den verschiedenen Größen und Zigarettenbilder. Das Sammeln von Zigarettenbildern war eine Zeit lang meine Leidenschaft. Die Tabakindustrie brachte in-teressante Serien wie »Deutsche Kolonien«, »Olympiade 1936«

oder »Der Erste Weltkrieg« heraus, deren Bilder einzeln in den Zigarettenpackungen lagen. Zu jeder Serie gab es einen Sammelband, in dem das jeweilige Thema in Wort und Schrift dargestellt wurde. Hier konnte man dann die gesammelten Bilder einkleben und erhielt so ein lehrreiches Buch. Tante Anna hatte immer einige Bilder parat, die ich ihr dankbar abnahm. Auch an dem Silberpapier, mit dem Zigaretten eingewickelt wurden, war ich interessiert. Daraus ließen sich wunderbare Silberkugeln, zu gebrauchen für Spiele verschiedener Art, drehen. Die Tochter meiner Cousine Elli, die bedauernswerte Eva, traf ich leider nie bei Tante Anna. Ich lernte sie erst nach dem Kriege kennen.

Im Dienste der Organisation Todt

Am 13. Januar 1942 erhielt mein Vater einen Verpflichtungsbescheid aufgrund der Verordnung zur Sicherstellung des Kräftebedarfs für Aufgaben von besonderer staatspolitischer Bedeutung vom 13. Februar 1939 (RGBl. I S. 206) und der Dienstpflichtdurchführungsverordnung vom 2. März 1939 (RGBl. I S. 403), nach dem er »für begrenzte Zeit« vom 13.1.42 ab zur Dienstleistung verpflichtet wurde. Er meldete sich bei der Organisation Todt als Buchhalter zur Arbeitsaufnahme und bereitete sich in der Berliner Baufirma Emge auf einen Einsatz beim O.T.-Nachschubstab Russland-Süd vor. Mit mir sprach er nicht viel darüber, ich bemerkte aber, dass er sich davor sehr fürchtete. Zwar befanden sich die deutschen Truppen noch siegreich im Vormarsch, aber mein Vater hielt den Krieg schon von Anfang an für verloren. Außerdem war bekannt, dass in den bereits besetzten Gebieten die Partisanen ihr Unwesen trieben. – Doch Vater hatte Glück. Ein »Entpflichtungsbescheid« des Präsidenten des Arbeitsamts Berlin hob diese Dienstverpflichtung auf und gab den Weg für einen Einsatz in Norwegen frei. Am 10. Juni 1942 begann er in Hattfjelldal im von den deutschen Truppen besetzten Norwegen seine Arbeit als Buchhalter (Dienstrang »Truppführer«) bei der Arbeitsgemeinschaft Stallmann. Sein Gehalt betrug nun 480 Reichsmark, erheblich mehr als bislang, das sogar erhöht wurde, als er zum »Frontführer« (was immer das hieß) avancierte. So erhielt sein »Miekchen« mehr als genügend Haushaltsgeld und ich bekam mein Würstchen, ohne darum gebeten zu haben. Ich übernahm nun einen Teil der häuslichen Gewalt und unterstützte meine Mutter je nach Lust und Laune. Wenn es aber darauf ankam, konnte sie sich auf mich verlassen (meistens war es jedoch umgekehrt). Ich blieb eben immer ihr lieber »Dowitz«! – Bis zum Kriegsende erhielt Papa dreimal 18 Tage Urlaub zuzüglich drei Reisetage. So besuchte er uns über Weihnachten 1942, im August 1943 und im Mai 1944. Aus den Schnappschüssen, die er in Norwegen machte, vermochten wir keine Kriegshandlungen zu erkennen. Wir sahen die wundervolle schneereiche und frostige Bergwelt Norwegens und einige Schneeball werfende Zivilisten nebst einer Sekretärin (deren Anblick Mama eifersüchtig werden ließ). Wir gönnten ihm seinen kriegswichtigen Posten, den er nach Kriegsende noch von Berlin aus abwickelte. Was seine Firma in diesem herrlichen Land im Auftrage der Marine baute, verriet er nicht. Wir konnten uns denken, dass es nicht um Hotelanlagen ging. Wie dem auch sei, er sorgte auch von Hattfjelldal aus für unser Wohlergehen. So erhielten wir mindestens einmal jährlich eine Seite Räucherlachs und ein Tönnchen Salzheringe, wovon uns eines die in unserem Hause wohnende Briefträgerin in Ausübung ihres Amtes klaute. Sie wurde dafür und für andere Unterschlagungen zwar bestraft, aber dafür konnten wir uns nichts kaufen!

Familie Frontführer Diebel

Einschulung in die ADO

Mein Vater wollte unbedingt, dass aus seinem Söhnchen »etwas Anständiges« wurde. Er selbst, der wissensdurstig durchs Leben ging, hätte gern eine bessere Schulausbildung genossen, als sie ihm sein Vater bieten konnte. Zum einen war jener daran wenig interessiert, zum anderen fehlten auch die nötigen finanziellen Mittel. Paul jedenfalls beschloss, seinem Sohn die beste Ausbildung zuteil werden zu lassen. Und dabei sollte Geld, das allerdings ziemlich knapp war, keine Rolle spielen. Das monatliche Schulgeld von 20 Reichsmark für eine gute Schulausbildung seines Söhnchens musste einfach noch aufzubringen sein. So viel kostete seinerzeit die Teilnahme am Unterricht an der Albrecht-Dürer-Oberschule zu Berlin-Neukölln. Für das Schuljahr 1938 konnten Jungen angemeldet werden, die in diesem Jahr bis zum 30. Juni das zehnte Lebensjahr vollenden würden. Söhnchen wurde aber erst am 19. Juli zehn Jahre alt, war also eigentlich zu jung, um der Klippschule zu entfliehen. Paul sprach bei der Schulleitung vor und erreichte für seinen Sohn eine Ausnahmegenehmigung. Der Gedanke, sein Fredi könnte die Aufnahmeprüfung vermasseln, kam ihm gar nicht erst in den Sinn. Er vertraute auf dessen Intelligenz.

Die Aufnahmeprüfung

Die Aufnahmeprüfung fand im April 1938 in dem 1888 errichteten, der Britzer Dorfkirche gegenüberliegenden Schulgebäude statt, in dem die ersten drei Klassen, Sexta, Quinta und Quarta, der Albrecht-Dürer-Oberschule untergebracht waren. Die meisten der Prüflinge kannten sich bereits aus der 47./48. Volksschule, teilten die allgemeine Aufregung und versuchten sich durch überlautes Geschwätz zu beruhigen. Als der Schuldirektor mit einigen seiner Lehrer zur Begrüßung erschien, wich das aufgeregte Palaver einem erwartungsvollen Schweigen. Ich schwieg eher angstvoll, war ich doch von meinem bislang mir angeeigneten Wissen weniger überzeugt. Ich weiß heute nicht mehr, welche Wissensgebiete geprüft wurden. Die Prüfung in Mathematik (mir bisher unter dem Begriff »Rechnen« bekannt) werde ich allerdings nicht vergessen.

Herr Hoernigk, ein Lehrer, den wir später auf unsere Art mochten, diktierte uns die zu lösenden Aufgaben, Zahlen-

reihen, die zu multiplizieren, zu dividieren, zusammenzu-
zählen und abzuziehen waren. Der liebe Herr Hoernigk, der
uns vermutlich das Leben erleichtern wollte, diktierte die
Zahlenreihen nicht etwa, wie ich es gewohnt war, flüssig,
sondern setzte hinter Zehntausender, Tausender, Hunderter
und Zehner längere Kunstpausen, die mich irritierten und zu
schier unlösbaren Aufgaben führten. Mein Ohr vernahm des
Lehrers fast einschläfernde Stimme: »Zeeehntausend.« Zwar
schien die letzte Silbe »Tausend« tremolierend darauf hinzuweisen, dass da noch was käme, doch mein Gehirn hatte
bereits die Zahl erfasst und Schreibbefehl erteilt. Es folgte
»Vierhundert.« (Stimmanhebung bei der letzten Silbe) Bevor
nun aus des Lehrers Munde »Achtundvierzig« entwich, hatte
ich auch schon die »Vierhundert« geschrieben und musste
die »Achtundvierzig« irgendwie nachtragen. Das Ganze sollte
dann mit den in gleicher Geschwindigkeit und Betonung
diktierten Zahlen multipliziert werden. Ich hatte auf meinem Papier nun folgende Aufgabe zu lösen: 1000040048
mal 3000020011 und fing an zu rechnen. Mir dröhnte der
Kopf … Als Hoernigk begann, die zweite Aufgabe zu diktie-
ren, war ich noch mitten in dem Zahlengewusel, das ich wohl
oder übel nicht auflösen konnte. Mir war klar: Der Lehrer
war doof und ich in Mathe ein Versager! Jedenfalls fühlte ich
mich gänzlich durchgefallen, obwohl ich glaubte, die anderen
Prüfungsfächer wenigstens einigermaßen hinbekommen zu
haben. Weil man sich in diesem Alter noch wenig Gedanken
über die Zukunft macht, lag einem die Gegenwart – das war
die Zeit zwischen dem Jetzt und dem Zusammentreffen mit
dem ehrgeizigen Vater – sehr am Herzen. Was würde Vä-
terchen sagen, wenn ich weiterhin die »Klippschule« (wie er
die Grundschule nannte) besuchen müsste? – Ich durchstand
zwischen Hangen und Bangen die von der Lehrerkonferenz
zu treffende Entscheidung und mit jubelnder Erleichterung

trat ich vor meinen Vater als stolzer Klippschulbefreiter und nunmehriger Oberschüler der ADO.

Die Sexta in der ADO

Die ADO wurde 1908 von einer Realschule in eine Oberrealschule mit der »Obersekunda« ausgestattet und hatte ihren »Schulpalast« in der Neuköllner Emser Straße. Seit 1911 trug sie den Namen »Albrecht-Dürer-Oberrealschule«. Die Pläne des von der Gigantomanie getriebenen Hitlers, die Reichshauptstadt zur Weltmetropole mit monumentalen Bauten auszubauen, gingen auch an unserem »Schulpalast« nicht vorüber. Er stand der Erweiterung der Nord-Süd-Bahn mit ihrem vorgesehenen riesigen Südbahnhof im Wege. So musste die ADO die Emser Straße verlassen. Während die Klassen der Mittel- und Oberstufe am Richardplatz untergebracht wurden, kamen die acht Klassen der Unter- und Mittelstufe in die alte Britzer Realschule neben der Britzer Dorfkirche.

Wir »Neuen« lernten die Stammpenne also gar nicht erst

kennen, und da wir fast alle in Britz wohnten, freuten wir uns auf einen kürzeren Schulweg ohne Straßenbahnfahrt. Immerhin musste ich von unserer Wohnung bis zur Schule fast einen Kilometer Fußweg zurücklegen. Er entsprach dem bisher gewohnten Schulweg zur 47./48. Volksschule, war mir also nicht fremd.

Die Lehrer

Nach den Osterferien 1938 begann für uns der Unterricht. Bevor wir auf die einzelnen Klassen verteilt wurden, begrüßte uns der Direktor der ADO, Dr. Sachrow, der die Schule bereits seit 1932 leitete. Er, ein liberal und fortschrittlich orientierter Mann mit deutsch-nationalem Einschlag, bewahrte sich auch nach der Machtübernahme durch die Nationalsozialistische Partei 1933 eine gewisse Distanz zum neuen Regime. Offenbar färbte diese Einstellung auch auf die meisten der uns unterrichtenden Lehrer ab. Kaum einer gebärdete sich als überzeugter Nationalsozialist. Selbst dem Lateinlehrer Krankemann, an dessen Revers das Parteiabzeichen prangte, konnte man keine nazistische Gesinnung unterstellen. Deutschlehrer Krättge stürmte – jung und dynamisch – auf das im Klassenzimmer befindliche Lehrerpult, riss zur Begrüßung den rechten Arm mit dem Schrei: »Heil!« angewinkelt in die Höhe und befahl uns mit dem hinabschnellenden Arm: »Setzen!« – Wahrlich: Der deutsche Gruß sah anders aus, denn nach einem Erlass über die Grußpflicht hatte der Lehrer zu Beginn der Unterrichtsstunde vor den stehenden Schülern als Erster durch Erheben des rechten Armes und die Worte »Heil Hitler« zu grüßen. Die so »Begrüßten« sollten den Gruß mit demselben Ritual erwidern. Die Schulstunde sollte ebenso beendet werden.

Kaum einer unserer Lehrer hielt sich in aller Form an diesen Grußerlass. Einige scherten sich einen Deibel um diesen Erlass und begrüßten uns nach althergebrachter Sitte mit »Guten Morgen«. Wir Schüler fanden es gut so, und keiner von uns wäre auf den Gedanken gekommen, sich bei den HJ-Oberen darüber zu beschweren.

Übrigens mochten wir weder Krankemann noch Krättge. Krankemann versuchte uns mit dem Maurersystem – »Stein auf Stein und wieder auf Stein, so baut der Maurer sein Haus!« – klarzumachen, dass wir faulen Lümmel »Vokabeln, Vokabeln und wieder Vokabeln« lernen müssten, um Latein zu können. Und weil auf dem Schulhof gerade ein Maurer dabei war, einen kleinen Schuppen zu errichten, befahl er den »faulen Lümmel« ans Fenster und verwies auf den eindeutigen Beweis!

Lehrer Krättge galt als Sadist. Er hatte die fiese Angewohnheit, Schüler zu demütigen – seine Methode, sie zu besseren Leistungen anzuspornen. Lernunwilligen drehte er mit seinen Fingern den Haaransatz im Nacken oder hinter dem Ohr, eine schmerzhafte Pein. Immerhin hielt er sich damit an das neu eingeführte Züchtigungsverbot, das den Lehrern das Schlagen untersagte. Lieblingsschüler hatten es gut bei ihm. Ich gehörte jedenfalls nicht dazu, gebe aber zu, dass ich die von ihm eingepaukten Gedichte noch heute rezitieren kann.

Lateinlehrer Heyn hatte seine eigene Methode, uns Latein beizubringen. Er versuchte es mit lustigen Sprüchen und Versen und war damit erfolgreicher als sein Amtskollege. So führte er sich bei uns ein: »Hic, haec, hoc – der Lehrer kommt mit dem Stock. Is, ea, id – was will er denn damit? Sum, fui, esse – er haut dir in die … Visage!«

Warum unserem Englischlehrer Kiepert der Beiname »Frunne« gegeben wurde, ist mir bis heute noch nicht klar. Ich überlasse es anderen, sich darüber den Kopf zu zerbrechen.

Frunne verkörperte jedenfalls eher den Typ eines Ranchers als den eines Lehrers. Abgesehen davon, dass es ihm gelang, uns die englische Sprache zu lehren, würzte er sein deutsches Vokabular mit deftigen Kraftausdrücken, zu denen sein Lieblingswort »blubbern« in allen Varianten (blubber nicht, blubber in die Hose, blubber in den Rinnstein) gehörte. Er unterrichtete am liebsten im Hintergrund, also hinter uns stehend oder auf einer der letzten leeren Schulbänke sitzend. Unaufmerksamkeiten ahndete er meistens, sich von hinten anschleichend, mit einem Fauststoß ins Genick.

Thiele unterrichtete uns in dem Fach Religion, manchmal auch in Deutsch. Als bekennender Christ behandelte er uns mit Sanftmut und Geduld. Das gab uns mehr als genug Spielraum für teilweise recht üble Streiche, die ihn bis zur Weißglut reizen sollten. Er blieb erstaunlicherweise dennoch der Sanftmütige, auch wenn er allen Grund gehabt hätte, uns hart zu bestrafen.

Für die Musik – vom Notenschlüssel über Noten, Gesangsunterricht, Choreinstudierungen bis zu den Klassikern – war Graudenz zuständig. Ich kann mich nicht erinnern, dass er uns ein regimetreues Lied einbläute. Bei ihm kam Freude auf, wenn er mit uns den Chor »Die Himmel erzählen die Ehre Gottes und seiner Hände Werk …« oder »Abends, wenn ich schlafen geh, dreizehn Engel um mich stehn …« einstudierte, während sich unsere Begeisterung in Grenzen hielt. Man wurde dann plötzlich stimmbrüchig, begann zu krächzen und erreichte, so man Glück hatte, vom Gesang so lange befreit zu werden, bis man in anderer Tonart wieder bei Stimme war.

Dr. Neumann, er unterrichtete Deutsch und Geschichte, war zu unserer Zeit einer der wenigen Lehrer, die ihr Wissen mit pädagogischer Einfühlsamkeit an uns weitergaben. Der Unterricht machte Spaß und wir spürten keine Lust, ihn mit Pennälerstreichen zu verärgern. Leider hatten wir ihn nur in

Vertretungsfällen. Immer hilfsbereit, erklärte er uns auf unser Bitten – wir hatten bei ihm Geschichte – den Lösungsweg einer Matheaufgabe, die uns unser Mathematiklehrer aufgegeben hatte und deren Erklärung er uns schuldig geblieben war.

Papa Hoernigk und die Altstoffsammlung

Papa Hoernigk war unser Klassenlehrer. Er führte das so wichtige Klassenbuch, in dem auch alle Tadel und Fehlzeiten aufgeschrieben wurden. Bei ihm hatten wir Mathematik, Physik und Chemie. Man erzählte sich, dass er im Ersten Weltkrieg eine Zeit lang verschüttet gewesen war. Er erlitt dadurch einen gesundheitlichen Schaden, der sich – so meinten wir – ab und zu auch während des Unterrichtes auswirkte. Und der wurde von uns schamlos ausgenutzt. Wenn Papa H. im Chemieraum an einem Versuch laborierte, konnte es passieren, dass er uns und die Umwelt plötzlich vergaß und gedankenversunken nur noch seine vor ihm stehenden Reagenzgläser betrachtete. Dann versuchten wir nur noch ganz ruhig zu atmen. Selbst Meier, den Hoernigk noch kurz vorher wegen Ungehörigkeit in die linke Raumecke beordert hatte, blieb dort, ohne zu schnaufen. Die hinter dem Lehrer hängende Uhr wies uns die noch bis zum Pausenklingeln durchzuhaltende Ruhezeit. Als es dann klingelte, sagte Papa: »Assaje!« – was bei ihm »Ach herrje!« hieß.

Wegen der während des Krieges bestehenden Rohstoffknappheit rief Reichsfeldmarschall Hermann Göring dazu auf, Altpapier und Schrott zu sammeln. Der Anfang 1600 entstandene Schlachtruf der Lumpensammler »Eisen, Lumpen, Knochen und Papier …« wurde neu belebt und durch den Zusatz »… ausgeschlagene Zähne sammeln wir – für Hermann« ergänzt.

Klassenlehrer Hoernigk

Wir machten uns darüber keine Gedanken, was ausgeschlagene Zähne mit den Lumpen zu tun hatten, sondern sangen die zwei Zeilen fröhlich mit. Der Aufruf der Schule, zu Hause gesammeltes Altpapier jeden Montag mit in die Schule zu bringen, wurde von uns jedoch ignoriert, brauchten wir das Papier doch selbst für unsere Ofenheizung oder zum Einwickeln. Außerdem wäre es uns viel zu mühsam gewesen, neben unseren schweren Taschen auch noch Papierballen mit in die Schule zu schleppen. Jedenfalls belegte die ADO bei dem Papiersammelwettbewerb der Schulen so ziemlich den letzten Platz. Um diesen desolaten Zustand zu ändern, wurde die montägliche Altpapierbefragung jedes einzelnen Schülers eingeführt. Papa Hoernigk befasste sich mit dieser volkswirtschaftlich wichtigen Aufgabe und begann nach dem ersten Klingelzeichen bei A: »Adel, hast du etwas mitgebracht?« – »Nein, Herr Hoernigk«, meinte Adel, »ich habe diesmal nichts mitgebracht, hoffe aber das nächste Mal, wenn wir auch …« Adel versuchte, seine Erklärung in die Länge zu ziehen. Papa Hoernigk befragte, alphabetisch immer korrekt, den Nächsten. Auch der versuchte lang und breit zu erklären, warum er nichts mitgebracht hatte. Geduldig hörte Papa zu und setzte seine Befragung fort. Als er bei Z wie Zittlow angelangt war und dieser auch kein Altpapier mitbringen konnte, weil …, klingelte es zum zweiten Mal. Hoernigk sagte: »Assaje!«, und somit war die Schulstunde zu Ende. Die Befragung wurde in Zukunft in dieser Form nicht mehr fortgesetzt. Die ADO begnügte sich weiter mit dem letzten Altpapiersammelplatz.

Dieses Beispiel beweist auch, dass die Lehrerschaft der ADO sich nicht sonderlich dafür einsetzte, das Interesse der Hitlerjugend im Schulleben zu fördern. Hitlerjugend, Schule und Elternhaus galten nicht als eigenständige Beherrscher der Jugend, sondern waren nur Beauftragte des völkischen Staates, dem das nationalsozialistische Erziehungsrecht an der Jugend zustand. So unterstützte die Schule, insbesondere nach Beginn des Zweiten Weltkrieges, als auch durch kriegswichtige Einsätze der Jugend kein geordneter Schulunterricht mehr gewährleistet werden konnte, immer weniger die Interessen der Hitlerjugend in der Schule. Die meisten von uns, die wir bis zum 14. Lebensjahr im Jungvolk waren, entgingen der wenig beliebten Hitlerjugend (die uns später die Mitgliedschaft in der NSDAP bescheren sollte), indem wir uns als Jungvolkführer ausbilden ließen. Wir trennten hier in der Regel »Dienst« und »Privat«. Auf den Klassenfotos dieser Jahre wird man vergebens in Jungvolkuniform eingekleidete Kameraden suchen. Die Uniform hatte in der Berliner Schule eben nichts zu suchen. Das passte den Neuköllner Oberen der Hitlerjugend nun zwar gar nicht, aber da sie weder Lehrerschaft noch Elternhäuser beeinflussen konnten, blieben wir von ideologischen Schulungen verschont.

Angriff auf das Ärgerzentrum der Lehrer

Die Wirkung unserer gezielt auf das Ärgerzentrum der Lehrer gerichteten Schulstreiche hielt sich in Grenzen. Offenbar war diese Region in ihrem Hirn nicht so ausgeprägt, wie wir erhofften. Woher sie allerdings den Stoff hatten, um ihre Glücksfähigkeit zu trainieren, blieb uns ein Rätsel. Gewiss, sie hatten die schulische Erziehungsgewalt über uns, die sie in verschiedenen Varianten ausübten, um uns zur Räson zu bringen. Aber machte es denn Spaß, einen Lehrer zu ärgern, der sich einfach nicht ärgern ließ? So blieb es während meiner Schulzeit bei einzelnen harmlosen Aktionen, von denen eine von mir veranlasst wurde.

In Physik hatten wir gerade etwas über den Gleichstrom durchgenommen und die Funktion eines Ankers kennengelernt. Wenn ich auch von häuslichen Schularbeiten nicht viel hielt, weil sie mich davon abhielten, den »Fredi, kommste runter?«-Rufen zu folgen, nahm ich zu Hause aus purem Interesse einen Anker bis zur Unkenntlichkeit auseinander. Auch ohne die erworbenen physikalischen Grundkenntnisse stellte ich fest, dass der Wickeldraht des Ankers fast so dünn wie ein Haar und kaum sichtbar, im Verhältnis dazu ziemlich reißfest war und sehr lang abgewickelt werden konnte. Vier Eigenschaften, die in unserer Planung zunächst Lehrer Thiele das Fürchten lehren sollten. Nachdem der Unterricht mit dem Aufruf begonnen hatte, Seite 17 des Religionsbuches aufzuschlagen, und der Hinweis des Britzer Pastorensohns (Schüler unserer Klasse): »Herr Thiele, hier hat schon wieder jemand unserem Herrn Jesus einen langen Bart angemalt!«, abgehandelt worden war, legte Fibze vorsichtig ein an den Wickeldraht eines Ankers angeknüpftes zerknülltes Papier in den in der Ecke stehenden Papierkorb. Das andere Ende des Wickeldrahtes hielt ich, Sitzpuper der zweiten Bank, ebenfalls vorsichtig in der Hand. Während des Unterrichtes zog ich behutsam das Zerknüllte aus dem Papierkorb und ließ es über den gebohnerten Fußboden bis in Sichtweite des Lehrers gleiten. Der Aufforderung des Lehrers, das Papier in den Korb zu werfen, kam Fibze sofort nach. Es gelang ihm auch, ohne das Drähtchen zu zerreißen. Die geisterhafte Wanderung vom Papierkorb bis in die Klassenzimmermitte gelang noch einmal. Herr Thiele, der Sanfte, wurde jetzt doch schon etwas ungehalten, vermeinte er doch, irgendeiner der Lümmel würde mit Papier werfen. Wieder warf Fibze das Zerknüllte in den Papierkorb. Der dritte Versuch misslang. Das Papier schaute zwar schon über den Rand des Papierbehälters, bereit, sich in Freiheit zu stürzen, doch es fiel wieder erschöpft zurück. Ich hatte dem Wickeldraht wohl zu viel zugemutet. Er war gerissen!

In Frunnes Englischunterricht sollte der so getestete Wickeldraht unter verschärftem Risiko eingesetzt werden. Es gelang mir, vor Eintreffen des Lehrers den Draht an einem auf dem Pult befindlichen Federhalter zu befestigen. Als Frunne noch im Klassenbuch blätterte, begann der vor ihm liegende Federhalter leicht zu tanzen, um dann auf den frisch gebohnerten Fußboden zu fallen. Frunne meinte nur zu dem vor mir sitzenden S.: »Männeken, heb mal uff!« – S. legte den Federhalter behutsam auf das Lehrerpult. Zum Glück hielt der sensible Draht, sodass ich den wundersamen Tanz des Schriftgerätes wiederholen konnte. Frunne visierte nur kurz Tatort und vermutlichen Täter, rannte zum Schrank, griff sich den Bambuszeigestab und lief die Waffe schwingend auf mich zu. Doch als mein Herz gerade dabei war, mir in die Hose zu rutschen, begann er – allen Schlagverboten zum Trotz – auf den vor mir sitzenden S. so lange einzuschlagen, bis er nur noch einen kleinen Bambuspuschel in der Hand hielt. Dann setzte sich der Ausgetobte auf sein Lehrergestühl und gab – wie gemein – eine Latte von Hausaufgaben auf. Klassenkamerad S., kräftig gebaut und Naturbursche, sah die ganze Angelegenheit sehr sportlich und fühlte sich als Märtyrer sichtlich wohl. So sah ich keinen Grund, ihm diese Rolle abspenstig zu machen.

Fauler Lümmel

Abgesehen von diesen Höhepunkten machte mir die Schule eigentlich keinen Spaß. Meine Eltern gaben sich ja alle Mühe, mir die Vorteile einer guten Ausbildung schmackhaft zu machen, stießen aber bei mir auf wenig Verständnis. Wenn Mutter nach Schulschluss es nicht schaffte, mich mit meinen Schularbeiten erfolgreich zu triezen, versuchte es Vater nach Feierabend und seiner wohlverdienten warmen Mahlzeit, seinem Jungen die Leviten zu lesen. Der Arme stieß dabei immer wieder gegen seine

Grenzen, hatte er doch nur die »Klippschule« besuchen können und weder Englisch noch höhere Mathematik, geschweige denn Latein gelernt. Das wurmte ihn natürlich sehr und heute denke ich, dass er sehr darunter gelitten haben muss. Dennoch blieb er der treusorgende Vater und versuchte mir – manchmal mit lautstarker Stimme, aber immer ohne körperliche Züchtigung – zu helfen. Es kam jedoch, wie es kommen musste: Nach zweijähriger Schulzeit war meine Versetzung gefährdet. Ich bekam zwar die Kurve noch einmal, aber dann blieb ich sitzen und musste die Quarta wiederholen. Von da an lief alles ein bisschen besser, die Zensuren wiesen zwar auf keinen Musterschüler hin, »Ungenügend« und »Mangelhaft« gehörten aber der Vergangenheit an. Hier und da war noch ein »Ausreichend« auszubügeln, »Befriedigend« und »Gut« fehlten aber nicht mehr. Ein »Sehr gut« konnte ich mir und meinen Mitschülern nicht antun, denn als Streber wollte ich nicht gelten!

In der Schule Eingepauktes, die Erfahrung konnte ich machen, bleibt auch im hohen Alter noch frisch. Dazu gehörten Gedichte von Goethe, Schiller, Eichendorff, aber auch die traurige Geschichte von Jack and Jill: »Jack and Jill went up the hill to fetch a pail of water, Jack fell down and broke his crown and Jill came timely after.« Oder der makabre Lebenslauf von olle Grundy: »Solomon Grundy – born on Monday – christened on Tuesday – married on Wednesday – took ill on Thursday – worse on Saturday – buried on Sunday: This is the end of Solomon Grundy!«

Klassenkameraden

Mit meinen Klassenkameraden kam ich – die bestehende Hackordnung anerkennend – verhältnismäßig gut aus. Es gab, wie wohl in jeder Gemeinschaft, auf der einen Seite die an

Muskelkraft und auf der anderen Seite die an Geist mehr oder
weniger Stärkeren. Nur wenige konnten beide Eigenschaften
vorweisen. Diese Gruppe dominierte in der Klasse und gab den
Ton an. Ansonsten war man mit denen »gut Freund«, die man
zu Hause als Spielkameraden achtete, mit denen man Schularbeiten machte (wenn man gerade nichts Besseres vorhatte) oder
die man vom Jungvolk kannte. Es gab in den ersten drei Jahren
unserer ADO-Schulzeit auch so etwas wie ein Zusammenhö-
rigkeitsgefühl, das besonders dann zum Ausbruch kam, wenn
es galt, einen Lehrer aufs Kreuz zu legen. Streber hätten es bei
uns sicher schwer gehabt. Mir war keiner bekannt, der gern
Schularbeiten machte. Da hatte Lehrer Frunne sicher recht,
wenn er uns als »faule Säcke« bezeichnete.

»Arbeit adelt!«

Mein Wahlspruch war zu jener Zeit: »Arbeit adelt, wir bleiben
bürgerlich!«, den ich weiß der Geier woher hatte. Und da ich
in Schriftzeichen ein Ass war, schrieb ich diesen Spruch mit
LY-Feder und Ausziehtusche auf ein größeres Blatt Papier. Und
weil ich mich gegenüber meinen Klassenkameraden beweisen
wollte, pappte ich den fein gemalten Spruch vor Beginn des
Unterrichtes unter das dem Lehrerpult an der Wand gegenüber hängende Bild unseres Führers und Reichskanzlers. Mit
großer Spannung wurde der Lehrer erwartet. Ich weiß nicht
mehr, welcher unserer Lehrer uns an diesem Vormittag be-
ehrte. Er sah den Spruch und seine Fassung bewahrend stellte
er unheimlich ruhig die obligate Frage: »Wer war das?« – Ich
meldete mich fern jeglicher Führerbeleidigung fast ein wenig
zu stolz als Übeltäter. Der Lehrer zischte was von »abmachen«
und »Vater sprechen« und leitete ohne weiteren Kommentar
die Stunde ein. Ich und wahrscheinlich noch mehr mein Vater

hatten Glück, einem Lehrer in die Hände gefallen zu sein, der dem Nazi-Regime nicht sehr gewogen gewesen sein konnte. Nach einem Gespräch mit meinem Herrn Papa war die Angelegenheit für den Lehrer offenbar bereinigt. Mein Vater nahm mich noch einmal gehörig in die Mangel und versuchte mir zu erklären, in welche Gefahr ich mich nebst Familie gebracht hätte. Als »Volksgenosse« ohne Hakenkreuzfahne hatte sein Ansehen ohnehin schon gelitten.

Kinderlandverschickung

Im September 1940 ordnete der Führer an, dass die Jugend aus Gebieten, die immer wieder nächtliche Luftalarme hatten, auf der Grundlage der Freiwilligkeit in die übrigen Gebiete des Reiches geschickt wurden. Die Unterbringung sollte schul- und klassenweise in Jugendherbergen, Gaststätten oder anderen geeigneten Räumlichkeiten durchgeführt werden, wobei die Lehrkräfte der Heimatschulen für die Aufnahme des Schulunterrichtes in ausreichendem Maße zu sorgen hatten. Die Hitlerjugend-Führung betrachtete diese »Kinderlandverschickung« (KLV) als ideale Lösung, auf die nationalsozialistische Jugenderziehung in ihrem Sinne, federführend gegenüber der Schule und unter Ausschaltung des Elternhauses, Einfluss zu nehmen. Dabei erhoffte sie sich die Unterstützung der NSDAP-treuen Lehrer, die das konventionelle Schulsystem ablehnten. In der ADO verkörperte Dr. Koch diesen Typus. Wir hatten ihn in Berlin nicht kennengelernt, bekamen aber später in Kattowitz das zweifelhafte Vergnügen, seine Bekanntschaft zu machen.

Obwohl alliierte Bomber bis 1940 die Reichshauptstadt selten und auch dann nur in kleineren Formationen anflogen, wurde in diesem Jahre die Kinderlandverschickung für ganz Berlin angeordnet. Die Mitteilung der Schule, die »Quarta«

müsse im November 1940 im Rahmen der Kinderlandverschickung nach Kattowitz verlegt werden, erfreute weder meinen Vater noch mich. Mein Vater überlegte, was zu machen sei, um Söhnchen die Unbilden dieser Verschickung zu ersparen. Zwar hatte der Führer der Aktion Freiwilligkeit zugesagt, aber Staat und NSDAP versuchten mit allen Mitteln, die Entscheidung der Eltern zu beeinflussen. Da die gesamte Klasse umziehen sollte und nur der eine oder andere Schüler zu Hause blieb, kamen meine Eltern – nicht zuletzt auch in Erwartung verstärkter Luftangriffe auf Berlin – zu der Erkenntnis, dass für mich der »Tapetenwechsel« das kleinere Übel sei, und wünschten mir alles Gute.

Auf nach Kattowitz

Am 27. November 1940 trafen wir uns auf dem Güterbahnhof Neukölln, auf dem der abfahrbereite Sonderzug auf uns Lümmels wartete. Unter der mitteilsamen Begleitung unserer Eltern wurden wir von einem unserer Lehrer, ich weiß nicht mehr, wem diese Ehre zuteil wurde, in Waggongruppen aufgeteilt. Nach heftigen Abschiedsszenen, bei denen mir nicht ganz klar war, ob ich mich über die Tatsache, nunmehr von der häuslichen »Sklaverei« befreit zu sein, freuen konnte oder aus Angst vor der ungewissen Zukunft in Tränen ausbrechen sollte, setzte sich der Zug schnaufend, zischend und tutend in Bewegung. Mein leider bereits verstorbener Klassenkamerad Uwe G. hat die Stationen, durch die sich der Zug seinen Weg bahnte, akribisch aufgezeichnet: »über Frankfurt/Oder (man denke an das Lied »Weil Frankfurt so groß ist, drum teilt man es ein – in Frankfurt an der Oder und in Frankfurt am Main!) – Grünberg – Glogau – Liegnitz – Breslau – Oppeln und Gleiwitz nach Kattowitz.« Dort sollten wir, vor feindlichen Bombenangriffen geschützt, fürs Leben lernen, entsprechend der lateinischen Weisheit: »Non scholae, sed vitae discimus.« – Selbst hier hatte man uns betrogen, denn der 106. Brief des jüngeren Seneca (4–65 n. Chr.) schließt vorwurfsvoll: »Non vitae, sed scholae discimus!« (Leider lernen wir nicht für das Leben, sondern für die Schule!) – Aber das erfuhr ich erst viel später in meinem Berufsleben.

Mir war es ziemlich schnurz, durch welche Städte unser Zug dampfte. Ich versuchte, mit den anderen die ziemlich lange Fahrt durch kurzweiligen Blödsinn zu verkürzen und die Langeweile zu vertreiben. Nur den aufsichtsführenden Lehrern verdankte die Reichsbahn, dass weder Scheiben noch Gestühl zu Bruch gingen.

Jugendherberge Kattowitz

Die Jugendherberge, in die wir für einen mir unbekannten Zeitraum unser Dasein fristen sollten, lag an einer kleinen Parkanlage und vor einem ehrwürdigen Friedhof, der – wie ich von unseren Fenstern aus beobachten konnte – ab und an von Kattowitzer Hinterbliebenen besucht wurde. Mich berührte dies in einer unbeschreibbaren Weise, weil ich Freund und Feind nicht zu unterscheiden vermochte – es waren eben Kattowitzer. Selbst bei Atschek und Ignatz (ob sie so wirklich hießen, war nie so recht klar) hatte ich hinsichtlich ihrer Herkunft keine klaren Vorstellungen. Sie umkreisten fast täglich uns lauthals beschimpfend die Herberge, um dann hinter den Friedhofsmauern zu verschwinden. Aus den Fenster hängend belegten wir die beiden mit Schimpfworten aus dem Berliner Repertoire, in freudiger Erwartung ihrer polnisch klingenden Beleidigungen, die meistens mit »altee Beeerlineeer Groooßschnauze« oder »kaackdofe Beeerlineeer« eingeleitet wurden und auch damit endeten. Dazwischen kam eigentlich nur uns Unverständliches, ob das Polnisch oder Dialekt war, vermochten wir nicht zu entscheiden. Wir hatten jedenfalls an diesen harmlosen Redeschlachten unseren Spaß, zumal sie der einzige Kontakt zwischen uns und den Kattowitzern war. Es war uns untersagt, mit ihnen Kontakt aufzunehmen. Zudem machten es Schul- und Dienstplan unmöglich, überhaupt jemand kennenzulernen.

Ich war angenehm überrascht, als wir von M., unserem Britzer Fähnleinführer, empfangen wurden. »Makku«, wie wir ihn nannten, war in Berlin sehr beliebt, weil er den preußischen Schliff während des Dienstes im Deutschen Jungvolk nicht so ernst nahm und dafür sorgte, dass Heimabende mehr dem Abenteuer à la Tom Sawyer als der vormilitärischen Ausbildung oder parteilich vorgeschriebenen Doktrin frönten. Zu früh gefreut! – Makku begrüßte uns zwar, es war aber seine letzte Amtshandlung in Kattowitz. Bereits am nächsten Tag verließ er die Bergwerkstadt. An seine Stelle trat »Streußelkuchen«, ein mehr unangenehmer Führertyp, der zu denen gehörte, die uns die drei grundlegenden Eigenschaften eines deutschen Jungen, nämlich »flink wie ein Windhund«, »zäh wie Leder« und

»hart wie Kruppstahl« einzubläuen versuchten. Seinen Namen erhielt er von uns wegen der vielen rötlichen Pickel auf seiner Gesichtshaut. Offenbar hatte er das Stadium seiner Pubertät noch nicht abgeschlossen. Aber was wussten wir schon von den einzelnen Entwicklungsstufen der Pubertät?

Streußelkuchen war also in unserem KLV-Lager der von der Hitlerjugend-Führung eingesetzte Lagermannschaftsführer. Als leitender Lagerlehrer fungierte der ADO-Lehrer Dr. Koch. Ihm oblag nicht nur die Aufsicht über die Schüler, sondern auch über das Lehrerkollegium. Er trug das Abzeichen der NSDAP am Reviers seines zivilen Anzuges, den er, wenn es darauf ankam – und es kam oft darauf an –, gegen die wunderbar kackgelbe SA-Uniform, deren Hosenbeine in blank geputzte braune SA-Stiefel mündeten, eintauschte. Dr. Koch, ganz Mann und stolzer Träger des Kleides seines Führers. »Wie das?«, fragte sich der Kenner des politischen Windes, der in der ADO Lehrer und Schüler so mehr deutsch-national umwehte. Dr. Sachrow, der Direktor der Schule, kehrte, soweit es die Nationalsozialisten zuließen, seine deutsch-nationale Einstellung heraus. Einmal ging er zu weit und es ihm fast an den Kragen, als er in einer erhebenden Rede anlässlich eines nationalen Feiertages vor den in der Aula angetretenen Schülern den rechten Arm dem Hitlergruß ähnlich mit den Worten »Nicht hier ist man ein echter Deutscher …« erhob und ihn mit den Worten »… sondern hier!« an sein Herz weiterführte. So wurde es jedenfalls erzählt. Ob es der Wahrheit entspricht oder nicht, ist aber unwichtig, beweist allein die Mär, dass man dem Direx dies zugetraut hätte. Er war eben nicht unbedingt ein Freund des Oberlippenbärtigen.

Wir »Neuen« füllten die durch den Weggang eines älteren Jahrganges die offen gewordenen Plätze aus. Lehrer und HJ-Führer – neben »Streußelkuchen« gab es noch zwei Unterführer – gaben uns unabdingbare Anweisungen, nach denen wir unser Leben in Zukunft zu gestalten hatten. Schul- und

Lagerordnung sowie die entsprechenden Dienstpläne bestimmten fürderhin unseren Tagesablauf. Die strenge Ordnung trug leider nicht mit dazu bei, das schleichende Heimweh zu beseitigen. Viele von uns hatten darunter zu leiden, ich besonders stark. Manche Nacht heulte ich still vor mich hin und wünschte mir, mein Vater würde mich nach Hause holen. Aber wie sollte ich ihm meine Sorgen und Nöte mitteilen? Jeder Brief, jede Karte, die wir abschickten, wurde von Koch und den Lakaien seines Vertrauens gelesen. Post durfte nur in den dafür im Hause vorgesehenen lagereigenen Postkasten geworfen werden. Wer dabei erwischt wurde, eine frankierte Nachricht in einen öffentlichen Postkasten zu werfen, wurde vor angetretener Mannschaft angeprangert und nachts vom »Heiligen Geist« heimgesucht. Diesen »Liebesdienst« besorgten einige Schlägertypen der nächsthöheren Klasse.

Einige Tage nach unserer Ankunft mussten wir den »Trauerschritt« einüben. Es galt, in geschlossener Formation die Überführung eines Sarges zu begleiten, in dem der kürzlich an einer Gehirnhautentzündung verstorbene ADO-Schüler H. lag, der zuvor aus irgendeinem Grunde vom »Heiligen Geist« erzieherisch behandelt wurde. Man erzählte sich, dass die Prozeduren seiner Peiniger die Krankheit verursacht hatten, an der er dann starb. Nichtsdestotrotz suchte sich der »Heilige Geist« nächtlich seine Opfer. Man hatte Angst! Es bestand auch keine Möglichkeit, mit der Kattowitzer Bevölkerung Kontakt aufzunehmen, zumal wir nur in Begleitung ausgehen durften. Unsere Ausflüge wurden von einem Lehrer oder von einem Unterführer begleitet. Der Schulunterricht fand in der ehemaligen Kattowitzer Ingenieurschule statt, zu dem uns jeweils ein Lehrer führte.

Wir erlebten 1940/41 einen harten Winter. In Kattowitz fiel sehr viel Schnee, der aufgrund der qualmenden Schornsteine noch intakter Zechen und Gruben schnell seine weiße Pracht verlor. Die Berliner Luft wäre wohl gesünder gewesen. Bei unseren wohlorganisierten Ausflügen lernten wir auch die Kattowitzer Umgebung kennen, die zwar ihre Reize hatte, uns aber weniger interessierte. Bei der Besichtigung einer Zechenanlage, zu der auch ein Versumpfungsbecken gehörte, deren zugefrorene Oberfläche zum Schlittern reizte, brach ein Klassenkamerad plötzlich ein, konnte sich aber sofort selbst befreien. In einem Brief an meine Eltern dramatisierte ich dieses Erlebnis etwa mit den Worten: »… und er drohte zu ertrinken. Dann kamen wir dazu und zogen ihn aus dem Schlamm.« Nun, ich hatte eben eine frühreife schriftstellerische Ader!

Dieser Brief durchlief natürlich die Kontrolle und wurde von Dr. Koch bei dem nächsten Morgenappell – allerdings ohne den Namen des Schreibers zu nennen – mit dem Hinweis, dass derartige Lügen dem Ansehen des KLV-Lagers schadeten und die Eltern verunsicherten, verlesen. Mir lief der Angstschweiß nicht nur den Rücken herunter, sondern er verteilte sich zwischen Haarwurzel und großem Zeh in der Erwartung, nun mit sehr unangenehmen erzieherischen Maßnahmen rechnen zu müssen. Ich, der sich ständig – auch während des Schulunterrichtes – nach Schlaf sehnte, versuchte nach dieser öffentlichen Anprangerung nachts auf seiner Pritsche möglichst lange wach zu bleiben. Das Schnarchen meiner Klassenkameraden begleiteten meinen Wunsch, endlich einschlafen zu können. Irgendwann schlief ich dann endlich. In manchen Nächten begann mein Angstschweiß aus sämtlichen Poren zu fließen, wenn ich in der Stille der Nacht das Gewimmer eines um Gnade flehenden Mitschülers, begleitet von klatschenden Geräuschen und mit dumpfen Stimmen erteilten Befehlen, gewahr wurde.

Werde auch ich einmal so liebevoll behandelt werden? Das quälende Heimweh und die ständige Angst ließen mich in mancher Nacht unter meiner kratzigen Zudecke Rotzblasen heulen. Bei meinen Mitschülern konnte ich kaum Trost finden. Diejenigen, die nach der Hackordnung in den unteren Bereich gehörten, hatten selber Angst, und den anderen öffnete man sich nicht. Man wollte ja nicht als Memme verachtet werden! Also ergab man sich dem Schicksal in der Hoffnung, das KLV-Lager möge bald aufgelöst werden. – Und da die Vollstrecker mich in Ruhe ließen, quälte mich nur noch das Heimweh.

Die eisige Kälte und Unmengen von Schnee, die uns der Winter bescherte, hätten uns in Berlin viel Freude bereitet. Da es uns jedoch verwehrt war, uns ohne Aufsicht in den verschwenderisch mit Schnee bedeckten Parks und Anlagen zu tummeln, hatten wir nicht allzu viel von dieser weißen Pracht. Wie gern hätten wir uns Schneeballschlachten geliefert, wären mit dem Schlitten gefahren oder hätten Riesenschneemänner gebaut. Die seltenen Ausflüge fanden unter Aufsicht eines Lehrers oder eines HJ-Lagerführers statt. Die unter Lehreraufsicht stehenden Ausflüge hatten mehr einen zivilen Charakter. Wir schlenderten in unseren Klamotten durch die Landschaft, während der Lehrer uns dies und das versuchte zu erklären. Da hieß es dann aufpassen, denn jede dieser Exkursionen zog unweigerlich eine dem Thema entsprechende Klassenarbeit nach sich.

Ausflüge unter dem Kommando eines HJ-Lagerführers glichen eher einem Ausmarsch mit dem sangesfreudigen Befehl: »Drei, vier – ein Lied!« – Und wenn die Sänger das Lied voller Unlust malträtierten, folgte der »Lied – aus!«-Befehl mit der erneuten Aufforderung: »Drei, vier – ein Lied!« Weitere Wiederholungen waren nicht ausgeschlossen, konnten aber bei sehr großer Unlust dem Lied richtig Leid antun. Die Lagerleitung hatte uns zwar neuwertige, aber in ein schmutziges Graubraun eingefärbte Uniformen zur Verfügung gestellt, die wir bei diesem Freizeitvergnügen zu tragen hatten. Sie kleideten uns auch bei den Morgenappellen, die in meiner Erinnerung nur an Sonn- und Feiertagen stattfanden.

Vor diesen Appellen grauste es mir. Sie dauerten einfach zu lange. Langes Stehen war nicht mein Ding. Früh am Morgen standen wir der Größe nach aufgereiht vor einem riesigen leeren Fahnenmast, vor dem vier Schulkameraden älteren Jahrganges ziemlich strammstanden. Sie hielten in jeder Hand den Zipfel des Fahnentuches. Ein HJ-Führer brüllte dann Kommandos wie »Rührt euch«, »Stillgestanden«, »Augen rechts« und meldete dem in voller SA-Montur gekleideten Lagerleiter Dr. Koch die Anwesenheit der soundso vielen ADO-Schüler, obwohl er sie ja alle sehen konnte. Dr. Koch bedankte sich dennoch und hielt eine kleine Rede, in der auch unser Führer und Reichskanzler vorkam. Der HJ-Führer rief dann ein Führerwort in den kalten Himmel und forderte zum Hissen der Hakenkreuzfahne auf. Zwei der vier geschulten Schulkameraden zogen jetzt ganz feierlich am Fahnenmastseil, langsam begann sich die Fahne zu entfalten. Erst als eine Ecke der Fahne die Spitze des Mastes erreicht hatte, stimmten alle Anwesenden die ersten Strophen des von Joseph Haydn vertonten und von Hoffmann von Fallersleben getexteten Deutschlandliedes und des Horst-Wessel-Liedes (»Die Fahne hoch …«) an.

Mit Beginn der ersten Note erhoben sich alle rechten Arme senkrecht im Winkel von etwa 30 Grad. Mein Arm begann bereits vor dem Ende der Hymne zu zittern, musste aber noch die Horst-Wessel-Lied-Strophe ertragen. Warum das Lied »Die Fahne hoch« Horst-Wessel-Lied hieß, wusste kaum einer von uns. Erst später las ich in dem Musikbuch für höhere Jungenschulen »Lied im Volk«, dass jener den Text verfasste. Laut Goebbels »schrieb er es hin in einem Rausch, in einer Eingebung aus einem Guss, dieses Lied, das aus dem Leben geboren ward und dazu, wieder Leben zu zeugen«. Für mich verlängerte dieses Lied die »morgendliche Andacht« nur unnötig. Ich stand jedenfalls ungern so lange still und mein Arm konnte sich an dieses Muskeltraining nie gewöhnen.

Wochentags unterrichteten uns Lehrer, die man aus dem zweitklassigen Berliner Kontingent für das KLV-Lager abgestellt hatte. Sie gehörten nicht gerade zur Elite der durch Kriegsabgänge dezimierten ADO-Lehrerzunft. An der Spitze der Kattowitzer Lehrerschaft stand der stramme SA-Mann Dr. Koch, der eigentlich in Berlin einen guten Ruf als Lehrer hatte. Bei ihm wurde man den Verdacht nicht los, dass er seine geliebte Uniform selbst nachts als Schlafanzug benutzte. Er setzte die Ideologie seines geliebten Führers in unserem KLV-Lager um und sorgte durch geeignete Maßnahmen dafür, dass die vielen in unserem Lager aufgetretenen Missstände nicht nach außen dringen konnten.

So gehörte auch die schlechte Verpflegung zu den Beschwerden, die wir unseren Eltern gern mitgeteilt hätten. Wir glaubten zunächst, dass auch unsere Lehrer die uns vorgesetzten köstlichen Speisen genießen würden. Sie nahmen ihre Speisen zwar getrennt von uns in einem »Nur-für-Lehrer-Raum« ein, beteuerten aber, die gleiche Kost wie wir zu erhalten. So konnten sie unsere mehrfach vorgetragenen Beschwerden über das »gut schmeckende« Essen gar nicht verstehen. Erst als ich zum Küchendienst eingeteilt wurde, lernte ich die Unterschiede zwischen Lehreressen und Schülerfraß kennen. Die mir in die Nase steigenden Wohlgerüche eines im Ofen stehenden Bratens konnten unmöglich von unserem Mittagsmahl herrühren! Die polnische Köchin hatte neben ihrer großen Leibesfülle auch ein großes Herz, nahm eine große Fleischgabel, fischte einige größere Stücke des köstlichen Bratens aus dem Rohr und reichte es mir und meinen beiden Klassenkameraden mit den Worten: »Irr schmall, irr misst groß, vill essen!« Wen wundert es, dass wir mit dem Kartoffelschälen gar nicht mehr fertig werden wollten! (Jede Kartoffel, ob groß oder klein, wurde durch sechs gezielte Schläge mit dem Messer zu einem Würfel dezimiert – der Führer hat's ja nicht gesehen.) Als es nichts mehr zu schälen gab und der Abfallberg beseitigt war, erhielt jeder von uns noch eine Fleischgabelportion mit den Worten: »Arrrm Junge, vill essen!« – Die Wohlgerüche in der Küche hatten uns so betört, dass wir ab sofort an ein besseres Mittagessen glaubten.

Wie enttäuscht waren wir über den Fraß, der uns nach unserem Küchenerlebnis später im Esssaal unter Aufsicht eines Lehrers erwartete. Es gab wieder Lungenhaschee, eine dunkelgraue Pampe aus durchgedrehter Lunge, verfeinert mit klein gehackten Gurken und sonstigen undefinierbaren Zutaten. Jede Mahlzeit wurde mit einem »Tischgebet« freigegeben, das einer der Lagerführer in den Saal brüllte. Die guten Sitten, speziell die Esskultur, verlangten markige Sprüche wie: »Wir essen, dass der Mastdarm schwillt und der Bandwurm um Hilfe brüllt!« Den anschließenden Schrei des kulturell Gebildeten: »Haut …«, ergänzten die vielen hungrigen Mäuler mit einem ohrenbetäubenden: »… rein!« Dann nahm man eigentlich nur noch das Klappern der Bestecke und ein leicht anschwellendes Gebrabbel wahr. Wir, die Elite des Führers, verschlangen furchtlos, gewürzt mit gotteslästerlichen Sprüchen, den gebotenen Fraß und rülpsten abschließend ein »Na danke schön« gen Himmel. Ab und zu gab es als vitaminreiche Beigabe zu dem köstlichen frisch gewaschenen grünen Salat, der so frisch war, dass sich sogar noch Raupen und Schnecken darin suhlten. Sie galten als Fleischbeigabe und waren gefälligst zu übersehen. Der Dienstaufsichtshabende wachte über eine mundgerechte Vernichtung dieses Ungeziefers. Die die Reisgerichte verzierenden Mäusekegel und andere undefinierbare schwarze Mikrokügelchen sahen zwar niedlich aus, dienten aber auch nicht gerade der Geschmacksverbesserung.

Wir schluckten auch den jeden Morgen zum Frühstück

kredenzten äußerst magerstufigen weißen Käse in der Konsistenzstärke XXL, der wie gelöschter Brandkalk mit leichter Kiesmischung aussah und erbärmlich schmeckte. Er löste die einmalige und berühmte Weißer-Käse-Demo aus, die eigentlich bewies, dass wir gemeinsam etwas gegen unsere missliche Lage hätten unternehmen können. An dem denkwürdigen Tag hatte Herr Hoernigk, unser Klassenlehrer, die Aufsicht über den Esssaal. Herr Hoernigk war, wie an anderer Stelle zu lesen ist, als Lehrkraft an einer Oberschule eigentlich überfordert. Seine Eigenschaft, während des Schulunterrichtes ohne Vorankündigung in eine Art Nirwana abzugleiten, verstanden wir zu unserem Vorteil auszunutzen.

Es war eigentlich wie immer. Unter den schläfrigen Augen unseres eher harmlosen Gebieters lümmelten wir an drei langen Tischen gedämpft lärmend vor unserer Atzung. Von irgendwoher kam plötzlich ein kleiner Batzen Weißkäse geflogen. Irgendjemand warf ihn, um irgendjemand zu treffen. Mein mir gegenüber sitzender Klassenkamerad bekam ihn, sich keiner Schuld bewusst, an die Backe. Ob ihm das Wurfgeschoss galt, sei dahingestellt. Der Getroffene peilte jedenfalls die vermutete Richtung an, aus der das Nahrungsmittel kam, und warf ein wohlgeformtes Kügelchen seiner weißgrauen Pampe zurück. – Herr Hoernigk sah weiter meditierend aus dem Fenster. Er war sicherlich mit seinen Gedanken bei sich zu Hause in Berlin, in der Hoffnung, dass noch keine Fliegerbombe sein trautes Heim in Schutt und Asche gelegt hatte. Die Gegner des weißen Brotaufstriches sahen ihre Zeit gekommen und kneteten sich, mutig geworden, das eine oder andere Kügelchen und ließen es fliegen. Wer getroffen wurde, warf sofort zurück; und bald kam es gar nicht mehr darauf an, gezielt zu treffen, sondern möglichst viel von dem reichlich servierten Käse loszuwerden. Mancher hatte sich schon einen kleinen Vorrat zugelegt und eröffnete ein Dauerfeuer. Als zufällig ein Kügelchen an die Wand klatschte und dort hängen blieb, wurde die Zimmerdecke unter Beschuss genommen und – es war kaum zu glauben – der weiße Käse blieb auch an der Decke kleben. Es schien, als vereinten sich die Putzschichten mit ihresgleichen. Es war eine fast lautlose Schlacht, galt es doch, Herrn Hoernigk in seiner Meditation nicht zu stören. Die sonst so lärmenden Schüler waren kaum zu vernehmen. Lediglich die nicht allzu auffälligen Klatschgeräusche zeugten von einer emsigen Tätigkeit. Schrapnellgleich flogen die Käseteilchen von allen Seiten gegen Wände und – bevorzugt – gegen die Decke, blieben dort kleben und ergaben ein eher ungewöhnliches Dekor.

Herr Hoernigk, aus seinem Nirwana zurückgekehrt, stand der rauen Wirklichkeit fassungslos gegenüber. Zunächst vollkommen sprachlos, suchte er nach Worten. Noch während er sich sammelte, versuchte er sich an seine Pflichten zu erinnern. Mit Zornesfalten im Gesicht bat er sich mit fester Stimme Ruhe aus, nicht ohne auf die nun folgenden Konsequenzen hinzuweisen, und eilte hinaus, um mit Dr. Koch wiederzukommen. Jener bedachte uns mit einem kräftigen Donnerwetter und versprach, die Schuldigen hart zu bestrafen. Da aber nun alle an der Weißer-Käse-Demo beteiligt waren, fiel die Bestrafung ins Wasser. Wir mussten Wände und die Decke säubern und weiterhin den verhassten weißen Käse essen. Die Demo hatte also insofern nichts bewirkt, aber wir hatten eine Stunde lang viel Spaß und das Gefühl, frei zu sein!

Mit Lungenhaschee oder Blutwurst hätten wir gleichartige Versuche nicht durchführen können. Diese beiden Gerichte fanden aber Niederschlag in unserem Lagerlied. Wir sangen es nach der Melodie irgendeines Kampfliedes mit dem Refrain: »Und Kattowitz ist dreckig, schwarz ist sogar der Schnee, da gibt's die ganze Woche Blutwurscht und Lunghaschee …«

Der viele Schnee brachte für die Stadt Kattowitz Verkehrsprobleme mit sich. Private Kraftfahrzeuge waren zwar bei Kriegsbeginn beschlagnahmt worden, aber für die öffentlichen Verkehrsmittel und die Wehrmachtsfahrzeuge mussten die Straßen schon frei gehalten werden. Von den Fenstern der Jugendherberge konnten wir beobachten, wie viele mit Schaufeln, Eispickeln und Schneefegern bewaffnete zivil gekleidete Menschen dabei waren, die vor uns liegende Verkehrsstraße von Schnee und Eis zu befreien. Sie wurden von SS-Männern mit geschulterten Karabinern bewacht und hart angetrieben. Da wir hinter verschlossenen Fenstern standen, vermochten wir ihr drohendes Geschrei nicht zu vernehmen, sahen aber, wie sie ihren gebrüllten Befehlen mit Gewehrkolbenhieben auf die Arbeitenden Nachdruck verliehen. Wir hatten zuvor Derartiges in Berlin noch nie erlebt. Wer waren die Arbeitenden, wo kamen sie her? Was hatten sie verbrochen, dass sie derart behandelt wurden? Einige von uns vermuteten, dass es Zuchthäusler waren, andere dachten an kriegsgefangene Polen. Als wir gerade beobachteten, wie ein Schwarzgekleideter so lange auf den Rücken eines seiner Ansicht nach zu langsam Arbeitenden eindrosch, bis der Schaft seines Karabiners abbrach, forderte uns ein gerade vorübergehender Lehrer auf, unseren Fensterplatz umgehend zu verlassen. Wir sahen noch, wie der so Geschundene weiterschaufelte, und trollten uns an unsere Treppe, auf der wir uns nach einer kurzen Diskussion über Recht und Unrecht wieder unserem Skatspiel widmeten. Das Skatspielen brachten wir uns nach einer gewissen Lehrzeit übrigens selbst bei. Diejenigen, die es konnten, gaben es an jene weiter, die »Mensch-ärger-dich-nicht« für ein Glücksspiel hielten. Skatspielen gehörte jedenfalls zu unserer Lieblingsbeschäftigung.

Die von den HJ-Führern durchgeführten Heimabende, in denen wir geistig und sittlich im Geiste des Nationalsozialismus erzogen werden sollten, waren nicht sehr beliebt. »Streußelkuchen«, unser rangmäßig höchster Führer, hatte es schwer, uns sein vorgegebenes Gedankengut zu vermitteln. Hingegen waren Abende beliebt, in denen uns einer seiner Adlaten das Liedgut des »Kilometersteines« nahebrachte. Der »Kilometerstein« enthielt lustige Volkslieder, Moritaten, Spottlieder, stumpfsinnige Lieder, alle aus mehreren Epochen. Nationalsozialistisches Liedgut konnte man darin nicht finden. Er war eigentlich kein Liederbuch im landläufigen Sinne, sondern eine Sammlung von Liedern und Anregungen für fröhlichen Unsinn und herzhaften Spaß. Schade, dass in der heutigen Zeit dieses Liedgut nicht mehr gepflegt wird; denn fröhlicher Unsinn hat oft ebenso hohen gemeinschaftsbildenden Wert wie tieferes Erleben. Wir sangen jedenfalls diese Lieder gern, auch jene (wenige), die man heute als diskriminierend oder fremdenfeindlich ablehnen würde.

Der Auftrag der Hitlerjugend, in unserem KLV-Lager Einfluss im Sinne des Nationalsozialismus zu gewinnen, ging nur bedingt auf, da sich nur wenige der an unserer Schule Lehrenden dem Nationalsozialismus verschrieben hatten. Dazu gehörte zweifelsohne der Lagerleiter Dr. Koch, der offensichtlich versuchte, das von dem Reichsjugendführer Baldur von Schirach erstrebte revolutionäre Schulsystem nationalsozialistischer Prägung umzusetzen. Er forderte unter anderem unbedingten Gehorsam, ließ die ausgehende Post lesen und unterstützte die Aktionen des »Heiligen Geistes«. Es war streng verboten, negative Eindrücke über die Zustände im Lager nach Hause mitzuteilen. Vom KLV-Lager Kattowitz galt es nur Positives zu berichten. Nach Kochs Ansicht wurde das Lager so vorbildlich geführt, dass jeder Schüler glücklich sein müsste, darin leben zu dürfen. Wer anderes berichtete, galt als Lügner und hatte mit harter Bestrafung zu rechnen.

Ende des Jahres 1942 grassierte bei uns eine Grippe, die sich auch einige meiner Zimmergenossen einfingen. Sie mussten in unserer Krankenstation bettlägerig betreut werden. Insgesamt lagen dort etwa zwölf Fiebernde, die trotz des besseren Speiseplanes hofften, bald wieder gesund und munter zu werden. Ich dachte an nichts Verbotenes, als ich in einem Brief an meine Eltern diesen Vorfall erwähnte. Mein Brief, wie sollte es anders sein, wurde von der Obrigkeit gelesen. Mir ist bis heute nicht bekannt, wer seinerzeit mit dieser Fronarbeit beschäftigt war. Koch hatte diese Tätigkeit sicherlich delegiert.

In einem in der Herbergshalle stattfindenden Morgenappell prangerte Dr. Koch die Unsitte an, dass Schüler in den Briefen an ihre Eltern immer wieder unwahr über das Lagerleben berichteten. Dabei erwähnte er ohne Namensnennung meine Krankenstandsmitteilung an meine Eltern und erteilte – um ein für alle Mal Wiederholungen zu unterbinden – der gesamten Schülerschaft ein Wochenendausgehverbot. – Mir wurde fast schwarz vor Augen. Oh, wäre ich doch unsichtbar oder könnte mich in ein Nichts auflösen. Im Grunde war ich dieses Nichts bereits, aussätzig und vogelfrei. Alle Mitschüler konnten sich nunmehr an mir rächen! Mir war in diesem Moment klar, dass mich der »Heilige Geist« heimsuchen würde.

Die Dr. Koch'sche Lehrmethode, bei der er sich die Hände nicht schmutzig zu machen brauchte, ging auf: Der »Heilige Geist« hatte wieder einmal eine Bestrafung des wahren Täters zu übernehmen, denn mein Name war den Schlägern – da war ich mir sicher – bereits bekannt. Wussten meine Klassenkameraden etwas, mit denen ich das Zimmer teilte? Ich war mir nicht sicher, aber es hatte den Anschein, als ahnten sie es. Jedenfalls ließen sie sich nichts anmerken, waren aber natürlich sauer über das Ausgehverbot.

Abends verkroch ich mich unter die Bettdecke, als könnte sie mir Schutz vor dem Unausweichlichen geben. Die Angst ließ mich nicht einschlafen. Tränen flossen in mein kariertes

Kopfkissen, ich hatte Heimweh und wäre am liebsten mausetot gewesen.

Und dann kamen sie. Schüler der oberen Klasse. Drei, vier, fünf Schlägertypen. Darunter Pruß, der »Melker«, wie er genannt wurde. Sie packten mich und schleiften mich, während ich schrie, in den Waschraum, die »Hinrichtungsstätte«. Ich wurde mehrfach kalt geduscht und dazwischen schlugen sie meinen Körper mit Riemen, Peitschen, Kochgeschirren und Fäusten grün und blau. Blutige Stellen wurden wieder abgeduscht und weiter ging es. Meine Schreie hallten durch das Haus und blieben scheinbar ungehört. Die anderen Schüler verkrochen sich sicherlich unter ihre Decken und waren froh, unbelästigt zu bleiben. Die vernünftigen Lehrer mussten die Schreie gehört haben. Sie schwiegen. Vermutlich auch aus Furcht vor dem Parteioberen.

Pruß erteilte die erforderlichen Befehle. Er, der wohl stärkste Schüler in der Herberge, schlug nicht mit, er ließ schlagen. Vielleicht hatte er Angst vor seiner eigenen Schlagkraft, oder er wollte sich selbst die Hände nicht schmutzig machen.

Nach der Exekution lag ich heulend vor Kummer und Schmerzen in meinem Bett. Die Stubenkameraden, sich bange fragend, wen es wohl diesmal treffen würde, stellten sich angstvoll schlafend. Trost konnte ich von ihnen kaum erwarten. So verbrachte ich den nächsten Tag deprimiert und mehr schlafwandelnd als wach im üblich gelangweilten Rhythmus. Die Angst vor der nächsten Nacht ließ mich keine klaren Gedanken fassen. Keiner meiner Stubenleute verlor ein Wort über den nächtlichen Auftritt des »Heiligen Geistes«. Sie verhielten sich wie immer. Horst S. – er hatte ein Faible für die Landwirtschaft – wieherte wie immer galoppierend durch die Stube und Wolfgang M. produzierte sich wie eh und je anfallsmäßig als Bösewicht: Er rannte unvermittelt, sich mit den Fäusten auf die Brust trommelnd, unter Ausruf seines Schlachtrufes

»Caramba – täterätä« auf einen zu, stoppte dann urplötzlich vor seinem Ziel mit dem Kampfschrei »Dschidjschim, da hast du!« und deutete gleichzeitig einen Boxausfall an, ohne sein Opfer zu berühren. – Es war eben ein Tag wie jeder andere. Nur nicht für mich!

Die nächste Nacht holten sie mich dann wieder. Die gleiche Prozedur. Meine Schreie durchdrangen auch diese Nacht. Noch ein Tag verging, und es folgte noch die dritte furchtbare Nacht.

Nachdem sie mich drei Nächte lang fast krankenhausreif geschlagen hatten, ließen sie mich in Ruhe. Die Lagerleitung konnte sicher sein, dass ich nunmehr meinen Eltern nur noch Positives aus Kattowitz zu berichten wusste.

Nächtliche Klagelaute und Schreie konnte man immer wieder in dem Kattowitzer KLV-Lager vernehmen. Die brutalen »Erziehungsmaßnahmen« wurden fortgesetzt und die Ängste blieben.

Die damaligen Schläger leben noch heute. Ich frage mich, was in ihnen wohl vorgehen mag, wenn sie mir Aug in Aug gegenüberstehen und an das Damals denken. Ich arrangierte vor ein paar Jahren ein gemeinsames Treffen mit ehemaligen Schülern unserer Klasse und denen der oberen Klasse in einer Kreuzberger Lokalität. Unter den Herren der oberen Klasse befanden sich auch einige der damaligen Schläger. Ob ihnen das schlechte Gewissen »schlug«? – Es entwickelte sich eine eigenartige Atmosphäre: Die inzwischen »gestandenen« Herren beider Schulklassen blieben unter sich. Es entwickelten sich keine gemeinsamen Gespräche. Als aufmerksamer Beobachter nahm ich allerdings an den gezielten Blicken der Oberen wahr, dass über uns, besonders über mich gesprochen wurde. – Nun, es blieb ein einmaliges Ereignis.

Heureka! Die evakuierten Klassen der ADO wurden am 3. Mai 1941 nach Javornik, einem Vorort von Weichsel, verlegt.

Die Häuser des landschaftlich wunderschön im Mittelgebirge gelegenen Vorortes verteilten sich in einem zu den seinerzeit bestehenden Grenzgebieten gehörenden Tal der Beskiden. Heute endet das Tal am Dreiländereck Polen, Tschechien und Slowakei.

Nicht nur die Landschaft stimmte uns freundlich, sondern auch die Tatsache, dass der überzeugte Nationalsozialist Dr. Koch nicht mit von der Partie war. Sollten seine üblen Erziehungsmethoden unseren deutsch-nationalen Direx Dr. Sachrow veranlasst haben, ihn zu versetzen? Wir haben es nie erfahren, aber möglich wäre es schon gewesen! Vermutlich hatten auch viele Beschwerden der Eltern mit dazu beigetragen, dass Koch von unserer Bildfläche verschwand.

Jedenfalls wirkte sich der Wechsel in der KLV-Leitung auf das gesamte Lagerleben sehr positiv aus. Es wurde nun möglich, unzensierte Briefe an die Eltern zu schreiben, Freizeit und Unterricht waren nicht mehr arg reglementiert, wir erhielten mehr Freiräume außerhalb des Lagers und man hatte nichts dagegen, wenn Eltern ihre Söhne besuchen wollten.

Wir hatten jetzt drei Häuser zur Verfügung: zwei Villen (»Stefuchna« und »Boza Vola«) und das Zollhaus. Unsere Schlafräume befanden sich im Zollhaus. Jedes Zimmer war mit drei bis vier zweistöckigen Betten, einer entsprechenden Anzahl Holzschränken, Tisch und Stühlen ausgestattet. Wir, Ete, Klaus N., Herbert Steffin, Füsers und ich, bewohnten ein im Erdgeschoss liegendes Zimmer. Jeder Stube wurde ein Stubenältester aus der oberen Klasse zugeteilt. Mir rutschte das Herz in die Hose, als sich ausgerechnet der Melker als Oberaufseher vorstellte und seine Regeln deklarierte. Wenn wir sie einhielten, meinte er, könnten wir Freunde werden. Vollkommen chancenlos entschieden wir uns sofort für die Freundschaft, und das zahlte sich auch aus. Wir machten gemeinsame Ausflüge in die umliegende Landschaft und genossen vor allen Dingen den

Schutz des auch in seiner Klasse anerkannten Muskelprotzes. Unsere Stube nannten wir »Schwarzer Panther«, als Warnung vor der Gefahr, die von uns ausging, sollten wir einmal angegriffen werden. Pruß würde es schon richten! – Das von mir entworfene Wappen – ich war zumindest in Schriftzeichen gut – zierte die der Tür gegenüberliegende Wand. Über meine Kattowitzer Exekution wurde kein Wort gesprochen. Für Pruß war sie abgehandelt, na, und ich hielt lieber die Klappe. Die einzige Auseinandersetzung, die ich mit Pruß noch hatte, fand anlässlich eines Geländespieles »Rot gegen Blau« statt. Die mit einem am rechten Oberarm befestigten farbigen Bindfaden ausgestatteten Kämpfer verteilten sich in die bewaldeten Gebiete und mussten nun den Feind suchen und ihn vernichten. Der Feind galt als tot, wenn es dem Gegner durch körperlichen Einsatz gelang, ihm den Faden abzureißen. Als Toter musste er dann in die Herberge zurückgehen und durfte nicht mehr mitspielen. Die meisten von uns versteckten sich in den Wäldern, um einer Schlägerei aus dem Weg zu gehen, und tauchten erst nach Ende der Schlacht als Unbesiegbare in der Herberge wieder auf. Vier Klassenkameraden mussten gesucht werden, weil sie sich in den Wäldern verlaufen hatten. Sie wurden als Drückeberger eingestuft. Ich hatte mich unter einer Brücke eines unweit des Zollhauses fließenden Baches versteckt, um die Schlacht unverletzt zu überstehen. Und dann kam plötzlich ein Feind – ausgerechnet Pruß! Ich hatte die Wahl: entweder mich unsichtbar zu machen oder Pruß anzugreifen und damit in den Tod zu gehen. Ich entschloss mich für den Angriff, sprang ihn an, und schon durfte ich als Fadenloser ins Zollhaus zurückgehen. Mein Tod wurde allgemein als Heldentat gewürdigt, weil ich den Versuch unternommen hatte, den Lebensfaden des Melkers zu zerreißen.

In unserer Stube wurde die Methode der Verwertung menschlicher Gasansammlungen erfunden. N., der sich sehr für Chemie interessierte (er studierte später auch erfolgreich Chemie), kam auf den Gedanken, die entweichenden menschlichen Gase mittels Feuerzeug anzuzünden. Um die vorhandenen Gasvorkommen optimal ausnutzen zu können, wurden bestimmte Regeln aufgestellt: Als alte Lateiner (unser Lateinlehrer Krankemann war da anderer Ansicht) waren uns die Vokabeln »non«, »ex« und »nuntius« geläufig. Wir verpflichteten uns, mit dem Ausruf »Nuntius!« anzukündigen, dass ein Furz vor der Tür stand. Die Klassenkameraden bestimmten, wann dieser in die Freiheit entlassen werden durfte. Befand sich ein Feuerzeug in der Nähe, wurde der Befehl »Non ex!« erteilt und schnell das Feuerzeug geholt. Dem sich über den Tisch beugenden Vergaser wurden die Hosen stramm gezogen und das entflammte Feuerzeug vor den Ausgang gehalten. Der erteilte Befehl »Ex!« entließ sofort den aufgehaltenen Furz als mehr oder weniger intensive Stichflamme. Besonders geeignet waren trockene Furze. Die mit »Fransen«, sogenannte feuchte, entflammten selten und verunreinigten nur die Hose. Manchmal war die Flamme so intensiv, dass zum Leidwesen des sich Opfernden seine Hose angekokelt wurde. Im Laufe der Zeit ließ das Interesse an diesem chemischen Experiment nach. Es wurde immer öfter »ex« gerufen, obwohl kein Feuerzeug in der Nähe war. Wir hatten jedenfalls bewiesen, dass Fürze aus Methangas bestehen, und widmeten uns wieder anderen Zeitvertreiben.

Wie auch in Kattowitz, so versuchten die von der HJ-Jungbannführung neu eingesetzten HJ-Führer, der ihnen gestellten Aufgabe gerecht zu werden, um uns im nationalsozialistischen Geist zu erziehen. Anfangs versuchten sie voller Tatendrang, aus uns ordentliche Hitlerjungen zu machen. Irgendwie hatten wir aber etwas dagegen. Wir wehrten uns mit der bereits in Kattowitz erfolgreich angewandten Methode: Befehlsverweigerung mangels bestehender Verständnisschwierigkeiten, die es von uns in wortreichem Slang zu erklären galt. Etwa so:

»Ahaaa, setze linke Fuß vor rächte, dann macht zack oder wie?«
Mit anderen Worten, wir gaben uns als doof aus. Und da sie
sich dagegen nicht zur Wehr zu setzen wussten, resignierten sie
im Laufe der Zeit und ließen uns, abgesehen von den Pflicht-
übungen zum Morgenappell, in Ruhe.

In der Villa »Gottes Wille« befand sich der Esssaal. Hatten
wir in Kattowitz oft Hunger und bekamen schlechte Nahrung
vorgesetzt, so konnten wir hier, abgesehen von dem einen oder
anderen Geziefer im Salat oder dem Mäusekegel in der Suppe,
nicht über ausgesprochen schlechtes Essen klagen. Gewiss, bei
Muttern schmeckte es besser, aber dort bestimmte die Reichsle-
bensmittelkarte den Kochtopf und es schien zumindesten frag-
lich, ob der jugendliche Magen hätte ausreichend gefüllt werden
können. Ein HJ-Oberer beaufsichtigte jede unserer Mahlzeiten,
während in Kattowitz die Lehrer damit betraut waren. Wo HJ,
da Zucht und Ordnung, und so durfte der Löffel auch hier erst
dann geschwungen werden, wenn ein deftiger Spruch aufge-
sagt worden war. HJ-Führer brüllend: »Es isst der Mensch, es
frisst das Pferd – doch heute ist es umgekehrt. Haut …« – Nach
Nahrung Lechzende ergänzten brüllend: »… rin!«

Die freien Stunden verbrachten wir ebenfalls in Gottes Wille.
Das Skatspielen hatten wir uns ja bereits in Kattowitz beigebracht. Wir waren inzwischen regelrechte Experten des französischen Blattes und spielten Skat mit und ohne Raffinessen.
Manche riskierten auch den Einsatz eines zehntel Reichspfen-
nigs und gingen das Risiko ein, bei der Endabrechnung einen Betrag bis zu drei, vier Reichsmark zu verlieren. Ich hatte
nichts zum Verlieren. Das wenige Taschengeld, das ich von zu
Hause bekam, reichte gerade für den Kauf von Briefmarken
und notwendigen Toilettenartikeln aus. Nachdem wir erfahren
hatten, dass unsere Soldaten am 22. Juni in das Gebiet der
Sowjetunion einmarschiert waren, bildeten sich in unserem
Freizeitraum kleine Gruppen, die über die vom Reichssen-

der ausgestrahlte Sondermeldung des Unternehmens »Barbarossa« sprachen. Wir verglichen auf der Landkarte die Fläche des Großdeutschen Reiches mit der Fläche der Sowjetunion und waren ziemlich einhellig der Auffassung, dass dieser Krieg nicht zu gewinnen sei. Inzwischen hatten wir gelernt, derartige Zweifel ausschließlich für uns zu behalten.

Den Schulunterricht erhielten wir in den Räumen der Villa Stefuchna. Er wurde von einigen der bereits von uns erlebten, nicht gerade beliebten Lehrer abgehalten und dank deren pädagogischer Unfähigkeit nicht so ernsthaft wahrgenommen. Dennoch fanden wir ihn sympathischer als den in der nicht ganz sauberen Stadt erlebten. Lag sicherlich an dem freieren Umgang miteinander und der freundlichen Natur, die auch an den Lehrern nicht spurlos vorübergegangen war.

Am 200. Tag unserer KLV-Gefangenschaft wussten wir bereits, dass die »Freiheit« nahte und wir in Kürze gen Heimat fahren würden. Dies und das sich nullende Jubiläum waren Anlass eines Riesen-Stumpfsinn-Spektakels, das sich in mein Hirn eingebrannt hat, als sei es gestern gewesen. In Lumpen, Lappen und Loden gehüllt, mit Schwert, Stumpf oder Stiel bewaffnet, hinter geistlos gestalteten Wimpeln und Fahnen, zogen alle ADO-Schüler im Stumpfsinnsschritt unter Absingen sämtlicher bekannter Stumpfsinnslieder aus dem »Kilometerstein« bergauf, bergab – in meiner Erinnerung: stundenlang. Es war eine Prozession der besonderen Art und so gar nicht im Sinne des nationalsozialistischen Gedankens. Das dachten sich wohl auch die anfangs teilnehmenden HJ-Führer, als sie sich vorzeitig in ihre Gemächer zurückzogen.

Den krönenden Abschluss des Spektakels veranstaltete eine Schülergruppe aus dem Zollhaus, zu denen auch ich gehörte. Wir organisierten die in alten Schulbänken noch befindlichen mit der blauen Schreibflüssigkeit gefüllten Tintenfässer und versuchten damit die Kellerfenster des Zollhauses zu treffen.

Jeder Treffer wurde mit viel Geschrei bejubelt. Tintenfass und Kellerscheibe, so sie noch nicht getroffen worden war, zerbarsten und die blaue Tinte besprizte und bekleckste Fenster und Außenwände. Mit dieser Aktion beendeten wir den 200. KLV-Gedenktag. Mit unserer bildungsfeindlichen Aktion hatten wir dann in Berlin weniger Freude. Schule und Elternhaus waren sich darin einig, dass die Tat nicht ungesühnt bleiben konnte.

Heureka, am 22. Juli 1941 war es dann endlich so weit. Mit Sack und Pack marschierten wir durch das Javornik-Tal nach Weichsel zum Bahnhof, auf dem die dampfende und voll Ungeduld zischende Lok bereits auf uns wartete. Nachdem der Bahnhofsvorsteher dem Lokführer durch Anheben der roten Kelle und einen lang gezogenen Pfiff aus seiner Trillerpfeife den Auftrag zur Abfahrt erteilt, das Dampfross noch einmal ungeduldig laut pfeifend und zischend, stampfend die Räder durchgedreht hatte, fuhren wir endlich nach 237-tägiger Abwesenheit über Teschen, Mährisch Ostrau, Ratibor und Oppeln nach Hause. Vor überschäumender Freude auf ein Wiedersehen mit unseren Eltern und den daheim gebliebenen Freunden (oder aus langer Weile?) sorgten wir in einem nicht mit einem Aufsichtslehrer besetzten Waggon dafür, dass in diesem keine Scheibe mehr ganz blieb. Da nicht zu ermitteln war, wer welche Scheibe zertrümmert hatte, wurde die ganze Klasse zur Zahlung des Schadensersatzes an die Reichsbahn verdonnert. Die Schüler hatten die Last je nach Temperament des jeweiligen Vaters gelassen oder schmerzhaft anteilig zu ertragen.

Hitlerjugend

Am 1. Dezember 1936 erließ der Führer und Reichskanzler Adolf Hitler das Gesetz über die Hitlerjugend. Ausgehend von der These, dass die Zukunft des deutschen Volkes von der Jugend abhängt, betrachtete es die Partei als Verpflichtung, die deutsche Jugend auf ihre zukünftigen Pflichten in ihrem Sinne vorzubereiten. Nach dem Gesetz war die gesamte deutsche Jugend in der Hitlerjugend zusammenzufassen und außer in Elternhaus und Schule in der Hitlerjugend körperlich, geistig und sittlich im Geiste des Nationalsozialismus zum Dienste am Volk zu erziehen. Bereits Anfang 1936 begann im Reich die größte Erfassungsaktion für das Jungvolk, in dem der Jahrgang der nunmehr zehn Jahre alt gewordenen Jungen den Eid ablegen musste, »allzeit ihre Pflicht zu tun, in Liebe und Treue zum Führer und seiner Fahne«. Nach vier Jahren »Pimpfentätigkeit«, also mit 14 Jahren, wurde man in die Hitlerjugend übernommen und nach weiteren vier Jahren war man dann Mitglied der NSDAP.

Als ich zehn Jahre alt wurde, wollte ich unbedingt »Pimpf« werden. Nicht weil mich die Reden unseres Führers in irgendeiner Weise beeindruckt hätten. Ich verstand im Gegensatz zu meinem Vater, der ab und an Führers Worte widerborstig brabbelnd kommentierte, weder Wort noch Sinn des Geredeten. Über die Worte der vom Jungvolk-Jungen nachzubetenden Verpflichtungsformel, mit der Liebe und Treue zu Führer und Fahne versprochen werden mussten, machte ich mir kaum Gedanken. Mich interessierte vielmehr die pflegeleichte Uniform, insbesondere die angenehm zu tragenden kurzen Cordhosen. Meine Mutter hatte nämlich seit eh und je ein Faible für die seit 1880 hergestellte Bleyle-Kleidung. Bereits im Vorschulalter wurde ich von ihr in einen Bleyle-Matrosenanzug gesteckt, der meine sehr empfindliche Haut das Kratzen lehrte. Sobald ich den Anzug anhatte, begann sich meine Haut an den Berührungsstellen zu röten und versuchte sich durch unangenehmes Brennen gegen den Qualitätsstoff zu wehren. Mama meinte zwar, es sei alles nur Einbildung, und ließ auf ihre Lieblingsmarke nichts kommen! Die Hose blieb an und kratzte weiter.

Diese Eigenschaft besaß die zu der Jungvolkuniform gehörende Cordhose nicht. Und deswegen triezte ich meine Eltern, mit meiner Mitgliedschaft im Jungvolk einverstanden zu sein. Bei meinem Vater biss ich dabei auf Granit. Er wollte verhindern, dass sein Sohn in die nationalsozialistischen Fänge geriet und so der elterlichen Erziehung entzogen wurde. Er wusste, dass die meisten Eltern meiner Mitschüler seine Ansicht teilten, gab aber dann doch nach, weil er Nachteile für seinen Sohn befürchtete. Die anderen Väter sahen es auch so, und so nahm es dann nicht wunder, dass fast alle unseres Jahrganges in eines der fünf Fähnlein des Jungstammes »Preußenkönig« eintraten, die nach den Schlachtorten Friedrichs des Großen benannt worden waren. Ich hatte also meinen »dicken Kopf« durchgesetzt und trug neben Braunhemd, Koppel, Schulterriemen, Halstuch und Knoten endlich die wunderbare, nicht kratzende Cordhose und war nun ein Mitglied des Fähnleins Hohenfriedberg.

Der Jungstamm hatte sein »Heim« – heute würde man dazu »Geschäftsstelle« sagen – in einem in der Jochen-Nüßler-Straße gelegenen Einfamilienreihenhaus der Gehag. Hier wurden Mitgliederkartei und Akten geführt und die Pläne für Drill und Heimabende ausgearbeitet. Zum Jungstamm gehörte auch ein Spielmannszug, der ein ziemliches Eigenleben führte und nur ab und zu bei irgendwelchen wichtigen Ereignissen in der Hufeisensiedlung in Erscheinung trat.

Unser Fähnlein zählte etwa 120 Jungen, 30 davon bildeten einen Jungzug, der aus drei Jungenschaften bestand. Unsere Jungenschaft traf sich zu den wohl wöchentlich einmal stattfindenden Heimabenden in einem für diese Zwecke hergerichteten Mieterkeller eines Gehag-Hauses in der Fritz-Reuter-Allee. Hier sollten uns die nationalsozialistische Wertevorstellung und das Leben und Wirken des Führers, den wir ja nun zu lieben hatten, nähergebracht werden. Hans-Joachim B., unser

Jungenschaftsführer, kaum zwei Jahre älter als ich, verstand es erstaunlicherweise, diesen trockenen Stoff mit Weihrauch und selbst erfundenen Spinnereien zu umgeben, sodass wir gespannt seinen Worten lauschten. Manchmal vergaß »Hansi« im Eifer des Gefechtes die Fakten und spann nur noch Selbsterdachtes und landete bei den Göttern oder Gespenstern. Das waren dann für uns die Sternstunden der Nazi-Schulung. Gewiss, nach einer gewissen Zeit konnten wir das Geburtsdatum Hitlers auswendig herbeten, kannten seinen Geburtsort und wussten, dass er sich nicht gescheut hatte, als Gefreiter im Ersten Weltkrieg für sein Vaterland zu kämpfen. Da fiel es uns gar nicht auf, dass er ja eigentlich Österreicher war. Die Liebe zu ihm konnte Hansi aber nicht in uns wecken. Ich glaubte, auch er wird lieber seine Mutter geliebt haben. Die Heimabende wurden ab und zu von dem Jungzugführer Wolfgang E. besucht, der mit Hansi auch außerdienstlich befreundet war. Wolfgang liebte Wald und Wasser, eben die Natur. Wie viel Liebesanteil er am Führer hatte, war nicht ermittelbar. Er stellte als Vorgesetzter immer wieder fest, dass Hansi seine Heimabende vorbildlich leitete.

Als Pimpf hatte man Dienst. Dienst fand neben den Heimabenden meistens sonnabends oder sonntags auf Schulhöfen oder auf dem großen Spielplatz zwischen der Lining- und Miningstraße statt. Und Dienst begann meistens ganz früh am Morgen. Und das war besonders sehr verwerflich, wenn man die Möglichkeit hatte, möglichst lange im Bett zu liegen. Anfangs trieb mich ja das Pflichtgefühl derart früh an den sonntäglichen Appellplatz. Dort wurden uns dann meistens die ureigensten Eigenschaften eines ordentlichen Preußen eingebläut. »Linksum, rechtsum, die Augen links, Augen rechts, Augen geradeaus, im Gleichschritt marsch, stillgestanden, rührt euch« zu erlernen führt zwar nicht zum Abitur, hat aber den Vorteil, dass man nicht vergisst, wozu seine Organe da sind und wie vielseitig man sie einsetzen kann. Auf dem Appellplatz übte dann das ganze Fähnlein unter der Leitung des allseits beliebten Fähnleinführers Günter M., genannt Makku. Er schien die ihm Anvertrauten mehr nach den Riten der früheren bündischen Jugendbewegung zu leiten als nach den Vorgaben des Nationalsozialismus. Hier wurde zwar exerziert, aber nicht »geschliffen« und die Anzahl der Liegestütze konnte man in Wettkämpfen selbst bestimmen. – Dennoch hatte ich im Laufe der Zeit immer weniger Lust, mich aus den morgendlichen Armen des Morpheus zu reißen und auf den Appellplatz zu eilen, um dort im Schweiße meines Angesichts meinen weniger sportlichen Körper zu stählen.

Jungvolkführer-Freundschaft

Inzwischen begann auch der Krieg dafür zu sorgen, dass die wehrtüchtigen Jungvolkführer eingezogen wurden und der jüngere Nachwuchs die frei gewordenen Positionen auszufüllen hatte. So übernahm nach zweimaligem Wechsel Horst B. die Führung des Fähnleins »Hohenfriedberg«. Horst passte so ganz und gar nicht zu dem System, das er uns eigentlich hätte einbläuen müssen. Man würde ihn heute in die Gruppe der »friedlichen Bürger« einordnen. Entsprechend führte er auch das ihm anvertraute Fähnlein. Da bereiteten sogar die immer weniger angesetzten Appelle Spaß, die aber dennoch mehr und mehr unter mangelnder Beteiligung litten, weil sich viele Berliner Pimpfe in den KLV-Lagern umhertrieben.

Horst war mit Wolfgang und Hansi befreundet. Diese Freundschaft wurde außerdienstlich vollkommen frei von den nationalsozialistischen Vorgaben gepflegt. Ich hatte bereits nach den ersten Monaten meiner Bekanntschaft mit Hansi ein gutes Verhältnis, das sich im weiteren Verlauf zu einer Freundschaft entwickelte. So war ich öfter bei ihm zu Hause. Er gehörte, wie ich, zu den glücklichen Kindern der Britzer Hufeisensiedlung, die in der elterlichen Wohnung ein eigenes kleines Zimmer besaßen. Hier legte er seine Schellackschallplatten auf den Plattenspieler, wir lauschten den klassischen Operettenmelodien und sprachen über dies und jenes, manchmal sogar über den Führer. Hansi erreichte es, mich seinem Faible für »Berliner Geschichte und Bauten alter Baumeister« näherzubringen, ein Erfolg, den der Geschichtslehrer in der ADO sich hätte ins Klassenbuch schreiben müssen. Während Hansi und ich Geschichte im alten Berlin vor Ort, das heißt unter Einbeziehung der geschichtsträchtigen Bauten und Denkmäler, erlebten, wurden uns in der Schule Geschichtsdaten eingepaukt. Da gab es gute Zensuren für das Hersagen der richtigen Daten, während die geschichtlichen Zusammenhänge nicht so wichtig erschienen. Das wird in der ADO nicht immer so gewesen sein, aber jetzt unterrichteten uns abgeschlaffte Lehrer, die ihre zur Kriegsteilnahme eingezogenen Kollegen vertreten mussten.

Über diese Freundschaft kam ich in den Kreis der drei Freunde, dem sich auch Ete anschloss. Wir waren in unserer Freizeit oft zusammen. Zu unseren Haupttreffpunkten zählten die zwischen Hanne Nüte und der Rudower Straße gelegenen Wirtschaftswege, die auch zu den Gärten der Einfamilienhäuser führten. Und einer der Gärten gehörte zu dem Reihenhaus, in dem Mutter K. mit ihren beiden Töchtern Reni und Rita, den wohl begehrenswertesten Mädchen der Hufeisensiedlung, wohnten. (Günter de Bruyn, Mitschüler der ADO, zwei Jahre älter als ich, widmet in seiner »Zwischenbilanz« den beiden Mädchen und seiner Werbung um sie mehrere Seiten.) Reni war für uns tabu. Mit Rita konnten wir – so unser Gefühl – Pferde stehlen gehen, wenn sie es denn für richtig hielt. Denn auch sie hatte gleich diesem Tiere ihren eigenen Kopf. Sie gehörte jedenfalls eine Zeit lang zu uns und war uns eine gute

Tischtennispartnerin. Wenn wir ehrlich mit uns selbst gewesen wären, hätten wir eigentlich zugeben müssen, dass wir in der Britzer Hierarchie schon allein deswegen an Ansehen gewinnen mussten, dass wir Köhlers Pforte ungestraft haben öffnen dürfen und dass uns allein schon dies Ritas Bekanntschaft wert war. Und wenn Rita nicht ganz so hübsch, eher hässlich gewesen wäre, hätten wir ihre Bekanntschaft als sehr wertvoll hingenommen, weil in ihrem Garten die einzige »sturmfreie« Tischtennisplatte – ich möchte fast meinen – stand, die es in der Hufeisensiedlung gab. Wie dem auch sei, wir mochten die Stunden mit ihr nicht missen.

DJ-Führer privat

Die Freundschaft mit den drei DJ-Führern bedeutete mir so viel, dass ich mir bereits zum Jahreswechsel 1941/42 vorstellte, mit ihnen nicht mehr so zusammen sein zu können, wenn ich mit Vollendung des 14. Lebensjahres automatisch die Hitlerjugend am Halse hatte. Und das stand mir, so gesetzlich vorgeschrieben, im Jahre 1942 bevor. Die Freunde meinten, dass es da nur die eine Möglichkeit gäbe: Ich müsse mich im

A-Fähnlein als Führer ausbilden lassen. »Nee, das läge mir gar nicht«, versuchte ich eine Ausrede, weil ich unnötige zusätzliche Paukerei vor Augen hatte, und davor grauste es mich. Ich bat um Bedenkzeit und musste die Sache zu Hause allein ausbrüten, denn mein Vater kämpfte derzeit in Norwegen für die Organisation Todt mit dem Füllfederhalter gegen den Feind und ich war sozusagen sein Vertreter in allen mich betreffenden Erziehungsfragen. Meine gute Mama hatte es inzwischen aufgegeben, ihren »Dowitz« zu erziehen. Ich hielt also mit mir Kriegsrat und beschloss, in das Ausbildungsfähnlein zu gehen. Es wurde aber auch höchste Zeit, denn die Anmeldungsfrist für meinen Jahrgang drohte bald abzulaufen.

Horst B. hatte sich von uns mit einer kleinen Feier bei sich zu Hause verabschiedet. Als neuer Besitzer eines Einberufungsbefehles ging er zur Marine. Er überlebte den Krieg. Ein von ihm zu meinem 18. Geburtstag geschenkter Gedichtband mit dichterischen Ergüssen von Joachim Ringelnatz liegt noch heute unter meinem Kopfkissen, jederzeit griffbereit.

Wolfgang folgte ihm kurz danach. Auch er überlebte den Krieg. Hansi wurde dann als Luftwaffenhelfer zur Flak gerufen. Seine Batterie stand neben der S-Bahn-Trasse an der Grenzallee / Ecke Sonnenallee. Ich traf ihn dort auf ein kurzes Gespräch am Maschendrahtzaun. Er wurde nach dem Kriege Lehrer, war bei seinen Schülern sehr beliebt, scheiterte jedoch in seinem Beruf an den Achtundsechzigern und starb zu früh.

Ausbildungsfähnlein

Das Ausbildungsfähnlein wurde in den letzten Jahren des Krieges zum Sammelbecken all derjenigen, die es vermeiden wollten, in die Hitlerjugend übernommen zu werden. Dies entsprach der allgemeinen Entwicklung in den Großstädten des

Reiches, in denen besonders die Oberschüler dazu neigten, sich eher zu Pimpfenführern für das Jungvolk ausbilden zu lassen, als in der Hitlerjugend zu dienen. Mehrere Klassenkameraden meines Jahrganges wählten den gleichen Weg wie ich, und so fiel es mir leichter, die Ausbildung zu ertragen.

Die sportlichen Voraussetzungen erfüllte ich mit durchschnittlichen Leistungen in den vorgesehenen Disziplinen. Im Schwimmen konnte ich nicht allzu sehr glänzen. Mich hatte diese Amphibienfortbewegung mein Vater in der Ostsee gelehrt. Er konnte zwar nicht schwimmen, gab sich aber alle erdenkliche Mühe, mit mir so lange zu üben, bis ich mich mit ein paar Stößen vollkommen selbstständig von Sandbank zu Sandbank retten konnte. Seitdem schmeckt mir keine Selters mehr!

Den Sprung vom 3-Meter-Brett hoffte ich zu umgehen, indem ich mich als der größte Koch aller Zeiten ausgab und versprach, für die 35 Mitstreiter beim nächsten Lehrgang im Gelände ein vorzügliches Essen zu kochen. Ich erhielt den Auftrag und einen Riesen-Hordentopf für 10 bis 15 Liter Inhalt, den ich neben meinem Gepäck und verschiedenen zusammengeschnorrten Lebensmitteln an den Einsatzort schleppen durfte. Jeder der angehenden Pimpfenführer war gehalten, einen entbehrlichen Lebensmittelbeitrag einzubringen. Meine Mutter entschied sich für etwas Margarine, ein Beutelchen Nudeln, Salz und Suppenwürfel. Ich kaufte noch ohne Lebensmittelmarken eine »Erbswurst« von der Firma Knorr (bereits im Deutsch-Französischen Krieg 1870/71 als »eiserne Ration« für die Soldaten eingesetzt) dazu und hoffte, zusammen mit den Spenden der anderen, ein einigermaßen schmackhaftes Essen zaubern zu können. Als anerkannter Gernesser, neugieriger Topfgucker und Bewunderer von Mutters guter Küche hatte ich auch aufgepasst, wenn Mama brutzelte und aus den wenigen zur Verfügung stehenden Zutaten etwas Wohlschmeckendes kochte. Ich stand also zu meinem Angebot.

An einem schönen Sonnentag marschierten wir, ich mit schwerem Gepäck, von der Jochen-Nüßler-Straße nach Körbiskrug an den Todtnitzsee. Hier kampierten wir in einer mit niedrigem Kiefernbestand bewachsenen Lichtung, von der sich eine große Fläche echten brandenburgischen Sandes bis an den See erstreckte. Dort drohte mir bereits das aus Baumstämmen errichtete 3-Meter-Sprungbrett.

Bevor es ins Wasser ging, mussten wir offenbar zur Vorbereitung auf eine militärische Ausbildung mit einem Klappspaten einen Graben ausheben. Zum Glück bestand der märkische Boden hier nur aus einer etwa 20 Zentimeter hohen Streusandschicht, darunter begann gewachsener Boden, der den Aushub erleichterte und mir auch gestattete, eine Feuerstelle zu bauen. Während alle an den Strand zur Abnahme der Schwimmdisziplinen beordert wurden, machte ich mich in dem Graben gleich einem Maulwurf an den Ausbau der Feuerstelle. Ich versuchte im Graben stehend, einen waagerechten Schacht in die Wand zu buddeln, ohne dass die verbleibende Decke einbrach. Von oben wollte ich dann einen senkrechten Schacht ausheben, der sich mit dem darunter befindlichen waagerechten verbinden sollte. Ich hatte Glück. Der brandenburgische Sand hatte ein Einsehen und hielt meiner Graberei stand. Im Graben hatte ich jetzt die Feuerstelle und in der oberen Öffnung konnte der Hordentopf seine Pflicht erfüllen. Mit gesammeltem Kleinholz aus dem Kiefernbestand und etwas Zeitungspapier wurde das erforderliche Feuer entfacht. Die Feuerstelle funktionierte. In dem Hordentopf begann bald das Wasser mit den herrlichen Zutaten (Nudeln, zwei Päckchen Margarine und Erbswurst) zu kochen. Bevor die Nudeln gar waren, schmeckte ich das Ganze mit Salz und Suppenwürfel ab und hoffte, dass man meine Kochkunst würdigen würde. Zwar behauptete keiner der hungrigen Esser, dass sie so etwas Feines noch nie gegessen hätten, aber sie aßen es mit Appetit und ohne zu meckern. Dies sah ich bereits als Erfolg und konnte zufrieden sein, dass meine Arbeit wieder einige Pluspunkte für die Bewertung der Führungsqualität einbrachte. Der Sprung vom 3-Meter-Brett blieb mir aber nicht erspart. Mit nudelvollem Bauch stand ich auf dem Brett und bekam einen Schreck, wie hoch drei Meter sein können! Und dann sprang ich und – danach nie wieder in meinem Leben.

In der theoretischen Geländeerkundung konnte ich die sich sehr wichtig nehmenden Prüfer, die gerade einmal zwei bis drei Jahre älter waren als ich, durch einwandfreies Kartenlesen, die besten Kenntnisse im Umgang mit dem Kompass sowie Fähigkeiten im Schätzen von Entfernungen von meinen Führerqualitäten überzeugen. In anderen Disziplinen, wozu auch die Erteilung von Befehlen an die Mannschaft gehörte, genügte ich den Voraussetzungen, während ich in der Theorie, in der Geschichte und Ziele der NSDAP eine Rolle spielten, fast versagt hätte. Weit vor Vollendung des 14. Lebensjahres erhielt ich jedenfalls den Führerausweis des Deutschen Jungvolkes und wurde zum »Hordenführer« ernannt. Das entsprechende Rangabzeichen, ein schwarzer Winkel, prangte auf dem rechten Ärmel meines Braunhemdes und ich »hatte nun etwas zu sagen«, so dachte ich jedenfalls. Die Funktion eines Führers war nämlich aufgeteilt zwischen denen, die etwas waren, und denen, die etwas zu sagen hatten. Ersteres nannte man »Dienstrang«, letzteres »Dienststellung«. Ich hatte zwar den Rang eines Hordenführers, mir mangelte es jedoch in den ersten Tagen meines Führerdaseins an einer Dienststellung. Das sollte sich schnell ändern.

Rückzug und Aufstieg

Der Jungstamm-Preußenkönig verlor im Laufe des Krieges seine älteren wehrdienstpflichtigen Führer, die der oberste Feldherr und Führer als Soldaten dringender brauchte. Ihre

»Dienststellungen« waren von den nachfolgenden Jahrgängen zu übernehmen. Die ranghöchsten Pimpfenführer füllten die entstandenen Lücken aus. 1942 hielt sich der Wechsel noch in Grenzen, aber bereits Anfang 1943 musste man schon auf einen niedrigen Rang zurückgreifen, um eine höhere Dienststellung zu besetzen. Von dieser Misere profitierten die noch grünen, gerade dem A-Fähnlein entschlüpften Pimpfenführer.

Mit der Schlacht um Stalingrad im Winter 1942/43 wendete sich das Blatt der bis dahin erfolgreichen deutschen Armee. Die Russen begannen ihre groß angelegte Offensive, die durch den strengen Winter noch begünstigt wurde. Die mit der Liszt-Fanfare eingeleiteten Sondermeldungen des Reichssenders brachten nunmehr fast ausschließlich die heldenhaften und erfolgreichen Absetzbewegungen der deutschen Soldaten. An der Front machte der Ruf »Vorwärts, Kameraden, wir müssen zurück!« die Runde, der unter vorgehaltener Hand auch bei uns präsent war. Als Pimpfenführer hätte ich ja eigentlich an den Endsieg glauben müssen. Mein Vater bekräftigte den Frontausspruch der Landser mit dem Hinweis »Ein Deutscher geht nie zurück!« und erhob ihn zu seinem täglichen Wahlspruch.

Nachdem Deutschland die Schlacht um Stalingrad endgültig verloren hatte und sich die deutschen Truppen auch in Nordafrika im Rückzug befanden, hielt der Reichspropagandaminister Joseph Goebbels im Berliner Sportpalast eine 109 Minuten lange Rede, mit der versucht wurde, die inzwischen kriegsmüde gewordenen Deutschen aus dem Stimmungstief zu holen. Sie gipfelte in der Behauptung, dass ein Deutscher für sein Vaterland nur eintreten könnte, indem er dem totalen Krieg zustimmte und dem Führer bis zum endgültigen Sieg folgte. Auf die Frage »Wollt ihr den totalen Krieg?« schrien die anwesenden Zuhörer wie besessen: »Jaaa!« – Ich frage mich immer wieder, ob ich dabei war, und wenn, ob ich mitgeschrien habe. Eins war sicher: Im Sportpalast saß nicht die

Bevölkerung Berlins, sondern militärische Einheiten, Gruppen der NSDAP und deren Gliederungen, HJ- und DJ-Einheiten, die auf Befehl geschlossen zum Sportpalast marschierten oder transportiert wurden. Falls ich also dabei gewesen sein sollte, hätte ich den Sinn der Goebbels'schen Rede kaum begriffen und wäre sicherlich eingeschlafen. Aber die Zuhörer ließen das mit ihrem dauernden »Heil, Heil, Heil«-Geschrei nicht zu.

Meine Karriere im DJ war schwindelerregend, obwohl alles mit preußischer Gründlichkeit und Ehrlichkeit vonstattenging. Ich erhielt alsbald die Beförderung zum Oberhordenführer (zwei Winkel) und die Führung über einen Jungzug. Ich will es kurz machen. Bis zum Jahre 1943 erreichte ich den Rang eines Oberjungenschaftsführers und leitete als Fähnleinführer das Fähnlein »Hohenfriedberg«, das mangels Masse eigentlich gar nicht mehr vorhanden war. Kinderlandverschickung, Einsatz Jugendlicher in kriegswichtigen Unternehmen und zur Ernteeinbringung waren dafür verantwortlich, dass für den Dienst in der DJ weder Zeit noch Lust vorhanden war.

1942 hatte sich zwischen mir und Heinz, ADO-Schüler und ebenfalls zum Pimpfenführer ausgebildet, ein freundschaftliches Verhältnis entwickelt. Wir trafen uns öfter privat und quatschten über unsere Empfindungen und lästerten über dies und jenes. Unsere drei Britzer Kinos, das »Filmeck«, das »Echo« und die »Kammerspiele«, wurden von uns mehr als einmal heimgesucht. Bei einem gemeinsamen Besuch im »Theater am Nollendorfplatz« sahen wir die Operette »Eine Nacht in Venedig« von Johann Strauss. Just als Caramello auf der Bühne, in der Gondel stehend, das Lied »Komm in die Gondel, mein Liebchen, schon steige doch ein« zu singen begann, heulten die Sirenen und verkündeten, dass es der Tommy wieder einmal auf Berlin abgesehen hatte. Die Theatergäste wurden in den nahe gelegenen U-Bahnhof, der uns vor den Bomben schützen sollte, geleitet. Kaum dort angelangt, heulten die Sirenen den lang gezogenen Entwarnungston. Wenn ich mich richtig erinnere, kehrten wir wieder in den Zuschauerraum zurück und Caramello konnte mit seinen Lockungen fortfahren.

Durch das HJ-Gesetz von 1936 sowie die Zweite Durchführungsverordnung hierzu aus dem Jahre 1939 wurde in den letzten Kriegsjahren der HJ-Kriegseinsatz intensiviert und erweitert. Zu dieser Art Kriegshilfsdienstorganisation zählte auch die Führerschaft des DJ. Da nach dem Gesetz der Dienst in der HJ »Ehrendienst« am deutschen Volk und somit Pflicht eines jedes Volksgenossen war, konnte sich auch keiner dem angeordneten Hilfskriegsdienst (Luftschutzeinsatz, Kurierdienst für Partei und Wehrmacht, Verladedienst, Telefondienst und Ähnliches) entziehen. Wer es dennoch versuchte, wurde von der HJ-Führung disziplinarisch bestraft. Bei wiederholter Verweigerung musste der Erziehungsberechtigte des Verweigerers mit empfindlichen Strafen durch die Staatsorgane rechnen.

Es könnte im Jahre 1943 gewesen sein, als ich die Dienststellung des Jungstamm-Adjutanten wahrnahm. Ich war sozusagen der Aktentaschenträger des Jungstammführers und durfte bei einem Marsch an der Spitze des Jungstammes »Preußenkönig« neben ihm, hinter der reichbestickten Preußenfahne, aber vor den marschierenden Preußenkönigs-Anhängern marschieren. Wurde die Fahne, die ja mehr als der Tod bedeutete, von Passanten durch Heben des rechten Armes gegrüßt, dankten Jungstammführer und sein Adjutant durch Heben des rechten Armes im Auftrage der Fahne, weil die Fahne ja das nicht konnte. Anfangs fand ich das furchtbar aufregend, aber nach einer halben Stunde kam ich mir doch irgendwie blöd vor. Ich dachte nur kurz mal an meinen Vater, der sich immer noch weigerte, eine Hakenkreuzfahne zu kaufen, um sie an angeordneten Beflaggungstagen an die Balkonbrüstung zu knüpfen.

Pimpfenführer ohne Pimpfe

Von nun an war ich oft im Jungstammheim zu finden. Es gab anfangs immer etwas zu besprechen und zu planen. Doch nachdem ich Führer des entpersonisierten Fähnleins »Hohenfriedberg« geworden war, wurde das Jungstammheim nur noch von einem parteipolitisch lustlosen BDM-Mädchen verwaltet. Ich ging trotzdem noch hin oder vielleicht auch gerade deswegen; denn ich verstand mich mit ihr, obwohl sie älter als ich war. Als Schlüsselgewaltiger war es für mich leicht, in dem aktenlosen Heim umherzuschnüffeln. Bei dieser Schnüffelei entdeckte ich in einem Schreibtischschubfach mehrere Blankoblätter mit dem amtlichen Briefkopf der HJ-Führung, auf denen unten ein Original-Dienstsiegel prangte. Fünf der Blätter steckte ich mit dem Gedanken in meine Tasche, dass man sie ja vielleicht noch einmal dringend gebrauchen könne. Ich hütete sie deswegen wie meinen Augapfel und deponierte sie in meiner Schreibmappe.

Das Jahr 1943 bescherte Heinz und mir unzählige angeordnete dienstpflichtige Einsätze, die wir zum Teil gern ausführten, überwiegend jedoch zum Teufel wünschten. Wurde die Reichshauptstadt im Jahre 1942 nur von vereinzelten Luftangriffen, bei denen die Bombenabwurfmenge knapp über 500 Tonnen betrug, heimgesucht, verstärkten die alliierten Luftstreitkräfte 1943 ihre Angriffe auf Berlin erheblich. So flogen am 3. Dezember 2166 feindliche Bomber nach Berlin und luden ihre zerstörerische und todbringende Last von 8656 Tonnen auf verschiedene Stadtteile ab und verwandelten sie in ein Trümmerfeld.

Der Schulunterricht fand ja noch statt, aber der nun schon fast vier Jahre anhaltende Krieg mit seinen unzähligen Entbehrungen dämpfte unsere mehr oder weniger bestehende Lust auf die uns angebotene Paukerei. Die immer öfter heulenden

Luftschutzsirenen und die bestehende Angst, im notdürftig errichteten Luftschutzraum nach einem Bombentreffer von den einstürzenden Baumassen verschüttet zu werden, veranlassten uns auch nicht gerade, auf den Schulunterricht scharf zu sein.

Wie andere noch verfügbare Schulkameraden waren Heinz und ich für den Luftschutzdienst in der ADO am Richardplatz eingeteilt. Wir hatten zu diesem Zweck zwei- oder dreimal in der Woche abends, mit leichtem Gepäck (Zahnbürste) bewaffnet, im Schulgebäude zu erscheinen und übernachteten dort in Feldbetten. Zwei unserer Lehrer suchten ihren Schlaf ein Stockwerk tiefer im Lehrerzimmer. Wir machten uns keine Gedanken darüber, wie wir unsere Schule vor dem Feinde schützen sollten. So richtig hatte uns das keiner gesagt. Man hatte es offenbar auch nicht genau gewusst, denn mit den uns zur Verfügung gestellten Gerätschaften hätten wir zwar das Feuer eines brennenden Adventskranzes, nicht aber einer Brandbombe, geschweige denn einer brennenden Schule löschen können. Wie dem auch sei, wir empfanden es als willkommene Abwechslung, insbesondere nachdem einer von uns den »weiblichen Ausgussschiff« im der Schule gegenüberliegenden Küchenfenster einer vermutlich nur kleinen 1-Zimmer-Wohnung beobachtet hatte. Er zeigte uns seine Entdeckung, die für uns aber erst sichtbar wurde, als eine dort wohnende jüngere Frau Pipi machen musste. Vermutlich lag die zu dieser Wohnung gehörende Toilette ein halbes Stockwerk tiefer im Treppenhaus, in diesen alten Wohnhäusern Neuköllns gang und gäbe. Wenn sie nun ihr kleines Geschäft loswerden musste, begab sie sich in die Küche, zog ihren Rock hoch, den Schlüpfer runter und hängte den Allerwertesten in den Ausguss, um zu schiffen (daher: Ausgussschiff). Nach erfolgreicher Arbeit vergaß sie nie, den Wasserhahn zu öffnen, um die gelbe Flüssigkeit der Kanalisation anzuvertrauen. Wir wollten eigentlich

Wetten abschließen, bei denen jeder schätzen sollte, wie oft und wie lange gepuscht wurde und wie viel Zeit zwischen den einzelnen Aktionen verging. Doch dazu konnte es wegen der voraussichtlich langen Wartezeiten nicht kommen. In jedem Falle hatten wir aber bei jeder Nachtwache ein wenig Freude an unserem »Ausgussschiff«. Wenn einmal Fliegeralarm war, gingen wir mit den Lehrern in den Luftschutzkeller und warteten auf Entwarnung. In den Nächten, da wir Dienst hatten, blieb unser Schulgebäude verschont. Wir hatten eben Glück, denn erst 1944 fiel eine Bombe auf unsere Denkanstalt und hinterließ nur noch einen Trümmerhaufen.

Als wir eines Morgens sehr früh von der Schule nach Hause wollten, fuhr keine Straßenbahn in Richtung Rudow, weil sich die feindlichen Bomber südlich des Teltowkanals einiger Bomben entledigt hatten. Wir befürchteten schon, dass die Hufeisensiedlung davon betroffen war, doch hörten wir, dort sei bis auf den üblichen Scheibenbruch nichts passiert. Nach Überquerung des Teltowkanals sahen wir, wie die Einsatzkräfte der Feuerwehr die in zerbombten Häusern liegenden Brandherde bekämpften. Gegenüber dem Buschkrugpark loderte das Feuer aus dem dort befindlichen Holzlager der Firma Possling. Die hier eingesetzte Feuerwehr suchte noch zwei Hilfskräfte für die Löscharbeiten. Man drückte mir ein C-Rohr in die Hand und wünschte mir viel Glück bei der Arbeit. Heinz setzte man weiter hinten ein, ich verlor ihn aus den Augen. Das C-Rohr in den Händen, eigentlich mehr in den Armen haltend, wartete ich auf den Befehl: »Wasser, marsch!« – Vergebens. Doch plötzlich füllte sich der Schlauch mit einer affenartigen Geschwindigkeit und einem derartigen Druck, dass es mich fast umriss. Es gelang mir, das Ungetüm zu bändigen, und ich lenkte den Riesenstrahl nach hinten in den Brandherd. Ich weiß nicht mehr, wie lange ich diese ungewohnte Tätigkeit ausübte. Jedenfalls gelang es mir, meinen Brandherd zu löschen, und wankte innerlich befriedigt nach Hause. – Am nächsten Tag holte ich mir eine Einsatzprämie von 20 Reichsmark von der Firma Possling ab und war plötzlich reich!

Bubis Leid

Eine Zeit lang verband mich mit Karlheinz R. und Bubi H. so etwas wie eine bekanntschaftliche Zuneigung. Wir kamen außerhalb unserer Wohnungen ab und an zusammen, um uns über Gott und die Welt zu unterhalten. Zweimal besuchte ich Bubi in der Wohnung seiner Eltern. Sie lag in einem der Einfamilienreihenhäuser der Rambowstraße, dessen Gärten an die Anlagen des Eier-Teiches grenzten. Es war gefährlich, die Rambowstraße mit dem Fahrrad zu befahren, weil man dann sofort einen schmutzig weißen Kläffer, bei dem vorn und hinten kaum zu unterscheiden war, an den Fersen hatte, der in diese zu beißen versuchte. Hinter ihm rannte, ebenfalls laut kläffend, eine kleinere Version, eher unbissig, den »dicken Hund« vorgebend. Diese beiden Köter gehörten Frau H., nicht Bubi. Seine Mutter liebte diese beiden Hunde, besonders aber den Beißer namens »Pussi«, abgöttisch. Mir war nie ganz klar geworden, wie man eine derartige Töle »Pussi« nennen konnte. Als ich das erste Mal in Hartwichs guter Stube auf dem einen Sofa saß, kroch unter dem mir gegenüberliegenden zweiten Sofa eine Riesenspinne hervor, über die der mich beschnüffelnde, aber noch nicht beißende Pussi sofort herfiel. Bubis tierliebende Mutter missgönnte ihrem Kläffer mit einem Angstschrei: »Pussi, pfui!«, die köstliche Mahlzeit. Er parierte sofort, die Spinne – sie hatte wirklich die Größe einer kleinen Vogelspinne – kroch gemächlich auf mich zu, ohne tätlich zu werden, und verschwand unter meinem Sofa. Frau H. ging zufrieden in die Küche und Bubi, der links neben mir auf dem dritten Sofa saß, sagte vollkommen geknickt: »Das war Frieda, unsere Hausspinne!« – Damit war die im Hause Hartwich herrschende Hierarchie abgesteckt: Nach Frau H. kam die Spinne, dann Pussi und sein kleineres Ebenbild, dann wohl die beiden Wellensittiche, die im Nebenzimmer munter um die Wette zeterten. Bubi fühlte sich ausgegrenzt. Er tat mir aufrichtig leid, weil die Liebe seiner Mutter ausschließlich den Tieren galt, für ihn, so meinte er, hätte sie überhaupt nichts mehr übrig. Sein Hauptkonkurrent sei Pussi, dieser Köter. Er sei jetzt so weit, dass er bei dem nächsten Fliegerangriff, wenn wieder einmal die Fenster splitterten, eine Tür aushängen und Pussi erschlagen werde. Die Tür hätte dann eben der Luftdruck auf den Köter geschleudert! – Oh, armer Bubi!

Einige Wochen später traf ich Frau H. in der wie immer übervollen Straßenbahn. Mit tränenerstickter Stimme erzählte sie mir, dass es Pussi ganz schlecht gehe. Sie hoffe, dass er nicht sterben werde. Onkel-Herse-Straße stieg sie aus. Ich musste noch weiter, sonst hätte sie mir sicherlich Näheres über den Gesundheitszustand ihres Pussi erzählt. – Ich ahnte es: Bubi hatte zugeschlagen! Der letzte Fliegeralarm lag noch nicht allzu weit zurück! – Als ich mit Bubi das nächste Mal zusammentraf, berichtete er: »Ich hielt es mit der Töle nicht mehr aus. Hatte mir Veronal (ein Barbiturat) besorgt und stopfte es ihr ins Maul. Das Mistvieh wehrte sich zwar dagegen, wollte beißen, aber ich war stärker!« – Die Tierliebhaber mögen mir verzeihen und dürfen aufatmen: Pussi wurde wieder vollends gesund und biss die durch die Rambowstraße fahrenden Radfahrer fröhlich weiter.

Fahnenflüchtiger Lagermannschaftsführer

Nachdem sich die Luftangriffe der Alliierten gegen Berlin mehrten, hatte man angeordnet, dass alle schulpflichtigen Kinder zu evakuieren waren. Hierfür war linientreues Personal vonnöten.

Im Sommer 1943 musste ich mich mit Heinz bei den Oberen des Jungbannes in der Ziethenstraße zwecks neuen Einsatzes melden. Ich war nun zwar 15 Jahre alt geworden und ordentlicher Fähnleinführer ohne Fähnlein, trachtete aber eigentlich gar nicht nach einer verantwortungsvollen Tätigkeit, die mit viel Arbeit verbunden war. Ich wurde verdonnert, als Lagermannschaftsführer einen aus mehreren Neuköllner Schulklassen bestehenden KLV-Transport nach Goldap in Ostpreußen zu begleiten und dort die 10- bis 14-Jährigen im Deutschen Jungvolk zu betreuen. Heinz wurde mir als Stellvertreter zugeteilt. Abfahrtsort und -datum standen bereits fest. Ich konnte nur noch »Jawoll, Bannführer!« sagen. Ansonsten hatte man als Fähnleinführer zu wissen, welche Aufgaben im Sinne des Nationalsozialismus erfüllt werden mussten. Heinz sagte auch »Jawoll«, und so bereitete sich ein jeder von uns zu Hause auf das Unvermeidliche vor. Im Grunde genommen hatten wir überhaupt keine Vorstellungen, was wir mit den vielen Jungen und Mädchen, die teilweise mit ihren Müttern verschickt wurden, in Goldap machen sollten. Erst viel später erfuhr ich, dass wir Erziehungsaufgaben hätten erfüllen müssen. Ich las es in einem NS-Blättchen: »Die Einrichtung der KLV-Lager bietet die Möglichkeit, Jugendliche in großem Rahmen und für längere Zeit total zu erziehen. Schulische Arbeit, HJ-Dienst und Freizeit lassen sich hier erzieherisch gleichmäßig beeinflussen.« Ich dachte an unser KLV-Lager in Kattowitz und Weichsel und meinte, die mir gestellte Aufgabe nach den Erfahrungen, die ich in Weichsel gemacht hatte, lösen zu können.

An irgendeinem schönen Wochentag im August traf ich mich mit Heinz auf dem Neuköllner Güterbahnhof vor dem bereits unter Dampf stehenden Zug. Der Zug bestand fast ausschließlich aus Personenwagen der dritten Klasse, bei der jedes einzelne Abteil nur durch eine Außentür betreten werden konnte. Die Türen waren untereinander nur von außen mit einem unten angebrachten, über die ganze Wagenlänge führenden Laufsteg zu erreichen.

Die Kinder wuselten aufgeregt umher, während die Mütter das Gepäck in die mit Holzbänken ausgestatteten Abteile einluden. Hier standen einige Rote-Kreuz-Schwestern, dort einige SA-Leute bereit, um notfalls behilflich zu sein oder gegen irgendetwas einzuschreiten. Aus den Bahnhofslautsprechern dröhnte Marschmusik, unterbrochen von krächzenden Durchsagen, die offenbar nicht wahrgenommen wurden. Helfer der NSV (Nationalsozialistische Volkswohlfahrt) mit einer Armbinde, auf der »Ordner« stand, sorgten eher für noch mehr Unordnung. Offensichtlich fühlte sich niemand für die Organisation dieses Transportes so richtig verantwortlich. Ich konnte auch keinen Oberen des DJ-Bannes ausmachen. Anstelle der weiß-grünen Affenschaukel trug ich jetzt eine weiße, Heinz hängte sich die weiß-grüne an seine Uniform. Wir hatten uns befördert, aber keine Idee, wie wir diesem Tohuwabohu begegnen konnten. Man hatte mir im Bann auch nichts in die Hand gegeben, woraus ich Näheres hätte erfahren können. Ich wusste ja nicht einmal, welche Schule hier das Weite suchte und wer als Lehrer verantwortlich war. Es kümmerte sich kein Aas um uns, und so suchten wir die Bekanntschaft zweier mitfahrender Rote-Kreuz-Krankenschwestern, die auch nicht so genau wussten, was sie hier sollten. Sie, eine etwa 18-Jährige und die andere ein paar Jahre älter, hatten ihr Abteil in einem komfortablen Waggon und nahmen uns unter ihre Fittiche. Wir stiegen dort mit ein und ließen uns von unseren Betreuerinnen mit Rote-Kreuz-Leckerli verwöhnen.

Inzwischen wurde mir so langsam klar, dass die von uns zu betreuenden Kinder mit ihren Müttern nicht in einem geschlossenen Lager zusammengefasst, sondern bei Gasteltern untergebracht werden sollten. Meine KLV-Erfahrungen aus Kattowitz und Weichsel konnte ich daher vergessen. Viel Zeit hatten wir nicht mehr, uns darüber klar zu werden, wie wir die über den Landkreis Goldap verteilten DJ-Mitglieder erfassen konnten und was wir mit ihnen anstellen sollten. Man hatte es nicht einmal für nötig befunden, mir eine Namensliste in die Hand zu drücken. Ich hielt mit Heinz Kriegsrat und meinte, man müsse sich doch einmal unseren Schutzbefohlenen vorstellen. Aber wie? – Der Zug schnaufte sich schon langsam durch die Stadt und die Waggons hatten keine durchgehenden Gänge, von denen aus man die einzelnen Abteile hätte besuchen können. Also kamen wir auf die grandiose Idee, während der Fahrt die Abteile über den außen befindlichen Laufsteg zu betreten. Die über den Laufstegen in Armhöhe angebrachten Handläufe konnten uns den nötigen Halt geben. Gutes Wetter und die lahme Geschwindigkeit unseres Zuges, die zwar kein Blumenpflücken zuließ, begünstigte aber unseren irrsinnigen, an Suizid grenzenden Plan. In den Abteilen war man ob dieses unerwarteten Besuches mehr als überrascht und hörte sich aufmerksamen unseren Sermon, der unseren Namen und gute Wünsche enthielt, an. Dann »Heil Hitler«, und wir verschwanden wieder und hangelten uns zur nächsten Abteiltür. Wir hätten uns ja die Namen der Holzbanksitzer nennen lassen müssen, um ein Verzeichnis erstellen zu können, aber dazu hatten wir einfach keine Lust. Nachdem wir in allen Abteilen »Heil Hitler« gesagt hatten, schlichen wir uns wieder zu unseren Rote-Kreuz-Miezen.

Der Bummelzug benötigte für die Strecke Berlin – Posen – Thorn – Deutsch Eylau – Insterburg – Angerburg – Goldap über zehn Stunden. Ein Eilzug hätte das Ganze wohl in sechseinhalb Stunden geschafft. Gegen Abend trafen wir in Goldap ein. Unsere RK-Mädchen verabschiedeten sich von uns. Sie hatten diesen Zug nur begleitet und fuhren mit ihm wieder nach Berlin zurück. Die Mütter sammelten sich mit ihren Kindern auf einem dafür vorgesehenen Platz, auf dem bereits SA-

Braunhemden und Getränkeverteilerinnen des Roten Kreuzes auf sie gewartet hatten. Soweit ich es deuten konnte, waren auch Gasteltern zugegen, die ihre bombengefährdeten Schützlinge empfingen. Einige von ihnen zogen bereits mit ihrer Beute (billige Erntehilfskräfte!) von dannen. Der Zug stand noch auf dem Gleis, während die Lokomotive beim Seitenwechsel war. Die beiden Rote-Kreuz-Mädchen standen vor ihrem Waggon, da guckte ich Heinz an, Heinz sah mich an, wir sahen noch einmal auf das Geschehen, und weil sich kein Aas um uns kümmerte, waren wir uns auch ohne Worte einig. Wir nahmen unser Gepäck und eilten in die ausgebreiteten Helferinnenarme! – Der Rotbemützte hob die Kelle, atmete einmal kräftig in seine Trillerpfeife aus, das Dampfross antwortete mit zwei schrillen Schreien. Zischend Dampf ablassend, qualmend und sich aufbäumend setzte es sich in Bewegung und fuhr Richtung Heimat in die anbrechende Nacht. Anfangs unterhielten wir uns noch recht angeregt mit den beiden Miezen, doch forderte die Anstrengung des vergangenen Tages ihren Tribut: Maiden und Pimpfe suchten sich eine Ecke, und weil es recht kühl wurde, und überhaupt, kuschelten sich die vier aneinander. Ach, war das schön! Mir träumte von Mädchen, die mich küssten, streichelten und mich sehr, sehr lieb hatten. In meinem auch zur Fortpflanzung dienenden Organ entwickelte sich so etwas wie ein angenehmes wärmendes Gefühl. Jedes Mal, wenn meine Maid sich weiter in mich hineinkuschelte, lief es mir heiß den Rücken hinunter. – Heinz muss es ähnlich ergangen sein. Er meinte später, es sei verdammt schade, dass wir nicht älter gewesen wären. – In Insterburg wollte die ältere unserer Rote-Kreuz-Maiden einer Verwandten »Guten Tag« sagen. Sie brauchte uns gar nicht erst zu überreden, wir unterbrachen mit ihr die Fahrt, sagten auch »Guten Tag« und hatten bei einer Tasse Tee einen netten Plausch. Der nächste Zug brachte uns vier ohne Kuschelei nach Berlin, wo wir uns artig auf dem Schlesischen Bahnhof von unseren Betreuerinnen verabschiedeten. Wir sahen sie nie wieder!

Erneute »Flucht«

Nach dieser »Flucht« hatte ich zunächst gar nicht die Absicht, mich auf dem Bann zu melden. Ich fürchtete mit Recht, von irgendeinem Oberen »zusammengeschissen« (ursprünglich rein militärischer Ausdruck, wurde in den allgemeinen Sprachgebrauch übernommen) zu werden. Mein preußisches Pflichtgefühl ließ mir aber keine Ruhe, und so beichtete ich gemeinsam mit Heinz unsere Panne, die, so begründete ich sie, wir leider nicht haben abwenden können, weil wir in Goldap weit und breit keinen zuständigen Menschen gefunden hatten. Es folgte der »Zusammenschiss« mit dem Befehl, einen neuen KLV-Transport nach Guben zu übernehmen.

Ich hielt einen Zettel in der Hand, auf dem Abfahrtbahnhof und -zeit, Name der Schule und Name des zuständigen Lehrers standen. Immerhin wusste ich diesmal mehr als beim letzten Mal, und so packten wir wieder einmal unsere Siebensachen, zu neuen Taten bereit. Unser Zielgebiet lag zwischen Guben (das heute westlich der Oder noch immer so heißt, östlich der Oder aber Gubin genannt wird) und Crossen (das heute Krosno heißt). Die Kinder sollten auf mehrere Dörfer verteilt werden, also hatten wir auch hier kein Lager zu betreuen. »Man wird sehen«, meinte ich zu Heinz und meinte es ernst, denn ich fand das alles gar nicht so spaßig.

Auf dem Bahnhof spielte sich die gleiche Szene wie bei der Abfahrt nach Goldap ab. Dieses Mal standen allerdings Waggons der moderneren Bauweise zur Abfahrt bereit, und was uns sehr traurig stimmte: Wir konnten keine Rote-Kreuz-Schwestern aufreißen, die uns während der Fahrt lieb betreuten. Hätte auch nicht viel gebracht, denn in zwei, drei Stunden Fahrt waren wir bereits in einem zwischen Guben und Crossen liegenden größeren Dorf. Ein Parteibonze, der dort das Sagen hatte, verteilte anhand einer Liste die Evakuierten. Kind mit Mutter wurde ungern aufgenommen, ein Kind, das unter zehn Jahre alt war, auch. Ganz schwer unterzubringen war Kind mit Kleinkind, noch schwerer, wenn es dazu noch eine Mutter gab. Neben dieser Bewertung spielte es noch eine Rolle, ob das Kind ein Junge oder ein Mädchen war. Letztere waren weniger gefragt. Die Art und Weise dieser Zuteilungsaktion entsprach eher einem Sklavenhandel als einer herzlichen Hilfsaktion unter Volksgenossen. Über Heinz und mich wurde zuletzt entschieden. Ich sollte hier im Dorf bei Bauer X bleiben, Heinz war für Bauer Y im Nachbardorf vorgesehen. Ich versuchte dem Parteimenschen klarzumachen, dass wir auftragsgemäß zusammenarbeiten müssten und eine Trennung die von uns zu erledigende Arbeit im nationalsozialistischen Sinne unmöglich machen würde. Es half alles nichts, meine Proteste trafen auf taube Ohren. Also zog Heinz ins Nachbardorf und ich blieb bei Bauer X. Dort erhielt ich eine dunkle Kammer mit einem etwas zu kurz geratenen Bett, in dem ich erstaunlicherweise wundervoll schlief. Abends gab es eine Wassersuppe mit einem Stück trockenen Brot und am nächsten Morgen wurde ich sehr, sehr früh geweckt. Das Frühstück bestand aus einer salzigen Milchsuppe mit Brot und warmer Kaffeeplörre. Und dann sollte ich mich auf das Feld begeben, um dort bei der Kartoffelernte zu helfen. Ich bedauerte außerordentlich, dieser Aufforderung nicht folgen zu können. Ich hätte die mir von Berlin erteilten Befehle auszuführen, die nicht die Kartoffelernte, sondern die nationalpolitische Erziehung der Kinder beträfen. Dass Bauer X das nicht einsah, war mir piepegal. Ich traf mich mit Heinz, der eigentlich auf der Wiese stehen müsste, wohl um Schafe zu hüten. Wortlos waren wir uns wieder einmal einig: Wir müssen uns schnellstens aus dem Staube machen! Doch wie sollten wir das anstellen, ohne einen entsprechenden Befehl vorweisen zu können? Wir kannten dieses Mal die verantwortliche KLV-Lehrkraft, bei der wir uns hätten abmelden müssen. – Als findiger Hauptlagermannschaftsführer fand ich den rettenden Weg, der uns aus dieser Zwangslage befreien sollte. Ich trug seit der Quasi-Auflösung unseres Jungstammheimes in der Jochen-Nüßler-Straße immer ein bis zwei der mit dem Briefkopf und dem amtlichen Dienstsiegel der HJ-Bannführung versehene DIN-A4-Blankobögen mit mir herum, um sie vielleicht zu eigenen Zwecken in Notfällen einsetzen zu können. Jetzt hatte ich einen Notfall! – Ich schrieb an mich in fein ordentlicher Schrift einen Schreibebrief, dem ich folgenden Befehl entnehmen konnte: »Der Hauptlagermannschaftsführer Fredi Diebel hat sich mit dem ihm zugeteilten Lagermannschaftsführer Heinz R. unverzüglich nach Berlin zu begeben und in der Ziethenstraße zu einem Sondereinsatz zu melden. – Heil Hitler!« – Die Unterschrift des Bannführers Frommeyer gelang mir nicht besonders gut, der amtliche Dienstsiegelabdruck befand sich aber bereits auf dem Papier, und der war echt! – So weit der Brief. Aber wie sollte ich ihn bekommen? Mit der Post konnte ich ihn mir nicht zuschicken, das hätte zu lange gedauert, denn wir wollten möglichst sofort abhauen. Also ging ich zur der kleinen Poststelle des Ortes und erzählte dem Postbeamten, dass ich einen dringenden Brief aus Berlin erwarte, der mir durch Kurier zugestellt werden sollte. Ich könne mir das ohne Beteiligung der Post gar nicht vorstellen, und befürchtete nun, Schwierigkeiten mit meinem HJ-Bann zu bekommen, wenn der Brief irgendwo hängen bliebe. Der Postmeister beruhigte mich. Es passiere öfter, meinte er, dass Kuriere der HJ mit wichtigen Schriftstücken unter Ausschaltung der Post von Crossen nach Guben geschickt werden, die in der Poststelle des Ortes etwas abgeben. Ich dankte für diese Auskunft und beschrieb auf dem Briefumschlag den Zustellweg mit dem Hinweis: mit Kurier über Crossen nach Guben. Dann erhielt der Brief noch ein wenig »Patina« und ein zerknautschtes Aussehen.

Der KLV-Obere, dem wir den Brief vor die Nase hielten, schien gar nicht so sehr beeindruckt zu sein und mäkelte an der etwas eigenartigen Unterschrift herum, um dann fast erleichtert festzustellen, dass ja ein echtes Dienstsiegel den erteilten Befehl besiegelt hatte. Er wünschte uns eine gute Fahrt. Wir zischten ab und packten unsere paar Sachen zusammen. Ich verabschiedete mich von dem Bauern, der mich nur ungern gehen ließ, weil er nun wieder seine Ernte ohne Knecht einfahren musste.

Abends trafen wir mit dem Bummelzug in Guben ein. Wir hatten kein Geld und keine Fahrkarte bei uns, aber wir trugen Uniform und jeder von uns hatte eine Affenschaukel, von der linken Schulter zur linken Brustwarze hängend. Wir waren wer! Wir waren sozusagen das Aushängeschild unseres geliebten Führers. Der Bahnhofsvorsteher runzelte seine Stirn, man sah, dass es darunter arbeitete. »Da guck ich lieber einmal nach«, meinte er, guckte und schüttelte sein bemütztes Haupt: »Der nächste Zug nach Berlin geht erst morgen früh, jetzt kommt keiner mehr!« Auf dem Güterbahnhof herrschte derweilen noch emsiges Treiben. Rangierloks verschoben Güterwagen, stellten neue Züge zusammen und holten sich noch fehlende Waggons von den Nachbargleisen. Ab und zu rumpelte ein Güterzug vorbei, sicherlich mit kriegswichtigem Material bestückt. Als eine ungeduldige Lok einen schrillen Pfiff ausstieß, sah der Rotbemützte auf seine Uhr und meinte: »In fünf Minuten fährt auf Gleis 5 ein leerer Güterzug nach Berlin. Da könnt ihr ja mitfahren.« Wir nahmen unsere Beine in die Hand und rannten gleich über die Gleise zu dem besagten, der bereits langsam anfuhr. Zum Glück standen die Türen der »geschlossenen Waggons« offen, sodass wir neben dem Zug herrennend das Gepäck reinwerfen konnten. Es blieb uns noch genügend Zeit, selbst in den Wagen zu springen und unserem Retter freundlich zuzuwinken. Nach dreistündiger Fahrt konnten wir in Ostkreuz unbeschadet aussteigen. Ich war froh, wieder zu Hause zu sein. Meine Mutter auch. Sie betrachtete meine Fahrten als sinnlose Abenteuer und deutete meine Zukunft mit ihrem oft ausgesprochenen seherischen Satz: »Du wirst schon sehen, was du davon hast, alter Dowitz!«

Und damit traf sie wieder einmal den Nagel auf den Kopf! Ich musste kurz vor Weihnachten in der Ziethenstraße vorsprechen und hatte das außerordentliche Vergnügen, von Bannführer Frommeyer zur Sau gemacht zu werden. Er schrie mich an und bezichtigte mich, durch meine Fahnenflucht den Führer verraten zu haben. Er wollte mich »mit dem Arsch an die Laterne hängen« und »in den Osten zwangsverschicken«. Vermutlich sah er ein, dass sich die beiden auserwählten Strafen nicht vereinbaren ließen, als er mich zum Pimpfen degradierte und mir den Führerausweis abnahm. Ich war froh, Frommeyers Zimmer, ohne gehängt zu werden, als Pimpf verlassen zu können, denn von meiner Urkundenfälschung hatte er sichtlich nichts erfahren. Auf dem Flur traf ich meinen Klassenkameraden Detlef M., der das Gebrüll des Bannführeres mitbekommen hatte und nun wissen wollte, was geschehen war. Nachdem ich erzählt hatte, meinte er nuschelnd: »Nu, musst dir nischt draus machen, wir wer'n sowieso bald einjezog'n!« – Und damit sollte er recht behalten.

Weihnachtsgans-Besorgungsauftrag

Weihnachten sollte trotz der traurigen Kriegsereignisse angemessen gefeiert werden. Das wünschte jedenfalls Anni Schlarbaum, mit der eher mein Vater als meine Mutter befreundet war. Sie wohnte am Gesundbrunnen, ihr Mann – ein Deutschrusse und zu Beginn des Krieges noch hundertprozentiger Nationalsozialist – war seit einiger Zeit in Russland als verschollen gemeldet. Er beherrschte die russische Sprache und gehörte zu einer Sondereinsatztruppe, die als Sowjets verkleidet in die vorderste russische Linie eingeschleust wurde, um dort Verwirrung zu stiften und so den deutschen Angriff vorzubereiten. Es war ein Himmelfahrtskommando, das er bis zu seinem Urlaub, in dem ich ihn kennenlernte, schadlos überstanden hatte. Er zeigte mir zig Fotos, auf denen Gefangene von der SS gefoltert und Menschen gehängt wurden, bergeweise Leichen herumlagen oder mit Lastwagen abtransportiert wurden. Der Anblick dieser Bilder und seine Schilderungen dazu ließen in mir Übelkeit aufkommen. Ich suchte die Toilette auf und würgte, es reichte jedoch noch nicht zum Kotzen. Schlarbaum erklärte sich fortan zum Gegner des Nationalsozialismus. Ob er diese Einstellung mit dem Einsatz in dem Himmelfahrtskommando vereinbaren konnte? Ist wohl kaum anzunehmen. Es kam nie eine Todesnachricht.

Annis Tante Elfriede lebte in der etwa 5000 Einwohner zählenden ostpreußischen Kreisstadt Gerdauen (heute: Schelesnodoroschny – gehört zur Enklave Kaliningrad) auf einem Bauernhof. Dort, meinte sie, sollte ich eine Weihnachtsgans abholen, gab mir Fahrgeld und einen »guten Gruß« mit auf den Weg. Inzwischen hatte der Winter schon begonnen. In Berlin hielt er sich ja zurück, aber in Ostpreußen hatte er die Landschaft mit einer dicken Schneedecke zugedeckt. Und kalt war es auch noch. Ich übernachtete in Gerdauen in einem kleinen Gasthaus und ging dann auf die Suche nach Tante Elfriedes Bauernhof. Gegen Abgabe des guten Grußes und eines Päckchens, dessen Inhalt mir verschlossen blieb, erhielt ich ein achtpfündiges Schnattertier und zog zufrieden von dannen. Auf dem Weg zum Gasthaus entdeckte ich ein Kinderheim, das von einem 15-jährigen Lagermannschaftsführer betreut wurde. Ich beschloss, die Gans in Sicherheit zu bringen und später, sobald es dunkel wurde, in Uniform mit weißer Affenschaukel (die brauchte ich ja nicht abzugeben) eine von mir selbst angeordnete Besichtigung durchzuführen. Es mag so gegen 21 Uhr gewesen sein, als ich mich im Heim meldete. Der Jungvolkführer, mit mir gleichaltrig (!), wollte über seine Arbeit berichten, als ein Wecker klingelte. Ich muss ziemlich dumm aus der Wäsche geguckt haben, denn er klärte mich sofort auf: Er, der 15-jährige Berliner Lagermannschaftsführer, betreute in Ostpreußen ein Heim mit etwa 20 bettnässenden evakuierten Jungen, die er alle drei Stunden zu wecken hatte, damit sie in das Toilettenbecken und nicht ins Bett pinkelten. Der nachts dreimal klingelnde Wecker erinnerte ihn also an seine Pflichten. Ich konnte das nicht fassen: Er war nachts vollkommen auf sich allein angewiesen und betrachtete seine Arbeit nicht als Verpflichtung, sondern als verinnerlichte Hilfsbereitschaft an den leidenden Jungen. Nur am Tage, so erzählte er, sei eine Krankenschwester und sonstiges Hilfspersonal im Heim tätig. Auf die Frage, wann er denn abgelöst werde, schüttelte er nur den Kopf. Das sei gar nicht vorgesehen. Er würde gern einmal nach Hause fahren, aber er käme hier eben ohne entsprechenden Befehl nicht weg. – Ich dachte wieder an das mit einem amtlichen Dienstsiegelabdruck versehene Blankobriefpapier und versprach ihm, einen mit Schreibmaschine getippten Marschbefehl zu schicken. Er erhielt ihn von mir 14 Tage später mit der Post und hatte hoffentlich Erfolg damit.

Ein Einberufungsbescheid flattert ins Haus

Zur Jugenddienstpflicht gehörte im Dritten Reich auch der Dienst als Luftwaffenhelfer, die klassenweise am bisherigen Schulort oder in dessen unmittelbarer Umgebung eingesetzt wurden und wöchentlich 18 Stunden Schulunterricht erhalten sollten. Die Dauer des Einsatzes war bis zur Einberufung zum Arbeitsdienst oder zum Wehrdienst festgelegt worden.

Vor Weihnachten erhielt ich den vorausgesagten Einberufungsbescheid, der mich verpflichtete, mich am 15. Januar 1944 in Hohenschönhausen bei einer Flak-Batterie zu melden. Das beigefügte Merkblatt enthielt neben allgemeinen Anordnungen eine Aufzählung der mitzubringenden Bekleidungs- und Ausrüstungsstücke (Rasierapparat – nach Bedarf!), Hinweise zu den Reichskleiderkarten, Zusatzkleiderkarten und Seifenkarten und die Beschreibung der Dienstverhältnisse der Luftwaffenhelfer. Dabei wurde wieder darauf hingewiesen, dass der Dienst als Luftwaffenhelfer als Erfüllung der Jugenddienstpflicht gilt und die Hitlerjugend für die Betreuung zuständig ist, die ärztliche Betreuung aber durch Truppenärzte der Luftwaffe erfolgt. Ferner war dem Blättchen zu entnehmen, dass die Luftwaffenhelfer freie Verpflegung, Bekleidung und Unterkunft sowie eine tägliche Abfindung von 50 Reichspfennigen erhalten. Und dann kam der Hinweis auf den Schulunterricht, der mindestens 18 Stunden in der Woche betragen und durch die bisherigen Lehrer erteilt werden sollte.

Ich betrachtete den Einberufungsbescheid als ein willkommenes Weihnachtsgeschenk, das mir gegebenenfalls seitens des Bannes gegen mich eingeleitete Zwangsmaßnahmen ersparen könnte. Frommeyers Drohung, mich in den Osten zwangsverschicken zu wollen (was immer das hieß), hatte ich noch immer im Ohr und sie machte mir Angst. Nun, so folgerte ich, kam ich aus seinen Klauen frei, obschon ich mich nun in andere ungewisse Klauen begeben musste.

Zu Weihnachten gab es dann bei uns Gänsebraten und Klöße. Der am Heiligabend geflogene schwere Luftangriff der Engländer auf Berlin passte allerdings gar nicht so zu »Stille Nacht, heilige Nacht …«.

Fliegerbombe statt »Weißer Traum«

Ende 1943 lief im »Filmeck« der Film »Der weiße Traum« mit Olly Holzmann. Der Schlager aus diesem Film, »Kauf dir einen bunten Luftballon«, wurmte bereits in unserem Ohr. Er machte uns sehnsüchtig und ließ uns in unser Land der Träume fliegen. Immerhin befanden wir uns in der Pubertät und träumten von tief ergreifenden Fantastereien, die sich zwischen »Hänsel und Gretel« und »John Kling und Jones Burte« (seit 1920 bekannte Krimi-Taschenbuchreihe) ansiedelten.

Von der Parchimer Allee bis zum »Filmeck« hatte man durch mehrere aus den Werken des bedeutendsten Dichters der niederdeutschen Sprache, Fritz Reuter (1810–1874), benannten Straßen der Hufeisensiedlung etwa einen Kilometer zu laufen. Ein recht angenehmer Spaziergang, wenn man ihn ohne zu hetzen zurücklegen konnte. Nun hatten die Alliierten im Dezember, sogar am Heiligen Abend, mehrere schwere Luftangriffe auf Berlin geflogen. Sie begannen erstmalig mit der Zermürbungstaktik, einen Angriff am Tage und einen weiteren Angriff nachts zu fliegen. Am Tage luden die amerikanischen Langstreckenbomber ihre todbringende Last ab, nachts setzten die »Fliegenden Festungen« der Boeing B 17 die Zerstörung mit einem Flächenbombardement fort. Ganze Stadtteile gingen in Flammen auf und wurden in Schutt und Asche gelegt. Es war die Hölle!

Wir verabredeten uns zu Montag, dem 29. Dezember, in der Hoffnung, unseren Film ungestört, das heißt ohne Fliegeralarm, genießen zu können. Kurz vor dem letzten Eiskunstlauf, bei dem die vielen bunten Luftballons aufsteigen sollten, zerstörte der unter die Haut gehende anschwellende, bösartig heulende Ton einer auf dem Kinodach befindlichen Luftschutzsirene jäh jegliche Illusion und ließ die Zuschauer ins Reich der brutalen Wirklichkeit zurückkehren. Es war immer wieder erstaunlich, dass in einer derartigen Angst erzeugenden Situation, in der jeder so schnell wie möglich das Kino verlassen will, keine Panik ausbrach. Im Nu flohen die eben noch Glücklichen aus dem Saal in alle Richtungen, um schnellstens in ihre Luftschutzkeller, meistens nur zu Schutzräumen ernannte, kaum gegen Einsturz gesicherte Mieterkeller, zu gelangen. Heinz und ich rannten durch die Nacht, was die Beine hergaben. Als Heinz schon sein Haus erreicht hatte, begann, noch etwas weiter entfernt, die Flak zu schießen. Ich hatte noch ein Drittel der Wegstrecke bis nach Hause zu bewältigen. Atemlos rannte ich noch in meine kleine Kammer und holte das Fluchtköfferchen, das wichtige Papiere, Unterlagen und Dinge, an denen ich besonders hing, enthielt und das ich immer mit in den Luftschutzkeller nahm. Meine Mutter saß mit den anderen Mietern bereits auf unserer Pritsche. Es herrschte, wie immer bei den Alarmen, eine angespannte, bedrückende, ja gar angstvolle Stimmung, kaum jemand sprach ein Wort. Man lauschte auf die sich draußen entwickelnden Geräusche und hoffte, kein Motorendröhnen uns überfliegender »Fliegender Festungen« wahrnehmen zu müssen.

Das Bellen der 8,8-cm- und 10,5-cm-Flakgeschütze kam näher, und es dauerte nicht mehr lange, da vernahmen wir das Geräusch der uns anfliegenden Maschinen, das schnell näher kam und dabei an dröhnender Lautstärke zunahm. Zu dem dröhnenden Brummen, den wütend bellenden Schüssen der rings um uns liegenden Flak-Batterien gesellten sich erst vereinzelt, dann verstärkt die singenden und heulenden Geräusche der durch die Luft rasenden Bomben, die ich als lang gezogene Schreie eben geborener Babys wahrnahm. Dazu kamen die das Trommelfell fast zum Platzen bringenden Explosionsdetonationen. Ich glaube, dass keiner der vorübergehenden Kellerbewohner – auch nicht der beiden Nazi-Anhänger – dieses Inferno ohne Angst und Schrecken erlebte. Meine Mutter fing leise an zu weinen. Ich, der ich hier meinen Vater hätte gebrauchen können, nahm meine Mama in die Arme, und selbst voller Angst, versuchte ich, sie zu trösten. – Und dann heulte eine Bombe mit ihrem irren Schrei auf unser Haus. Es gab eine riesige Detonation, wir hörten Wände und Decken einstürzen, Mauerstaub und Dreck wirbelte durch die Luft. Es war stockdunkel. Die Frauen schrien, ich tröstete meine Mama und die beiden Männer fluchten. Der kleine Mielke war der Erste, der sich mannhaft gegen das Schicksal aufbäumte. Während draußen nach wie vor das Inferno tobte und wir eigentlich schon auf die nächste Bombe warteten, wurde Mielke energisch und schrie: »Wir müssen hier raus!« Da die Kellertreppe verschüttet war, griff er geistesgegenwärtig zu dem Vorschlaghammer, der in jeden Luftschutzkeller gehörte, und schlug damit die in Größe einer Durchschlupfmöglichkeit verdünnte Brandmauer zwischen den beiden Häusern Parchimer Allee 58 und 60 ein. Dorthin hätten wir uns also retten können. Inzwischen hatte aber unser zweiter Mann die Kellertreppe inspiziert, einige Schuttmassen abgetragen und festgestellt, dass wir über den Schutt durch die Kellertreppe ins Freie gelangen könnten.

Nachdem sich der nervenzerfetzende Höllenlärm gelegt hatte, keine Motorenräusche mehr vernehmbar waren und die Flak nur noch in der Ferne zu hören war, kletterten wir über die zertrümmerte Kellertreppe ins Freie. Ich stellte fest, dass man unsere Wohnung über das sehr demolierte Treppenhaus erreichen konnte. Zwar hatten die Aufgänge keine Geländer mehr und auf den Stufen lagen deren Reste zusammen mit Schutt und Dreck, aber wenn man einiges beiseiteräumte, konnte man in die Wohnung. Meine Mutter, voller Sorge um das Wohlergehen ihres Sohnes, wollte mich unbedingt davon abhalten, die Wohnung zu betreten. Es war wohl auch unser Glück, dass es sich bei dem detonierten Sprengkörper offenbar um eine Luftmine gehandelt hatte, die in das rechts an uns angrenzende

Haus gefallen und dort im Inneren explodiert war. Es zerfetzte zwar dieses Haus, zerstörte aber nur die in unserem Aufgang rechts liegenden Wohnungen.

Meine Mutter war kaum noch fähig, einen Gedanken zu fassen. Für mich war es selbstverständlich, die Pflichten eines treu sorgenden Familienvaters zu übernehmen und meiner Mutter eine hilfreiche Stütze zu sein. Ich kletterte mehr als ich ging das Treppenhaus hinauf und besichtigte kurz die mit Schutt, Fensterteilen und Glasscherben übersäten Zimmer. Es sah wüster aus, als es war. Als Erstes nahm ich den großen Teppich im Wohnzimmer auf und warf ihn aus dem Fenster. Er sollte unten als Polster dienen und das »gute Porzellan« und andere wertvollen zerbrechlichen Gegenstände, die ich – haste was kannste – aus dem Fenster des ersten Stockes warf, schützen. Meine Mutter packte unten das von mir als Wertvollstes Eingestufte und Abgeworfene in einen bereitgestellten Wäschekorb ein. Meine Idee erwies sich als äußerst erfolgreich. Fast alles Zerbrechliche landete heil in dem Korb, manches davon lebt heute noch. Angejuckt von dem Rettungswahn, schnappte ich mir den unversehrt in der Küche stehenden Elektroherd der Firma AEG, den sich Vater förmlich vom Munde abgespart hatte, um die Kochkünste seines »Miekchens« zu modernisieren, und trug ihn die unsichere Treppe hinunter auf die Straße. Mir ist es heute noch schleierhaft, wie ich diesen Kraftakt habe vollbringen können, denn das Ding hatten seinerzeit zwei starke Männer in die Küche getragen. Vielleicht lag es an meiner Liebe zu den von Mama zubereiteten Gerichten. »Nimm dir mal ein Beispiel an Fredi«, sagte Nachbarin Mielke zu ihrem Sohn Gerhard, der es vorzog, sich alles aus sicherer Entfernung zu betrachten. Aber was sollte er auch machen, wenn selbst sein quirliger Vater offenbar unter Lähmungserscheinungen litt. Außerdem begann sich ein unter den Trümmern des Nachbarhauses entstandenes Feuer langsam in deren Wohnungsreste durchzufressen. Das bedeutete auch Gefahr für die anderen Wohnungen unseres Hauses. So bildeten Mieter und einige zunächst Unbeteiligte eine Eimerkette zu dem vermeintlichen Brandherd. Die mit Wasser gefüllten Eimer wurden vom Hydranten zur Feuerstelle von Hand zu Hand weitergereicht und dort entleert. Ein sinnloses Unterfangen. Einerseits kam man an den Brandherd nicht richtig heran, andererseits reichte die Wassermenge bei Weitem nicht aus, das Feuer unter Kontrolle zu bringen. Feuerwehr und Technischer Notdienst waren an den vielen Schadenstellen, die dieser Luftangriff der Hufeisensiedlung gebracht hatte, im Einsatz und außer einer kleinen Luftschutzspritze gab es keine Schläuche.

»Ausgebombt« und Umzug

Nachdem wir unsere gerettete Habe bei Krautzens und meinem Onkel Lorenz untergebracht hatten, fanden wir irgendwo Unterschlupf. Um das Haus und den Brand kümmerten sich dann die noch frei werdenden Löschzüge der Britzer Feuerwache.

Wir erhielten den Räumungsbefehl nach dem Muster »L36. Mat.10 471, Din A6 100000 in Blocks« (Göring hatte gut vorgesorgt!), mit dem darauf verwiesen wurde, dass die beschädigte Wohnung nicht mehr betreten werden dürfe, da Gefahr für Leben und Gesundheit der Bewohner bestünde. »Die genannte Wohnung wird hiermit gesperrt. BETRETEN VERBOTEN! Die Räumung erfolgt nach näherer Weisung der Bauleitung durch die Bergungs- und Transportstelle«, hieß es weiter. Sonst endete jedes Schriftstück, jeder amtliche Zettel mit »Heil Hitler«. Hier fehlte das Heil, obwohl es sich doch um einen Befehl gehandelt hatte!

Die in unserer Wohnung noch benutzbaren Möbel wurden dementsprechend geborgen und vorübergehend in der Magdalenen-Kirche gelagert. Mein Onkel Lorenz war wohl hierbei ausschlaggebend meiner Mutter – und natürlich auch mir – behilflich. Wir wurden dann in eine noch vermietete Parterrewohnung, Parchimer Allee 62, eingewiesen. Einige Möbel der Mieter störten uns zwar, aber dennoch konnten wir den größten Teil unserer geretteten Möbel mit unterbringen. Wir richteten uns so gut es ging ein und das Leben nahm weiter seinen Lauf. Bei dem am 29. Dezember 1943 geflogenen Angriff von »nur« 656 Boeing-B-17-Flugzeugen wurden 2315 Tonnen Bomben auf die Reichshauptstadt abgeworfen. Eine davon traf unser Haus, einige schlugen an mehreren Stellen der Britzer Hufeisensiedlung ein. So wurde auch das Haus Rudower Straße 6, in dem der ADO-Oberschüler und spätere Literat Günter de Bruyn wohnte, zerstört und in der Hanne Nüte hätte es beinahe Reni und Rita K. getroffen, wären sie in dem provisorisch erbauten Luftschutzerdbunker gewesen. Den dort Sitzenden waren durch die Druckwelle einer Luftmine die Lungen geplatzt.

Silvester ließen uns die Flugzeuge in Ruhe. Nachdem wir vor zwei Tagen das Riesenfeuerwerk erlebt hatten, sehnten wir uns nach einer ruhigen, sirenenfreien Nacht. Nach Feiern war uns nicht zumute. – So begann das Jahr 1944.

Jetzt Luftwaffenhelfer, nicht mehr ein »Knabe«

Am 25. Januar 1944 machte ich mich mit Sack und Pack auf den Weg nach Hohenschönhausen zu meiner Flak-Batterie. Meine Mutter, nun gänzlich ohne männlichen Schutz, hätte mich am liebsten zurückgehalten, aber die Pflicht rief und in mir regte sich so etwas wie ein erwachendes Ehrgefühl, nunmehr meine Mutter mit der Kanone vor den feindlichen Fliegern beschützen zu dürfen. Ich war nun nicht mehr nur ein Pimpf oder so etwas, sondern ein richtiger Mann und Beschützer: Ich war ein Angehöriger der Luftwaffe! Und da schwoll meine noch immer 15-minderjährige, in der Pubertät befindliche Brust.

LwH Fredi

Als Mann fuhr ich also mit der Straßenbahn, stieg am Bahnhof Neukölln in die S-Bahn und fuhr über Ostkreuz zur Landsberger Allee und weiter mit der Straßenbahn, die Berliner Straße entlang bis in Nähe des Friedhofes der St.-Andreas-Gemeinde. Nach einem kurzen Fußweg konnte ich hinter einem Maschendrahtzaun die etwas tiefer gelegenen Baracken und Geschütze der Batterie sehen. Ich lief an einem Wachtposten vorbei, der mich blöd angriente, und meldete mich in der Schreibstube. Ein ironisch dreinblickender Unteroffizier hakte mich auf einer Liste irgendwie ab und empfahl mich mit ein paar kernigen Sprüchen meinen Schulkameraden. Fast alle ADO-Schüler des Jahrganges 1928 warteten gespannt auf die nun folgenden Dinge. Nur ein paar Schüler waren dem Einberufungsbefehl, vermutlich aufgrund eines gesundheitlichen Zeugnisses des Amtsarztes, entkommen.

Es begrüßten uns der Batteriechef der 4. Schweren Flak Abteilung 326, Oberleutnant Beuchel, und der für uns zuständige Betreuungslehrer der ADO, Dr. Neumann, dessen Worte – wie gewohnt – den Enthusiasmus des Nationalsozialismus vermissen ließen. Nachdem alle auf die Stuben verteilt waren und jeder die Hälfte eines Doppelbettes und seinen Schrank zugewiesen bekommen hatte, ging es zum Empfang der Bekleidung und Ausrüstung. Zu der kompletten Einkleidung aus Wehrmachtsbeständen gehörte zu unserer Enttäuschung auch die HJ-Armbinde, die wir über dem Ärmel der fliegerblaugrauen Uniform zu tragen hatten. Auch die Uniform fand nicht unbedingt unsere Zustimmung, ähnelte sie doch auch hier der HJ-Winteruniform, bei der die Jacke in die Hose gesteckt wurde und nicht darüber mit einem Koppel befestigt werden konnte. Wenn wir schon an 8,8-cm-Flugabwehrgeschützen ausgebildet werden, sagten wir uns, dann bitte als Soldaten und nicht als Hitlerjungen! So war schon von vornherein klar, dass wir die HJ-Armbinde niemals mit dem Ärmel fest verbinden, sondern sie mobil in eine Hosentasche stecken würden. Nur für Notfälle! – Unsere zu langen Jacken wurden später von den Müttern gekürzt und umgenäht, sodass unser Koppel die Jacke und nicht die Hose umfassen konnte. Natürlich erhielten wir einen Stahlhelm und eine Gasmaske. Das Wichtigste aber war die Erkennungsmarke, die wir jederzeit wie eine Hundemarke um den Hals tragen mussten. Meine aus zwei Teilen bestehende Metallmarke enthielt im oberen und unteren Teil die Einprägung »B 62 – 4. Schw. Flak Abt. 326«, und das war ich, das diente meiner Identifikation, falls ich einmal ins Gras beißen musste und nur noch der Hals nebst der unverrottbaren Hundemarke vorhanden war. Der untere Teil wurde dann abgebrochen und bewies, dass ich für meinen Führer den Heldentod starb.

Der Reichsminister der Luftfahrt und Oberbefehlshaber der Luftwaffe Hermann Göring sah den Zweck unseres Einsatzes als Luftwaffenhelfer so: »Es sollen Soldaten zum Dienst mit der Waffe und zum Dienst an allen anderen Stellen, die nicht mit Aushilfskräften besetzt werden können, frei gemacht werden. Unter keinen Umständen dürfen die Lw.-Helfer als zusätzliche Arbeitskräfte betrachtet werden.« Die Praxis sah allerdings anders aus, und damit wir und überhaupt alle Doofköppe das nicht merkten, hatten wir bei der feierlichen Aufnahme in die Batterie folgende Verpflichtungsformel nachzubeten: »Ich verspreche, als Luftwaffenhelfer allzeit meine Pflicht zu tun, treu und gehorsam, tapfer und einsatzbereit, wie es sich für einen Hitlerjungen geziemt.«

Wir lernen das »Flakeinheitstempo« und manches dazu

Wenn wir meinten, sofort an das Geschütz zu dürfen, hatten wir uns gewaltig geschnitten. Unser Dienst begann zwar sofort, aber mit einer vierwöchigen Grundausbildung. Unsere Ausbilder waren Unteroffiziere, die zu dem aus etwa 15 bis 20 »ollen Knochen« bestehenden Stammpersonal gehörten. Sie glaubten uns, die Neuen, in der Sparte »Infanteriedienst« so richtig »schleifen« zu können. Wir, die Neuen, waren auch durchaus bereit, uns bis zur Erschöpfung schleifen zu lassen. Die alten ADO-Schüler jedoch, die inzwischen Luftwaffenoberhelfer waren und in den »ordentlichen« Wehrdienst übernommen werden sollten, waren es nicht. Bei dem Befehl »An den Horizont, marsch, marsch!« hielten sie uns zurück und sorgten dafür, dass alle wohlgeordnet in einer Reihe den »Horizont« zu erreichen versuchten. Sie zischten es durch die Zähne: »Flakeinheitstempo!« Wir begriffen es, und fortan trabten wir mehr oder weniger schnell im Flakeinheitstempo an mehrere Horizonte, immer darauf bedacht, dass sich alle in einer Reihe vorwärtsbewegten und keiner den Ehrgeiz hatte, schneller als der andere zu sein. Die ausgesprochenen »Schleifer« sahen das gar nicht so gern, bekamen sie doch keine »lahme Ente« zu fassen, den sie sich dann so richtig zur Brust hätten nehmen können. – Bei Fliegeralarm mussten wir in unserer Ausgehuniform mit aufgesetztem Stahlhelm antreten, und »im Gleichschritt – marsch« marschierten wir in den nahe gelegenen Luftschutzbunker. Es handelte sich um einen der vielen in Berlin errichteten Stahlbetonbunker, der sicherlich auch einer Bombe standgehalten hätte, aber mehr der Bevölkerung als den tapferen Flaksoldaten dienen sollte. Wir kamen uns jedenfalls nicht nur ziemlich lächerlich vor, sondern empfanden dies als Demütigung. Als der ältere Luftwaffenoberhelfer Heinz Conrad, genannt Conny, uns so marschieren sah, prägte er unter Einschluss seiner Person den unvergessenen Begriff »**Embryonen an Kanonen**« und traf wieder einmal den Nagel auf den Kopf.

Am 12. Februar 1944 verließen die aktiven Luftwaffenoberhelfer endlich unsere Flakstellung und unserem Einsatz stand nun nichts mehr im Wege. In den letzten Tagen unserer Ausbildung war auch darüber entschieden worden, an welchen Geräten jeder von uns eingesetzt wird. Die Mehrzahl von uns kam an die Geschütze als vollwertige Kanoniere, die Mathematiker gingen in die Umwertung und die B I, und ich wurde mit drei anderen Klassenkameraden der Vermittlung zugeteilt. Das versprach eine nicht allzu schwere und interessante Aufgabe zu werden, wenn auch oft Nachtdienst zu machen war. Für die Vermittlung war ein verträglicher älterer Unteroffizier der Stamm-Mannschaft zuständig, der unsere schulischen Kenntnisse über den Schwachstrom und seine Anlagen auffrischte und erweiterte. Dabei lehrte er uns auch die erforderlichen handwerklichen Arbeiten zur Verlegung von Telefonleitungen und zur Reparatur von Schwachstromgeräten. Auch den Umgang mit dem Klappenschrank, in dem die Einzelverbindungen zu den Telefonen zusammengeführt und über den auch die einzelnen Alarmstufen durch eine Ringleitung gemeldet wurden, mussten wir beherrschen. An dieser Ringleitung, die ein Konferenzgespräch ermöglichte, waren auch die in Friedrichsfelde, Biesdorf und Marzahn stationierten Flak-Batterien angeschlossen. Über diese Leitung wurde uns auch die jeweilige Alarmstufe vom Luftgaukommando mitgeteilt, das sich bereits dann meldete, wenn sich die »feindlichen Kampfverbände im Raum Hannover/Braunschweig« oder »im Raum Perleberg« im Anflug auf die Reichshauptstadt befanden. Die erste Stufe »MÜO Berlin« führte bei mir bereits zu stärkerem Herzklopfen. Die Fernsprechverbindungen mit den beteiligten Batterien musste hergestellt werden, ein Fliegeralarm für die Batterie war jedoch noch nicht auszulösen. Es durfte weiter gepennt werden. Folgte bei der nächsten Durchsage das befreiende »MÜO Fin« hatte der Feind abgedreht und seine Bombenlast über einer anderen Stadt abgeladen. Berlin war dann wieder einmal davongekommen!

Das geheimnisvolle MÜO

Zur geschichtstreuen Darstellung des »MÜO« durchsuchte ich – während ich dies schrieb – das Internet nach einer Erklärung und stieß nach zwei Stunden der Sucherei im »Forum der Wehrmacht« auf folgende »Zwitscherei«, die ich zu köstlich fand, um sie zu unterschlagen:

Gilbert W.: Hallo, ich kenne mich in Sachen Luftwaffe gar nicht aus. Ich würde gerne wissen, was ein weißes Kreuz am Boden signalisiert. Es wird, glaube ich, MÜO (MUEO), MÜHO … (wie auch immer) genannt. Ich habe hier mal zwei Fotos beigefügt. Ich hoffe, ihr könnt mir meine Wissenslücke stopfen?!

B aus MV: Mensch, Gilbert, du als alter Flakhelfer müsstest es doch wissen! (Ich vermute mal, dass du, wie auch ich, ein großer Fan des Buches/Filmes bist, in dem »Du« eine Hauptrolle spielst!)

Gilbert: So ist das wohl! Ich habe das Buch mehrfach gelesen und auch den Film dazu gesehen … trotzdem hab ich keine Ahnung … Vielleicht ist es im Buch ja irgendwo beschrieben, aber es ist schon eine ganze Weile her, dass ich das mal gelesen habe … hilf mir doch bitte auf die Sprünge!

B aus MV: Nun ja, eine richtige Erklärung gibt es in dem Buch nicht, es lässt aber vermuten, dass das Müo den eigenen Flugzeugen signalisiert: »Bttr. ist feuerbereit!«, also mit anderen Worten: »Macht, dass ihr wegkommt!« – Zitat: »… Nach zehn Minuten war es so weit: Gefechtsschaltung!« Gottesknecht ließ das Müo auslegen …«

Gilbert: Ich habe auch grad noch mal durchgeblättert, aber die Stelle habe ich auf die Schnelle nicht gefunden … mhh, könnte sein, aber vielleicht kann uns einer der Experten hier eine genaue, definitive Aussage dazu geben? Bei Google bin ich leider erfolglos geblieben, auch Wikipedia konnte mir keine Antwort geben.

Augustdieter: Hallo zusammen, soweit ich weiß, wurde der Begriff »Gefechtsschaltung« bei den Fernmelde-, Luftmess-, Auswerte- und Feuerleit-Einheiten einer Flak-Abteilung als Stufe der höchsten Gefechtsbereitschaft benutzt. Alle Einheiten waren »zusammengeschaltet« und waren bereit, die ermittelten Schlusswerte an die Batterien weiterzugeben. Der Begriff »Müo« oder das weiße Kreuz sind mir noch nicht untergekommen in diesem Zusammenhang.

Gilbert: Mhh, das ist echt kurios, niemand, den ich bisher gefragt habe, wusste etwas darüber, auch das Internet bot keine Antwort … Was ist das nur für ein mysteriöses Zeichen???

Rainer: Hallo, es gab dafür eine Vorschrift. Beim Heer war die Bedeutung der Fliegertücher in der Heeressignaltafel, HDv 425, Seite 67, geregelt. Altrichter: Der Reserveoffizier, Berlin 1941, Seite 273. Für die Luftwaffe dürfte es auch eine Vorschrift geben. Gruß, Rainer.

Huba: Hallo, hier mal ein weiteres Zitat aus dem Buch: »Als Holt den Geschützstand betrat, sah er ein paar Luftwaffenhelfer mitten in der Feuerstellung das Müo auslegen, ein riesiges, aus weißen Tüchern gebildetes Quadrat mit einem Kreuz darin, das allen deutschen Flugzeugen Landebefehl gab.

Gilbert: Na bitte, da haben wir schon die Bedeutung, super … danke, dass du dir das Buch noch mal geschnappt hast, was noch aussteht, ist die Herkunft des Begriffes …

Rainer: Hallo, und wie hieß das Ding jetzt im Militärischen? MÜO ist ja wohl eine Abkürzung, mit der das Internet so seine Schwierigkeiten hat. Gruß, Rainer.

Gilbert: Richtig, das ist das Problem. Ich hab keine Ahnung, was es ausgesprochen heißt oder heißen könnte. Vielleicht: o = Orientierung o. Ä.; ü = Überflug o. Ä.; und m … Tja, keine Ahnung, Vielleicht: maschine/n – maschinen-überflugs-orientierung …

Und damit endete die Zwitscherei. Ich bin auch nicht klüger

geworden als die sicherlich schon in die Jahre Gekommenen, die sich 2008 damit auseinandersetzten. Sicher ist jedenfalls, dass die deutschen Flugzeuge zu landen hatten, sobald diese MÜOs ausgelegt waren.

Plaudereien an der Strippe

Wenn die Bomberverbände weiter gen Berlin flogen, gab das Luftgaukommando die nächsthöhere Alarmstufe durch den Äther. Ich hatte dann sofort den Alarmknopf zu drücken, der die in allen Baracken befindliche schrille Fliegeralarmklingel auslöste und die Mannschaften aus den Träumen riss. Die Bevölkerung durfte meistens noch einige Minuten schlafen, bevor in Berlin die Sirenen mit ihrem schaurig heulenden, an- und abschwellenden Gesang begannen. Die Ringleitung wurde nicht nur von männlichen sondern auch weiblichen Luftwaffenhelfern bedient, die allerdings in der Zentrale ihren Dienst versahen. Diese Tatsache und das Gefühl zu haben, in der Leitung »unter uns« zu sein, lösten die Zunge und ließen muntere Reden das Sprachzentrum verlassen. Es wurde während der manchmal entstehenden langen Wartezeiten zwischen dem MÜO und der nächsten Meldung untereinander geflachst und gealbert, dass es eine Wonne war. Nur Marzahn wollte von dieser Wonne nichts wissen. Marzahn war das Sorgenkind in der Leitung. »Maaaaarzaaaaahn! Maaaarzaaaaaahn!« Bis zu zehn Mal ging dieser Ruf durch die Leitung. Stellte dann Friedrichsfelde fest: »Marzahn schläft noch!«, machte die Mieze von der Zentrale ein Angebot: »Marzahn, woll'n wa mal beide?« – Friedrichsfelde: »Marzahn schläft doch!« – Lockruf von der Zentrale: »Marzahn, ich liebe dich!« – Protest von »Hohenschöngrünkohl«, weil wir uns eigentlich liebten! – Ruft plötzlich Biesdorf dazwischen: »Seid doch mal stille!« – So ging das gar lustig zu und keiner hatte etwas dagegen! – Abgesehen vom Kehlkopfmikrofon (»Mach det Ding ab, man vasteht ja nischt!«), das ich um den Hals hatte, musste ich noch zwei Telefonhörer am Ohr haben, einen für die Ringleitung und einen für den Klappenschrank, den es ja auch noch zu bedienen galt. Zwar liefen nachts über den Klappenschrank kaum Telefonate, aber verpasste man eine Vermittlung, war ein Anschiss vorprogrammiert.

Nun hatte ich aber – vermutlich von Kindesbeinen an – ein unlösbares Problem mit meinem rechten Ohr, in dem ich nicht einmal das Bellen einer 8,8-cm-Flak wahrnahm. Irgendwann, nachdem ich meine Gedanken in Sätze kleiden konnte, erklärte ich meinen Eltern, dass ich auf dem rechten Ohr nichts hören könne. Da wollte sich meine Mama beinahe kranklachen und meinte nur: »Du alter Dowitz!« Ich konnte ihr meine Taubheit vermutlich deswegen schlecht vermitteln, weil ich derjenige im Haushalt war, der die Flöhe husten hörte, obwohl wir keine hatten! So hörte ich die Briefschlitzklappe unserer Wohnungstür vibrieren, wenn der Postbote Briefe durchsteckte. Wenn ich rief: »Die Post ist da!«, wunderten sich meine Eltern, die nichts gehört hatten, über mein so gutes Gehör. Verzweifelt versuchte ich meinen Erzeugern immer wieder klarzumachen, dass in mein rechtes Ohr nicht ein »Piep« drang – vergeblich. So wurde ich dann bockig und mit mir einig, dass ich nunmehr auf beiden Ohren hören konnte. Wurde bei den von der Schule oder der Gesundheitsbehörde angeordneten ärztlichen Untersuchungen das Gehör geprüft, tat ich so, als hielte ich das linke Ohr mit der Hand zu, ließ aber für die Sprechtöne des Arztes einen Spalt so weit geöffnet, dass sie sich in mein Ohr mogeln konnten. – Und so wurschtelte ich mich als beidseitig Hörender durch. Auch der Stabsarzt der Luftwaffe war mit meinem Gehör zufrieden; denn in die Vermittlung wäre ich sonst nicht gekommen.

In der Vermittlung schaffte ich es, beide Hörer so zwischen die linke Seite des Kopfes und der Schulter zu klemmen, dass mein Ohr beide Lautsprecher wahrnehmen konnte. – Erst nach dem Kriege suchte ich eine Ohrenklinik auf, in der festgestellt wurde, dass der Nerv des rechten Ohres vollkommen hinüber war.

Müder Krieger

Der Dienst in der Vermittlung machte mir jedenfalls Spaß und verdrängte die Unlust über den sonstigen Dienstplan. Nach einem Nachtdienst durfte man am anderen Morgen, wenn die Glocke die Schlafenden unsanft weckte, noch ein Stündchen weiterschlafen. Dieser Vorzug geriet mir zum Verhängnis, weil ich eines Morgens, als die Glocke rief, sie geflissentlich überhörte und einfach weiterschlief. Ausgerechnet der UvD (Unteroffizier vom Dienst) Gruber, ein Wiener und mein spezieller Freund, der aus mir einen Soldaten machen wollte, bat um eine Erklärung für meine »Schlafkrankheit«. Nun war ich am Abend zuvor zwar länger in der Vermittlung gewesen, aber weniger aus dienstlichen Gründen, sondern um mit den anderen zu quatschen. Ich musste wohl oder übel aus dem Bett springen, um »Haltung anzunehmen«, und meldete dem UvD, Nachtdienst gehabt zu haben. Durfte mich wieder hinlegen, aber Gruber wäre nicht Gruber, wenn er sich nicht erkundigt hätte, ob meine Angaben über den Nachtdienst stimmten. Gruber schrie nicht, als er wieder vor meinem Bett stand, er war Wiener und wurde zynisch: »Diebel – raus! – Sie Flasche – nämlich nicht – haben mich belogen – nicht – Sie werden nie ein richtiger Soldat werden – nämlich nicht – Sie Flasche – melden sich zum Rapport – Urlaubssperre nämlich – hören Weiteres!« – Au weia, da hatte ich mir etwas eingehandelt!

Nach der Disziplinarstrafordnung für Luftwaffenhelfer hatte ich eine Disziplinarübertretung begangen, die unter kein Strafgesetz fällt, nämlich vorsätzlich gegen die Zucht und Ordnung verstoßen. Und dieser Verstoß zog Disziplinarstrafen nach sich. Die musste ich mir im Rahmen eines »Rapports« bei unserem Batteriechef Oberleutnant Beuchel abholen. Beuchel behandelte mich wie einen Schwerverbrecher, schrie mich an, redete viel von Zucht und Ordnung und hielt mir gnadenlose Konsequenzen vor Augen, falls sich meine Disziplinlosigkeit wiederholen sollte. Ich wusste nicht genau, was er damit meinte, versprach ihm aber, in Zukunft nie mehr einen Vorgesetzten anzulügen. Ich erhielt einen Verweis, vier Wochen Urlaubssperre und eine Stunde Strafexerzieren mit vollem Marschgepäck und Gasmaske. Drei Schulkameraden der höheren Klasse, die kurz nach mir zum Rapport kamen, empfingen ebenfalls eine entsprechende »Vergnügungsstunde« als Disziplinarstrafe. – Ich konnte mich nur beglückwünschen und schwor, fürderhin meine Schlafbedürfnisse auf andere Art zu befriedigen.

In den vier Wochen der Urlaubssperre erhielt ich von der Schreibstube ohne Weiteres meinen Urlaubsschein. Offenbar hatte das von dem Batteriechef gefällte Urteil dieses ausführende Organ nicht erreicht, was ich schweigsam und ohne zu lügen dankend in Kauf nahm! Als ich in der letzten Woche vom Nachmittagsurlaub in die Stellung kam, waren die drei Schulkameraden gerade dabei, sich mit vollem Marschgepäck und Gasmaske von dem schärfsten der Unteroffiziere, Stiegner, schleifen zu lassen. Ich machte einen riesigen Bogen um die vier, denn es war mir bewusst, dass ich der Fünfte hätte sein müssen. Man hatte mich total vergessen, und darüber war ich überhaupt nicht böse. Ja, ich brauchte noch nicht einmal zu lügen!

Am Geschütz »Emil«

Doch der Versetzung an das Geschütz konnte ich nicht entkommen. Ich kam zu »Emil«, dem fünften Geschütz der aus
sechs 8,8-cm-Geschützen bestehenden Batterie. Geschützführer von Emil war Unteroffizier Buchner, Träger des »Blutor-
dens« (9.11.1923 – höchste NSDAP-Auszeichnung) und Ehemann einer Ehefrau, die dem Führer zehn Kinder zeugte und
dafür das Mutterkreuz in Gold erhielt. Mit Buchner hatte ich
das große Los gezogen. Wir waren für diesen alten Knochen
seine Kinder, die er nach den Grundsätzen des Führers zu erziehen versuchte. Er verübelte uns kaum unsere kritisch ge-
äußerte Einstellung zu unserem Führer, ermahnte uns dann
aber immer, dem Führer zu vertrauen, denn: »Er wird es schon
richten!« – Ich wurde mal als Höhenrichtkanonier (K 1) und
mal als Seitenrichtkanonier (K 2) eingeteilt. Die schriftlich
festgelegten Tätigkeiten waren auswendig zu lernen, obwohl
die Art der Tätigkeit schon nach einer kurzen Einübung feh-
lerfrei nachvollzogen werden konnte. An unserem Geschütz
gehörten neun Kanoniere zur Bedienungsmannschaft. Da jeder von uns überall einsetzbar zu sein hatte, mussten wir alle
neun Tätigkeiten auswendig herbeten können. Ich beherrschte
nicht einen Spruch einwandfrei. Der K 1 wie auch der K 2
hatte laufend mithilfe der Richtmaschine die vom Komman-
dohilfsgerät durchgegebenen Werte am Teilkreis mit dem Zeiger abzudecken und, wenn dies geschehen, zu brüllen: »Höhe
(Seite) abgedeckt.«
Jedes Geschütz war von einem zwei Meter hohen Erdwall umgeben, der an einer Stelle eine Art Unterstand enthielt. An einer
anderen Stelle befand sich ein Abstellraum, in dem Munition
gelagert werden konnte. Der schmale Zugang zum Geschütz
führte zum Schutze gegen Splitter abgewinkelt durch den Wall.
Doch der »tödliche Segen« kam von oben und dagegen war

man nicht gefeit. Dennoch fühlte ich mich bei einem Fliegerangriff hier sicherer als zu Hause im notdürftig hergerichteten Luftschutzkeller, in dem man untätig und voller Angst darauf wartete, dass eine Bombe das Haus zerfetzte und man unter den zusammenstürzenden Massen verschüttet wurde. Noch flogen die Engländer ihre Angriffe mit den »Blenheim«-Bombern auf Berlin meistens in der Nacht, später kamen mehr und mehr Tagesangriffe, insbesondere von den amerikanischen »Wellington«-Bombern, hinzu. Nachts sah man sie nicht, man hörte sie, nahm ein zunächst leicht anschwellendes, aber immer lauter werdendes Brummen, Röhren, Dröhnen wahr, das sich auf die Erde legte und die Luft durchdrang. Luft und Erde begannen zu vibrieren. Die im Körper entstehende Spannung verband sich mit der wachsenden Angst vor diesem Moloch und ließ den Menschen sich entsetzen. Denn er wusste, dass er gegen die 500 bis 800 Todesbringer dort am Himmel machtlos war. Da half auch das 8,8-cm-Flakgeschütz, das er gerade bediente, nichts. Es bellte die mit tödlicher Last beladenen Bomber böse an, konnte die Todesmaschinerie aber nicht anhalten. Sie lief unbeirrt weiter. Am Tage konnte man sie dann auch sehen, wie sie böse brummend unbeirrt ihren Weg zogen und nach Weisung der »Pfadfinder-Flugzeuge« ihre Bomben abwarfen. Erleichtert drehten sie danach ab. Hier und dort wurde auch einmal ein Flugzeug abgeschossen. Aber was zählte das gegen den Erfolg und die Tatsache, den Befehl ausgeführt zu haben?

Bei einem dieser Tagesangriffe flog eine angeschossene Blenheim, die offensichtlich noch von dem Flugkapitän in der Luft gehalten wurde, in Sichtweite etwa 700 Meter hoch über die Stadt. Am kaputten Leitwerk hing an einem Fallschirm ein englischer Flieger. Die Bomberverbände befanden sich bereits im Abflug über Perleberg. Mindestens fünf Flak-Batterien hatten jetzt das bereits erlegte Flugzeug im Visier und ballerten darauf los. In unserer Batterie stand schon ein Wachtmeister auf der Matte, um bei einem endgültigen Abschuss sofort mit dem Fahrrad zur Abschussstelle zu fahren und das Wrack für uns sicherzustellen. Zum Leidwesen des Wachtmeisters stellten wir das Feuer vorher ein. Irgendeiner Batterie wird man den Abschuss zugesprochen haben, weil sie einen schnellen Wachtmeister hatten.

Der Schulunterricht geht weiter

Es hieß ja, dass Luftwaffenhelfer, die eine höhere Schule besuchten, im Rahmen ihres Dienstes bei der Luftwaffe Schulunterricht erhielten, der mindestens 18 Stunden in der Woche betragen sollte. Die Lehrer der ADO hatten uns zu unterrichten. Es liegt auf der Hand, dass aus diesem Unterricht in der Flakstellung nicht viel wurde. Unterrichtsräume standen zwar zur Verfügung, die jungen Helden waren aber zu müde, um dem Unterricht zu folgen, zumal ihn nicht gerade munter wirkende Lehrer abhielten. Es verging kaum eine Nacht, in der wir in Ruhe durchschlafen konnten. In manchen Nächten holte uns die Alarmglocke aus den Betten, während die Sirenen in der Stadt keinen Laut von sich gaben. Die feindlichen Flugzeuge hatten abgedreht. Nach einer Mütze Schlaf riss uns die Glocke abermals aus den Träumen. Ein anderes Geschwader war im Anflug und machte Ernst. Frühmorgens begann dann der Dienstplan. Er musste eingehalten werden und forderte von uns nicht nur Aufmerksamkeit, sondern auch Muskelkraft. Da blieb bei uns nicht mehr viel Energie übrig, um sie im Schulunterricht einsetzen zu können. Die Lehrer sahen das wohl ein, denn sie belasteten uns nicht wirklich.

Ausgerechnet Bormann, der Leiter der NSDAP-Kanzlei, hatte dies vorausgesehen, wie seinem an den Reichsminister der Luftfahrt und Oberbefehlshaber der Luftwaffe Reichsmarschall Hermann Göring gerichteten Brief vom 21. Dezember 1942 zu entnehmen ist. Er schrieb unter anderem: »Das Nachwuchsproblem für die geistigen Berufe gibt seit Jahren zu ernster Besorgnis Anlass. Mit Widerstreben hab ich mich im vorigen Jahre damit einverstanden erklärt, dass aus Gründen der Ernährungssicherheit die höheren Schulen ihren Unterricht teilweise einstellen mussten. Die jetzigen Maßnahmen würden praktisch den Abschluss der Ausbildung nach der fünften Klasse bedeuten. Die bestehenden Wissenslücken können kaum wieder ausgeglichen werden. Es ist sogar zu befürchten, dass ein Großteil jener Jugendlichen aus der von ihnen angestrebten Laufbahn herausgerissen wird. Ich bin erstaunt, wie gerade die schulische Seite Berücksichtigung gefunden hat, obgleich in den vergangenen Jahren gerade vonseiten der Wehrmacht immer wieder auf das mangelnde Allgemeinwissen der Schüler höherer Schulen hingewiesen wurde. Die geplanten Maßnahmen als Ersatz des normalen Schulunterrichtes sind unzulänglich …« – Da hatten wir es also. Die NSDAP sorgte sich um Deutschlands Jugend! Bormann schließt seinen Brief mit dem Satz: »Ich darf schließlich auf meine dem Führer gegenüber übernommene Verantwortung hinweisen, dass die Durchführung eines ausgedehnten Kriegseinsatzes der Jugend nicht übereilt vor sich geht.« – Die Ereignisse auf den Kriegsschauplätzen ließen dem Militär jedoch keine andere Wahl, als den Einsatz der Jugend ohne Rücksicht auf deren Ausbildung noch zu forcieren. Der Ausruf des »totalen Krieges« besiegelte nicht nur die bisher getroffenen Maßnahmen, er erweiterte sie sogar.

»Truppenverpflegung«

Unsere Verpflegung erhielten wir nach den »Truppenverpflegungssätzen« unserer Einheit. Die darin enthaltenen Alkohol- und Tabakrationen waren für uns tabu. Stattdessen sollten

Vtamindrops oder Süßigkeiten ausgegeben werden. Rauchen und Saufen in der Öffentlichkeit und in den Unterkünften war für uns verboten. Dennoch rauchten einige von uns. Die Zigaretten besorgten sie sich von zu Hause. – Das seit dem 16. Jahrhundert zur Versorgung des Militärs existierende Kommissbrot bestrichen wir morgens mit Margarine, Marmelade und Kunsthonig. Dazu tranken wir einen kräftigen Muckefuck, einen aus geröstetem Getreide bestehender Kaffee, den wir seiner schwarzen Farbe wegen »Negerschweiß« nannten. Mittags aßen wir das in Thermophoren gelieferte Zusammengekochte, das eigentlich – was auch drin war – immer gleich schmeckte. Manchmal war sogar eine Fleischscheibe zu finden. Zum Abendbrot erhielten wir die uns nach der Lebensmittelkarte zustehende Scheibe Wurst und ein Stück Streichkäse vom Feinsten nebst der obligaten Margarine. Dieses kostbare Fett benutzten die Feinschmecker von uns zum Braten einer Kommissbrotstulle auf dem eisernen Ofen. Wir nannten es »Poor Germany« und trafen damit wieder einmal den Nagel auf den Kopf.

Mein Freund, der Unteroffizier Gruber

»Die ärztliche Betreuung der Luftwaffenhelfer erfolgt durch die Truppenärzte der Luftwaffe«, hieß es in dem Einberufungsbescheid. Mitte Februar bekam ich arge Halsschmerzen und wollte mich in der Schreibstube beim UvD abmelden, um mich in dem am Oranke-See gelegenen Krankenrevier untersuchen zu lassen. Ausgerechnet an diesem Tage hatte mein Freund und Gönner, der Unteroffizier Gruber, Dienst. »So, so«, meinte er zynisch, »Diebel ist krank, was? – Wohl nicht ganz gesund, was? – Nämlich nitt – im Kopf, Sie Flasche, aus Ihnen wird nie ein richtiger Soldat werden – nämlich nicht – machen

Sie mal den Mund auf und stecken Sie die Zunge raus, nämlich!« – Hätte ich die Heeresdienstordung gekannt, hätte ich ihm vermutlich die Zunge rausgestreckt, aber nur um »Ätsch« zu sagen. Aber man hatte uns über unsere Rechte nicht aufgeklärt, und so tat ich wie geheißen. Er meinte, er könne keine Rötung entdecken, und ließ mich nicht gehen. – Aus den Halsschmerzen wurde dann in den nächsten Tagen eine ausgewachsene fiebrige Angina. Ich konnte nicht mehr schlucken, nicht reden und bekam zeitweise Atembeschwerden, weil die Luftröhre nicht mehr ganz frei lag. Nun bekam Gruber doch Angst und schickte mich ins Revier, in dem ich etwa zehn Tage in der unteren Etage eines Doppelbettes gesund gepflegt wurde.

Die bestehenden Wetterverhältnisse bei einem der im März 1944 geflogenen Nachtangriffe ließen den Einsatz der Nachtjäger über Berlin zu. Über der Stadt hing eine geschlossene leichte Wolkendecke, die, von Scheinwerfern angestrahlt, genügend Leuchtkraft erhielt, dass die über den Bombern fliegenden Nachtjäger ihre Ziele gut erkennen konnten. – Zwischen unserer und der benachbarten Batterie befand sich eine Scheinwerfer-Einheit mit einem 200-cm-Scheinwerfer. Die Luftgauzentrale koordinierte die Einsatzkräfte für die Abwehr dieses Angriffes. Sobald die feindlichen Flugzeuge in ihrer Reichweite waren, hatten die Scheinwerfer die Wolkendecke anzustrahlen, während die Jagdflugzeuge die Bomber angriffen. Die Flak musste unbedingte »Feuerpause« einhalten.

Wir standen untätig an unseren Geschützen in der Erwartung, dass der Befehl zur Feuerpause aufgehoben würde. Wir hörten diesmal nur das Dröhnen der auf uns zukommenden Bomberpulks und zusätzlich die hell aufheulenden und wütend klingenden Motorengeräusche unserer Jagdflugzeuge. Und plötzlich wurde es fast taghell, als der 200-cm-Scheinwerfer seinen breiten Strahl gen Himmel richtete und die Wolken silbern leuchten ließ. Es liegt auf der Hand, dass die Scheinwerfer die Bomben der feindlichen Flugzeuge förmlich anzogen.

Und dann geschah es. Einige Bomben jaulten und pfiffen sich ihren Weg an uns in noch ungefährlicher Nähe vorbei und detonierten mit lautem Getöse in der Laubenkolonie und bei der von uns nicht weit entfernten Brauerei. Und dann zerbarst mit einem ohrenzerfetzenden Knall eine Bombe unmittelbar an dem neben uns stehenden Geschütz. Ich wurde durch den Luftdruck in den Munitionsabstellraum des Geschützwalles geschleudert, in dem in einer Ecke ein russischer »Hiwi«, ein russischer Gefangener, der sich bei der Deutschen Wehrmacht als Hilfskraft verpflichtet hatte, voller Angst zitternd hockte. Ich zitterte mit und sah in seine angstvollen Augen. Er war etwa so alt wie ich, vielleicht ein wenig älter. Die Bombe hatte ein Munitionsdepot getroffen, und so flogen uns nun auch noch die eigenen Geschosse um die Ohren. Ich sagte noch etwas Tröstliches zu dem Russen und gewann langsam wieder meine Fassung. Inzwischen waren die Bomberverbände abgeflogen. Am Himmel herrschte Ruhe. Nur ab und zu überflog noch ein zurückkehrendes deutsches Jagdflugzeug unsere Stellung. Hier wurden jetzt Befehle für die Aufräumungsarbeiten erteilt und ausgeführt. Die Mannschaft des betroffenen Geschützes hatte unwahrscheinliches Glück gehabt. Der Schreck saß ihnen zwar noch tagelang in den Gliedern, aber sie waren froh, ohne schwere Blessuren davongekommen zu sein. Sie waren die Ersten von uns, denen man das EK II verlieh.

Rheumatische Romantik

Unsere Schlafbaracken hatten erhebliche Schäden erlitten. Der Luftdruck der Bombe hatte sie in viele Einzelteile zerlegt, sodass wir einige kalte und feuchte Nächte im Freien schlafen mussten. Da es keine Schlafsäcke gab und auch kaum wärmende Decken zur Verfügung standen, froren wir uns durch die Nächte. Nun hatte ich schon ein paar Tage vor dem Bombenabwurf über Schmerzen in den Knien zu klagen und rote Flecken auf ihnen beobachtet. Nach den drei Nächten Schlaf im Freien verstärkten sich die Schmerzen derart, das ich mich nur noch wie ein alter Mann vorwärtsbewegen konnte. Außerdem waren meine Knie außergewöhnlich geschwollen. Ein kleiner Stoß gegen diese Schwellung ließ mich vor Schmerzen aufheulen. Es war mir nicht möglich, mich an den Aufräumungsarbeiten zu beteiligen. Meine Kameraden brachten ja das nötige Verständnis für meine Untätigkeit auf, aber nicht so unser »Spieß«, der Hauptwachtmeister Wilkens. Er jagte mich an den Horizont, marsch, marsch, und geriet förmlich außer sich, als ich noch nicht einmal Anstalten machte, mich mehr als drei Schritte vorwärtszubewegen. Er – und das war neu an ihm – holte den Batteriechef Oberleutnant Beuchel zu Hilfe, der seinerseits sein Glück mit mir versuchte. Er wies mich auch an den Horizont und begann dann furchtbar zu toben, wobei er mich sogar mit meinem Titel anschrie: »Luftwaffenhelfer Diebel, sofort zurück!« LwH Diebel schneckte sich zurück, konnte aber nicht schneller. Beuchel platzte beinahe vor Wut, Zornesadern zeigten sich in seinem puterroten Gesicht, als er schrie: »Luftwaffenhelfer Diebel, ich lasse Sie vors Kriegsgericht bringen! Vorher begeben Sie sich sofort ins Krankenrevier!« – Und so verließ ich das Schlachtfeld langsam krauchend zur Straßenbahn und fuhr Richtung Oranke-See. Man schrieb übrigens den 28. März 1944.

Im Krankenrevier war ich offensichtlich schon angemeldet. Der diensthabende Sanitäter guckte sich nur kurz meine Knie an, griff zum Hörer und bat den »Herrn Oberstabsarzt« zu kommen. Nach einer kurzen Untersuchung stellte er klar, dass ich Rheuma hatte, und ordnete die unverzügliche Einweisung in ein Lazarett an. Ich solle mich in meiner Stellung verabschieden und einige Sachen zusammenpacken. Ein Sanka (Sanitätskraftwagen) werde mich dann ins Lazarett fahren. Der Sanitäter forderte den Wagen bei der Bereitschaft an, erhielt jedoch die Auskunft, dass zurzeit kein derartiges Fahrzeug frei sei. Nach einer kurzen Beratung zwischen der Bereitschaft und dem Stabsarzt wurde entschieden, dass der zufällig nicht mehr benötigte Dienstwagen des Kommandeurs, der gerade abgestellt worden war, die vorgesehene kostbare Fracht zu übernehmen hatte. Der Kommandeur habe zugesagt. Er brauche den Wagen in den nächsten Stunden nicht mehr.

Der Fahrer des Kommandeurs fuhr mich auftragsgemäß mit dem Opel Olympia – vorn noch mit dem Luftwaffenstander – zunächst in die Stellung. Von der Berliner Straße führte ein befestigter Fahrweg zu der vor unserer Batterie liegenden Stellung. Dort befand sich die für beide Batterien zuständige Wache. Als der in den Fahrweg einbiegende Wagen gesichtet wurde, herrschte am Schlagbaum offenbar Aufregung. Ich saß gemütlich im Fond des Autos und vergaß beim Anblick der entstehenden Hektik meine Schmerzen. Der Schlagbaum wurde unaufgefordert geöffnet, und während die beiden Wachhabenden »Haltung annahmen«, hatte ein dritter meinen Batteriechef darüber informiert, dass der Kommandeur käme. Der Opel fuhr ungehindert durch die geöffnete Schranke zur Chefbaracke. Vor ihr stand bereits Oberleutnant Beuchel in Erwartung seines Kommandeurs. Der Fahrer öffnete den Wagenschlag (er hatte ein Herz für den Behinderten) und es stieg nicht der Erwartete aus, sondern Luftwaffenhelfer Diebel, für den eigentlich ein Kriegsgerichtsverfahren vorgesehen war.

Dem Oberleutnant klappte vor grenzenloser Überraschung der Unterkiefer herunter, als ich mich »vor ihm aufbaute«, um meine Einweisung in ein Lazarett zu melden. Er fand keine Worte und stotterte nur etwas wie: »Na, denn hol'nse mal Ihre

Sachen und machense's gut!« Damit verschwand er schnell wieder in seiner Unterkunft. – Ich packte meine paar Sachen zusammen, musste noch den Papierkram auf der Schreibstube erledigen und weiter ging es mit dem Opel Olympia in das zum Reservelazarett 115 umfunktionierte »Kloster vom Guten Hirten« nach Berlin-Marienfelde.

Im Kloster vom Guten Hirten

Das Kloster vom Guten Hirten wurde in den Jahren 1903 bis 1905 an der Malteserstraße in Berlin-Marienfelde erbaut. Es diente im Ersten Weltkrieg bereits als Lazarett. Seit 1894 wurden hier Gefängniswärterinnen ausgebildet, im Übrigen wirkten in diesem Kloster nur Nonnen, die auch als Pflegerinnen und Krankenschwestern ausgebildet waren. – Mein Bett stand in einem großen Krankensaal, in dem etwa 30 Leidensgenossen ihrer Gesundung entgegensahen. Als jüngster Krieger erhielt ich zur Einführung ungefragt die besten Tipps alter Haudegen, die zum Teil wirklich sehr hilfreich waren. So wurde mir noch am selben Tage geraten, dem bajuwarischen Stabsarzt keine Chance einer Blinddarmentfernung einzuräumen, indem man seine äußerst schmerzhafte Drückerei auf die Weichteile einfach ignorierte und auf wiederholtes »Na, da muss doch was wehtun!« standhaft »Nein, Herr Stabsarzt!« schrie. Wenn man so verfahre, meinten die alten Hasen, behalte man seinen Blinddarm. Ich tat wie geheißen und behielt meinen. – Ich müsste mich auch vor dem Masseur in Acht nehmen. Er sei ein Sadist und fände am Hintern immer eine bestimmte Stelle, die er derart reize, dass man die Engel im Himmel singen höre. Massagen sollte man also möglichst vermeiden. Ich versuchte es jedenfalls.

Schon am nächsten Tag bekam ich meine erste Medizin. Da

ich mit Sicherheit an akutem Gelenkrheuma litt (was schon auf den ersten Blick zu erkennen war), durfte ich an den ersten beiden Tagen täglich zweimal eine Tasse mit 16 aufgelösten Salizylsäuretabletten trinken. Das schmeckte nicht nur nicht lecker, sondern verursachte auch Gehirnmauke und damit einhergehendes Ohrensausen. Es wurde dann sofort abgesetzt und ich erhielt andere Medikamente. Ich sah die Krankheit, deren Schwere ich nicht einzuschätzen vermochte, als ein Geschenk des Himmels. Meine Mutter machte sich ernsthaft Gedanken, weil sie sich besser in den Krankheiten auskannte. Mein Vater meinte dann immer scherzhaft, dass sie 365 Krankheiten habe, nämlich an jedem Tag im Jahr eine andere. Abgesehen von den Schmerzen und anfänglichen Behinderungen beim Laufen fand ich in Anbetracht der allgemeinen kriegsbedingten Lebensbedingungen das Leben im Lazarett gar nicht so übel; denn ich hatte auch bei den Nonnen einen Stein im Brett. Besonders die ganz jungen und knusprigen Nonnen waren lieb zu mir. Ich versuchte, sie mit meinen freiwilligen Dienstleistungen zu erfreuen. Dazu gehörte es, Binden jeglicher Art und Breite, dicke und dünne, elastische und weniger elastische, aufzudröseln und wieder ordentlich aufzuwickeln. Ferner war meine Fähigkeit im Schriftzeichnen sehr gefragt. Der Saal hatte noch nie so ordentlich geschriebene Namensschilder über den Betten hängen sehen, bis ich mit Pinsel und Schlämmkreide künstlerisch tätig wurde.

Die Verpflegung war auch entschieden besser als in unserer Stellung. Es gab öfter Fleisch, Wurst, Käse und Süßspeisen. Die Ärzte hatten mir allerdings Schonkost verordnet, sodass ich weniger an das Fleisch kam als meine Leidensgenossen. Das hätte mir am 20. April, des größten Feldherrn aller Zeiten Geburtstag, beinahe sehr wehgetan, denn zu Ehren dieses Tages spendierte der Führer für die Normalköstler eine dicke Bockwurst mit Kartoffelsalat und für die Schonköstler Schokoladenpudding mit Vanillesoße. Sollte mir also die Bockwurst entgehen? – Meine Lieblingsnonne, Schwester Priscalla, sah mich meinen Schokoladenpudding schlemmen, während ich wohl sehnsüchtig nach den wirklich dicken und langen Bockwürsten schielte.

Besuch im Lazarett – mit »Püppi« und Detlef

Sie brachte es nicht übers Herz, mir diese Delikatesse zu verwehren. Ich bekam an diesem Tage beide Kostarten, und weil noch einiges übrig war, erhielt ich je nach Wunsch von dem einen wie von dem anderen Gericht so lange Nachschlag, bis ich nicht mehr essen konnte. Dank sei – nein, nicht dem Führer; dank sei Schwester Priscalla!

Zu dem Verpflegungssatz der Wehrmacht gehörte auch eine Zuteilung von täglich sieben Zigaretten oder zwei Zigarren. Jeder Kranke erhielt einmal in der Woche die ihm zustehenden Zigaretten Marke Juno (»Aus gutem Grund ist Juno rund«). Ich glaubte an einen Irrtum, als man mir mehrere Packungen der »runden« auf den Tisch stellte. »Für zehn Tage! Mehr gibt's nicht!«, war der Hinweis auf mein »Aber …«. Die Zigaretten kamen in den Nachttisch und lockten gegen meinen noch bestehenden Widerwillen, sie zu rauchen. War es der Neid der Besitzlosen oder wirklich der selbstlose Wunsch, dass aus mir ein richtiger Mann werde? Jedenfalls empfahlen mir die »alten Frontschweine«, endlich Zigaretten zu rauchen, weil ich sonst nicht als richtiger Mann anerkannt werden würde. Ich sah das zunächst überhaupt nicht so, denn mit meiner Körpergröße von knapp 1,80 Meter war ich schon annähernd ausgewachsen (höher als 1,83 Meter wurde ich nicht). Weder meine Mutter noch mein Vater rauchten und hatten mir beigebracht, dass der Rauch einer Zigarette gesundheitsschädlich sei. Ich sammelte also weiter meine Zigaretten und suchte nach einer für mich vorteilhaften Lösung, sie an den Mann zu bringen. Mein mir gegenüber liegender Bettnachbar schlug mir nach einigen Tagen der Bekanntschaft ein Tauschgeschäft vor: Eins-a-Seidenstrümpfe gegen Zigaretten. Der erste Versuch klappte. Ich hatte zwei Paar Seidenstrümpfe im Kasten und er einen Teil meiner Sammlung. Parfüm und edle Seifen hatte er auch im Angebot. Das von mir Erworbene erhielt überwiegend meine Mama. Ein

Paar Seidenstrümpfe schenkte ich meiner Jugendfreundin Roselotte, die mich übrigens zusammen mit meinem Klassenkameraden Detlef Menzendorf besuchte. Woher mein Lieferant die ausgefallenen Dinge hatte, die es eigentlich – wenn überhaupt – nur auf Bezugsschein gab, war mir ein Rätsel. Ich mochte ihn. Er gehörte zu den wenigen Landsern, die ihren Wortschatz mit feinsinnigen Gedanken würzten und dem der Landserjargon fremd war. Von ihm hörte ich aber auch ein Rezept, das anzuwenden ich doch für wehrkraftzersetzend und daher für zu gefährlich hielt: »Man schiebe sich kleine Seifenstückchen in die Harnröhre und kommt nach einiger Zeit wegen einer Entzündung der Nieren ins Lazarett!« – Das stimmte mich dann doch bedenklich. – Und eines Tages wurde die Krankensaaltür aufgerissen und zwei baumlange »Kettenhunde« (Wehrmachtspolizei) marschierten schnurstracks auf das Bett meines Feinstrumpfhändlers zu und verhafteten ihn. Das hatte ich fast vorausgesehen!

Bei Fliegeralarm bekam ich es wieder mit der Angst zu tun, wenn ich an die Trümmermassen dachte, die mich bei einem Volltreffer erschlagen könnten. Der Krankensaal lag im Erdgeschoss und hatte zum Innenhof außergewöhnlich hohe und breite Fenster. Ein bei der Detonation einer Bombe entstehender starker Luftdruck würde den im Saal Liegenden nicht nur zerberstende Fensterscheiben um die Ohren fliegen lassen. Man war daher bemüht, alle Kranken in die provisorisch als Luftschutzräume ausgebauten Kellerräume zu bringen. Meine Angst wurde ich aber auch dort nicht los. Die Kellereingänge waren mit Dreierbettgestellen vollgestopft. Es war eng, die Luft knapp und der »feine« Geruch kaum zu ertragen.

Freienbrink

Anfang Mai wurde ich als geheilt entlassen. Meine Knie waren nicht mehr geschwollen und taten auch nicht mehr weh. Das Rheuma schien mich verlassen zu haben.

Inzwischen war die 4./326 von Hohenschönhausen nach Freienbrink verlegt worden. In Freienbrink, einem kleinen, an der Spree gelegenen Dorf bei Erkner vor den Toren Berlins, hatte man inzwischen eine Großbatterie, bestehend aus drei Batterien mit je sechs 8,8-cm-Flakgeschützen, errichtet, weil die alliierten Luftstreitkräfte überwiegend über diesen Sektor nach Berlin einflogen. Als ich in die Batterie kam, standen unsere sechs Geschütze bereits in ihren Schutzwällen, während noch an dem Aufbau der Baracken gearbeitet werden musste. Die Besatzungen schliefen bis zu deren Fertigstellung in Wohnwagen oder Wohnkoffern. Mir wurde ein Wohnkoffer, das war ein Wohnwagen ohne Räder, zugewiesen, den ich mit neun Kameraden teilte. Jeweils drei junge Krieger schliefen in so geringer Höhe übereinander, dass es ratsam war, nicht plötzlich hochzuschrecken. Man stieß sich anderenfalls unweigerlich die »Omme«. Der im oberen Bett Liegende hatte es auch nicht besser. Er haute dann gegen die dicht über ihm befindliche Kofferdecke. Wir fühlten uns dennoch in dieser Enge sauwohl, weil wir vor Überraschungen dienstlicher Art ziemlich sicher waren. Klassenkamerad Herbert Steffin hatte einen Kofferplattenspieler und Schallplatten mit Jazz vom Feinsten von zu Hause mitgebracht. Wir lagen bei geöffneter Koffertür auf unseren Betten, die langsam untergehende Sonne sandte ihre Strahlen in unser Gemach und dabei hörten wir Glenn Miller, Lionel Hampton und Duke Ellington. Ein zu uns abkommandierter Oberfähnrich war eine Zeit lang begeisterter Zuhörer, obwohl er uns in die Pfanne hätte hauen können, weil wir die strengstens verbotene feindliche Musik hörten. Er mahnte nur, den Jazz nicht zu laut aufzudrehen. Der in unserer Nähe schlafende Spieß dürfe davon nichts mitbekommen.

Wohnkoffer

Der im Wohnkoffer abgehaltene Schulunterricht war schon allein durch die äußeren Umstände der Lächerlichkeit preisgegeben. In dem schmalen, langen Gang ließen sich weder Stühle noch Tische oder Bänke aufstellen. An der linken Seite standen zwei Dreierbettgestelle. An der rechten Seite stand ein Gestell und dahinter ein Tisch, der zu einem Bett umfunktioniert werden konnte. Davor hatten gerade einmal zwei Stühle Platz. Die Wissensdurstigen mussten daher auf ihren Betten liegen, um dem stehenden oder auf dem am Bett-Tisch sitzenden Lehrer zuhören zu können. Nur Liliputanern wäre es möglich gewesen, dort sitzend das vom Lehrer Dargebotene in sich aufzunehmen. In Hohenschönhausen war man gelegentlich noch aufnahmefähig, aber hier, hundemüde im Bett liegend, schlossen sich die Augenlider nach kurzer Zeit und der

176

eine oder andere von uns begann, seinen durch Fliegeralarme entzogenen Schlaf nachzuholen. Der Lehrer fand das alles auch nicht sehr lustig. Er konnte seinen Lehrauftrag unter diesen Umständen unmöglich ausführen und brach irgendwann den Unterricht vorzeitig ab. Wir waren es zufrieden und konnten bis zum Beginn des militärischen Dienstplanes noch eine Runde schlafen.

Die Grube für die Kantinenbaracke und die Fundamente für die Mannschaftsbaracken waren bei meiner Ankunft in der Batterie bereits ausgehoben. Es verging aber noch einige Zeit, bis alle Baracken standen und wir mit Sack und Pack unsere Stuben mit den gewohnten Schränken und Doppelbetten beziehen konnten. Das Lotterleben, wie wir es in den Wohnkoffern geführt hatten, war nun vorbei. Die preußische Ordnung für Bett und Schrank herrschte wieder vor. Und der Fußboden musste auch so sauber gehalten werden, dass man von ihm essen konnte. Dennoch herrschte in unseren Stuben ein gewisses munteres Treiben. Das Gedicht eines LwHs, veröffentlicht in der Weihnachtszeitung 1944 der Flak-Batterie, mag dies veranschaulichen:

In unserer Stube wohnt ein Mann,
mit dem man alles machen kann.
Nachts raschelt es in seinem Bett,
und bums, da fällt das erste Brett.
Das nächste lässt nicht auf sich warten,
sein Bett gleicht 'nem Gemüsegarten.
Der Untermann wacht auf und flucht,
dieweil der Obere Bretter sucht.
Jedoch es ist zum Jammern heut,
weil alle Bretter sind verstreut.
Da fängt der Ärmste an zu flennen:
Man kann hier keine Nacht mehr pennen!

Aus Gnade gibt man sie ihm wieder.
Erneut legt er zum Schlaf sich nieder.
Da, durch die Stille gellt ein Schrei:
»Das ist ’ne tolle Schweinerei!«
Ein neuer Segen kommt von oben,
der Untermann hat sich erhoben.
Er brüllt: »Du gottverdammter Bube!«,
und schmeißt die Bretter durch die Stube.
Die anderen, im Schlaf gestört,
finden mit Recht das unerhört.
Er hat die Bretter dann gefunden
und auch den Schrecken überwunden.
Sein Bett baut er jetzt mit Bravour
und schimpft dabei in einer Tour.
Erneut strecken zum Schlaf sich nieder
des Untermannes lange Glieder.
Auch oben, da deckt man sich zu.
Und in der Stube ist nun Ruh!

Der in unserer Stube stehende Kanonenofen diente uns in der kälteren Jahreszeit nicht nur als Wärmequelle, sondern auch als Röstplatte für unser »Poor Germany«. Mit den zu unserer Batterie gehörenden russischen »Hiwis« (freiwillig für die Deutsche Wehrmacht arbeitende Russen) durften wir zwar keinen Kontakt aufnehmen, dennoch betrieben wir mit ihnen einen kleinen Handel. Gegen eine Handvoll Metallabfälle erhielt ich von meinem Hiwi zwei selbst angefertigte Angelhaken. Ete ließ sich einen kleinen Ring anfertigen. Die Russen durften zwar kein Handwerkszeug besitzen, bastelten aber dennoch kleine gebrauchsfähige Gegenstände zusammen. Wie sie das anstellten, war uns ein Rätsel. An fast jedem Wochenende tranken sie sich einen Rausch an, obwohl sie keinen Alkohol erhielten. Man erzählte sich, sie würden aus ausgekautem Brot und zugeteiltem Malzbier einen Grundstoff herstellen, der sich nach einem Gärungsprozess in Alkohol umsetzte. Ihre gedämpft vorgetragenen sehnsuchtsvollen, Heimweh ausdrückenden Gesänge drangen oft zu uns herüber. Der für sie zuständige Wachtmeister, unter dessen Fuchtel wir nicht hätten stehen mögen, hatte meistens ein gutes Herz und ließ sie gewähren. Von unseren Kontakten durfte er allerdings nichts erfahren. – Die von mir selbst gebastelte Angel bestand aus einem gerade gewachsenen Ast, einem Bindfaden und dem handgemachten Angelhaken. Zwar wurde ich von den Klassenkameraden belächelt, aber ich versuchte mich dennoch als passionierter Angler und lockte die munter in der Spree schwimmenden Fische hinterlistig mit dem getarnten Haken, den sie für eine Kommissbrotkrume halten mussten. Drei Rotfedern, vom Kopf bis zum Schwanz etwa 13 Zentimeter lang, fielen darauf rein. Sie landeten, fachgerecht ausgenommen, auf der Herdplatte und bereicherten so mein »Poor Germany«. Das bisschen Margarine reichte gerade aus. Nach und nach kam auch der eine oder andere nunmehr zum Neidhammel Gewordene auf den Geschmack und angelte sich sein »Zubrot« aus der Spree.

Und weiter geht der Schulunterricht

Nachdem die Mehrzweckbaracke, in der über Wehrkunde und die Rechte und Pflichten eines deutschen Soldaten unterrichtet werden sollte, fertiggestellt worden war, wurde auch der Schulunterricht dort abgehalten. Alle ADO-Schüler des Jahrganges 1928 saßen jetzt gemeinsam, ohne Rücksicht auf die Klassenzugehörigkeit in einem gut durchlüfteten und hellen Raum und hörten in der gewohnten Aufmerksamkeit, also lustlos, einem Lehrer zu. Die Schule schickte sogar unseren Lieblingslehrer Dr. Neumann, um unser Wissen zu bereichern.

Herr Thiele blieb uns weiter erhalten. Er wurde von uns in nicht immer fairer Weise behandelt. Das Gleiche versuchten wir bei Dr. Neumann: Während des Unterrichtes steckte sich Ete eine Zigarette an und rauchte sie besonders demonstrativ, auch indem er den ausstoßenden Qualm in Richtung Lehrer dirigierte. Zunächst schien Dr. Neumann nichts zu bemerken, jedoch nach einem kurzen Räuspern meinte er: »S., gehen Sie bitte in den Nebenraum, ich kann den Rauch nicht vertragen!« Ete beeilte sich, die Zigarette auszudrücken, doch Neumann: »Nein, S., ich kann ja verstehen, dass es Sie nach einer Zigarette gelüstet, machen Sie sie nicht aus! Gehen Sie in den anderen Raum und rauchen Sie in Ruhe weiter!« – Na, das hatte gesessen! Von da an fraßen wir Dr. Neumann aus der Hand. Er war eben einer der besten Pädagogen an der ADO. Leider blieb er nur eine kurze Zeit bei uns.

Herr Thiele hatte eine Riesenangst vor Fliegeralarm. Seine besondere Angst galt wohl weniger den Flugzeugen als dem Bellen unserer 18 Geschütze. Sein Nervenkostüm war schon in Britz nicht zum Besten. Inzwischen hatten aber einige Jahre Lehrtätigkeit an ihm genagt und die Schüler trampelten immer wollüstiger auf seinen Nerven herum. Bei uns hatte er keine Chance zu gesunden. Wir waren insofern noch gnädig, als sich unsere Gemeinheit eigentlich nervenschonend hätte auswirken müssen: Wir bastelten eine kleine Sendestation, mit der die neueste Luftlagemeldung durchgegeben werden sollte. Den Lautsprecher stellten wir in ein Regal. Ete ging mit dem Sender in einen im Nebenraum stehenden Schrank. Schon zu Beginn des Unterrichtes unterrichteten wir den Lehrer, dass es wohl an diesem Tage Fliegeralarm geben würde. Somit hatten wir schon für einen leicht schlotternden Körper gesorgt. Nach den ersten zehn Minuten des Unterrichtes hörten wir Etes verstellte Stimme über den Lautsprecher: »Luftgaukommando Berlin meldet mehrere Kampfverbände im Raum Hannover-

Braunschweig über Perleberg mit dem Anflug auf die Reichshauptstadt. Es ist mit einem Fliegerangriff größten Ausmaßes zu rechnen.« – Schon nach den ersten Worten packte Thiele seine Unterlagen in die Aktentasche, entschuldigte sich, dass er schon gehen müsse, und wünschte uns noch alles Gute. Mit kurzem deutschen Gruß verschwand er, und wir hatten wieder einmal Freizeit ergaunert. – Nach dem Kriege hörten wir, dass der Lehrer Thiele von seinen Schülern förmlich in den Tod getrieben wurde. Auch wir hatten unseren Anteil daran. Gutmütig und als sei er nicht von dieser Welt, hätte er Pastor werden sollen. Er hätte aber nie Lehrer werden dürfen. Er, der dem Menschen offenbar nichts Schlechtes zutraute, war kein Pädagoge und musste daher als Lehrer scheitern.

»Schleifen« im Flakeinheitstempo

Oberleutnant Beuchel hatte mich aufgrund meiner Krankheit vom Infanteriedienst befreit. Ich weiß nicht, ob ihn sein Gewissen zu dieser Entscheidung trieb oder ob ein festgesetzter Tauglichkeitsgrad dazu führte. Meine Befreiung wurde auch von dem neuen Batteriechef, Oberleutnant Klant, respektiert. Nach den Bestimmungen des Reichsministers der Luftfahrt gab es für Luftwaffenhelfer vier Tauglichkeitsgrade: verwendungsfähig (v.) – beschränkt verwendungsfähig (b.v.) – zeitlich verwendungsfähig (z.v.) – verwendungsunfähig (v.u.). Ich weiß nicht, welcher Grad nach meinem Lazarettaufenthalt hätte zugrunde gelegt werden müssen. Ich hatte jedenfalls in der Schreibstube unbeobachtet meine Personalkarte gezogen und die Eintragung »a.v.« (arbeitsverwendungsfähig) gelesen, eine Bewertung für die Angehörigen der Deutschen Wehrmacht, die für LwHs keine Anwendung hätten finden dürfen. Auch an diesen Diskrepanzen lässt sich erkennen, dass der Kriegseinsatz der Jugendlichen nicht als Hilfsdienst angesehen werden konnte.

Bevor ein Infanteriedienst begann, nahm ich Haltung an (bevor ein LwH dem Vorgesetzten etwas sagen will, nimmt er immer Haltung an!) und brüllte es heraus: »Bitte raustreten zu dürfen!« Ich durfte dann immer, weil Onkel Beuchel mir das gestattet hatte, und wenn er das nicht hätte, wäre ich mit dem mir bekannten »a.v.« hausieren gegangen. – An einem schönen Sommermorgen fand – wie an jedem Morgen – der Morgenappell statt. Die Mannschaft der Batterie war wie immer fein säuberlich angetreten, vorn die Stamm-Mannschaft, dann die Luftwaffenhelfer. Der UvD hatte antreten lassen und musste nun dem Spieß, seines Zeichens Hauptwachtmeister, melden, dass alle, die da waren, da seien und zwei, die krank seien, fehlten. Der Freienbrinker Spieß war so etwas wie eine … nun, Spieße unter sich würden ihn als Pfeife bezeichnen. Beim letzten Fliegeralarm hätten wir ihn beinahe mit unseren sechs Geschützen abgeschossen. Und das kam so: Ich stand bei Fliegeralarm als Höhenkanonier am Geschütz. Zunächst herrschte bei uns Anspannung, das Dröhnen der Flugzeugmotoren schwoll an, wurde lauter und lauter. Mein Kopfhörer befahl: »Fliegeralarm Richtung 10!« – Die Seitenkanoniere begannen die Geschütze wie die Verrückten in »Richtung 10« zu bewegen. Meine Höhe stand auf etwa 13 Grad, der Richtkranzzeiger, den ich mit meiner Radkurbel abzudecken hatte, bewegte sich nicht. In Richtung 10 stand der Wohnwagen unseres Spießes, der bei diesem Fliegeralarm noch im Bett lag. – Wenn der Höhenmesser weniger als 15 Grad anzeigte, hatte der Höhenkanonier im Falle eines Feuerbefehls so lange »Höhe baumelt, Höhe baumelt …« zu schreien, bis sie nicht mehr »baumelte«. Die Daten kamen übrigens von der Umwertung und dem Funkmessgerät. – Die Höhe stand weiterhin stur, plötzlich läutete die Feuerglocke, und während der Geschützführer »Feuer!« schrie, brüllte ich wie verrückt: »Höhe baumelt, Höhe baumelt!«, und mit ohrenbetäubendem Bellen verließen sechs 8,8-cm-Geschosse die Rohre in nur 13 Grad Höhe in Richtung Spieß und pfiffen über dessen Wohnwagen. Der entstehende Luftdruck sorgte für erhebliche Unordnung in der sonst so ordentlichen Behausung. Ob sich der Hauptwachtmeister in die Hosen gemacht hatte, ward nicht bekannt. Jedenfalls wurde er nicht getroffen und jeder unserer Geschützwälle hatte in Richtung 13 eine erhebliche Delle, die ganz schnell wieder geflickt werden musste.

Und nach diesem Mordversuch nun meldete der UvD dem Spieß das Unerlässliche. Als der so Informierte das Wort ergreifen wollte, brüllte einer von uns ganz unvermittelt drei Kurzlacher in den sonnigen Morgen: »Hach, hach, hach!«, als wolle er sagen: »Dreimal kurz gelacht!« Man war allgemein, aber nur kurz verdutzt und nach einem klitzekleinen Päuschen begann man sich lauthals halbtot zu lachen. Der Spieß war außer sich! »Ruhe, verdammt noch mal!«, schrie er und: »Wer war das?«, wollte er wissen. Aber es meldete sich keiner, weil unsere Devise »Einer für alle – alle für einen« noch immer eingehalten wurde. Der Spieß ließ die Stamm-Mannen wegtreten und befahl dem schärfsten aller Unteroffiziere, Stiegner, sich die Luftwaffenhelfer so richtig vorzunehmen. Ich nahm wieder Haltung an und durfte mit ansehen, wie Stiegner die Meute jagte.

Die Meute hatte heute eigentlich gar keine Lust, sich in der Gegend umherjagen zu lassen. Der strahlende Morgen war zu schön, um ihn mit martialischen Spielen zu verhunzen. Man schaltete auf flakeinheitliche Sturheit und war sich darin einig, Stiegner zu entthronen. Etwa 60 Luftwaffenhelfer trotteten befehlsgemäß über das Gelände, um den Horizont zu suchen. Bei »Achtung!« standen die 60 noch herum und machten bei »Auf – nieder – auf – nieder – auf – nieder« den einen oder anderen Versuch, sich vorsichtig auf die Erde zu legen und dann wieder aufzustehen, kamen aber von dem Einheitstempo nicht mehr los. Das führte zu einer abwartenden gebückten Haltung, die sich bei »Auf« in der Geraden auflöste und bei »Nieder« eine Waagerechte andeutete. Das war ein Heben und Senken der 60 Körper und hatte wahrlich nichts mehr mit einer militärischen Einheit zu tun. Je mehr sich Stiegner in den Zorn schrie, desto sturer wurden die von ihm Geschliffenen. Den Befehl »An den Horizont!« hätte er nicht geben sollen. Nur ein Teil der Suchenden befolgte den Befehl: »Achtung!«, und blieb stehen. Der Rest machte sich weiter auf die Suche nach dem Horizont. Der Befehl »Hinlegen!« gefiel einigen Gebliebenen so gut, dass sie nicht mehr aufstanden, als er »Auf!« schrie. In meiner Sichtnähe hockte sich einer hinter eine Regentonne, während ein anderer vor der Tonne liegen blieb. Nach mehrmaligem »Achtung!« und »Auf!« kam der Hockende gaaanz laaangsam hinter der Tonne hervor, lugte über den Tonnenrand, sah seinen Kameraden dort liegen, nahm dessen Mütze, haute sie auf dessen Kopf und schrie, damit es auch Stiegner hörte: »Du, der hat ›Auf!‹ gesagt!« Der Liegende räkelte sich auf seine Beine, die den Horizont Suchenden hatten ihn wohl gefunden, sie kamen zurück und Stiegner gab fluchend auf. Das Flakeinheitstempo hatte wieder einmal gesiegt!

Nächste Lazarettbekanntschaft, und dann kam ein Hammer

Mit meiner Gesundheit stand ich irgendwie auf dem Kriegsfuß. Ende des Sommers fingen meine Knie wieder an zu schmerzen und obendrein fühlte ich mich ziemlich schlapp. Und während eines Fliegeralarmes passierte es dann: Ich machte kruke! Mit dem Befehl »Fliegeralarm Richtung 8!« begann ich wie wild an dem Richtrad zu drehen, um mit meinem Zeiger den Messgerätezeiger abzudecken. Kurz vor der Vollendung wurde mir derart übel, dass ich die Kurbel an einen Ersatzmann abgab und dem Geschützführer ins Ohr schrie, mich bitte schön zum Kotzen wegtreten zu lassen. Der Blutordensträger Buchner winkte nur noch, und schon trat ich weg, um dem Gewünschten nachzukommen. Die 18 Geschütze der Großbatterie bellten die über uns Fliegenden wütend an. Ein Abschuss wurde nicht gemeldet.

Die nächsten 14 Tage verbrachte ich im Reservelazarett Rüdersdorf. Hier wussten sie anscheinend nicht, was sie mit mir anstellen sollten. Eine Therapie erhielt ich nicht, dafür aber wieder – weil jetzt Soldat – meine tägliche Zigarettenration. Ich neckte mich mit dem »Nachtjäger« Magda, einer Rote-Kreuz-Krankenschwester, und musste mich ein paarmal eines schwulen Landsers erwehren, der mir an die Wäsche wollte. Am liebsten wäre ich aus dem Lazarett getürmt, so unangenehm war mir dieser Mensch. Aber vermutlich wäre mir das viel schlechter bekommen, weil mir die wahre Begründung für eine derartige Flucht doch keiner geglaubt hätte. Also blieb ich im Lazarett und schlug ihm jedes Mal, wenn er zu anzüglich wurde, auf die Finger. – Meine medizinischen Kenntnisse konnte ich trotz Bindenwickelns und der Schildermalerei nicht erweitern. Man lehrte mich aber, dass man an den Werten einer Blutsenkung eine Entzündung erkennen kann. »Je höher die beiden Werte sind«, meinte die Obernonne im »Kloster vom Guten Hirten«, »desto größer ist eine Entzündung!« Bei meiner damaligen Entlassung lag der Wert bei 12/6, war also gering. Aus Rüdersdorf entließ man mich mit einem Wert von etwa 110/95 als gesund. Und das fand ich sehr eigenartig. Aber mit wem sollte ich meine Bedenken teilen?

Nach ein paar Tagen Alltagsarbeit in der Stellung ging es mir gesundheitlich wieder schlechter. Dennoch versuchte ich durchzuhalten. Schließlich war man doch Mann! An einem schönen Spätherbsttag erwarteten wir einen Tagesangriff mehrerer Bomberverbände, die über uns nach Berlin einfliegen sollten. Die böse brummenden und röhrenden Motorengeräusche kamen immer näher und näher. Und dann sahen wir sie. Es sollen über 2000 Maschinen gewesen sein, die in mehreren Pulks wie ein breiter Schwarm Hornissen am Himmel hingen. Ich stand wieder einmal als Höhenkanonier am Richtrad von »Emil«. Der bösartige Gleichklang der Motoren von aberhundert viermotorigen Bombern ließ die Luft erzittern. Stur flogen sie ihre Bahn gegen Berlin. Die unter und neben ihnen zerplatzenden Granaten der wie wild schießenden Flak-Batterien schien sie überhaupt nicht zu stören. Uns störten allerdings die von ihnen auf uns abgeworfenen Stanniolstreifen, die eine Ortung der Maschinen durch unser modernes Würzburg-Funkmessgerät unmöglich machten. (Erst nach dem Kriege wurde bekannt, dass eine an der Kanalküste befindliche Radarstation von einem britischen Kommandounternehmen mit dem Auftrag überfallen wurde, von dem modernen und erfolgreich funktionierenden Würzburg-Gerät eine Röhre auszubauen. Aus den Sendeparametern entwickelten sie dann die Stanniolstreifen.) – Ich drehte wieder wie ein Irrer das Richtrad, versuchte die beiden Zeiger übereinanderzusetzen und zog damit das Geschützrohr in die Höhe. Die endgültige Rohreinstellung schaffte ich nicht mehr. Ich wurde ohnmächtig, man brachte mich in den Unterstand des Geschützwalles. Dort hockte ich wie ein Haufen Elend auf der Holzbank am Holztisch. Ich begann mich gerade zu erholen, da fing unsere Batterie mit einem Dauerfeuer an. Diese Bellerei machte mich fast wahnsinnig. Ein Hammer, der auf einem über meinem Kopf befindlichen Regal lag, hatte ein Einsehen. Durch das von der Schießerei verursachte erdbebengleiche Vibrieren der Erde verlor der Hammer seinen Halt und fiel mir auf den Kopf. Ich verlor noch einmal meine Sinne und sank ins Nirwana. Wir schossen wieder keinen ab.

Das erste Mal aus Versehen volltrunken

Ich fuhr mit den öffentlichen Verkehrsmitteln zu dem in einem Schulgebäude in Berlin-Wilmersdorf untergebrachten Reservelazarett 106 und ließ dort die nun schon gewohnten Untersuchungen über mich ergehen. Man knetete meine Muskeln, ließ den Gelenken »Warmluft« angedeihen und fütterte mich mit schmerzlindernden und entzündungshemmenden Medikamenten. Ich buhlte um die Gunst der Schwestern, indem ich wieder Binden kunstvoll aufwickelte und Namen auf die Schilder der neu Eingelieferten pinselte. Eines Tages erschien auch eine Künstlerschar aus der Truppenbetreuung, die uns bei guter Laune halten sollte. Wir saßen auf den Steinstufen (auch nicht so das Wahre für mein Rheuma) der großen Treppe und beklatschten die einzelnen Darbietungen. Eine fand ich besonders gut. Ein junger Künstler, offenbar ein Kabarettist, stellte uns sehr humorvoll dar, wie er mit Hinterlist, dummen Sprüchen und Überzeugungskraft versuchte, seine Salbe »Hüschre« (Hühneraugenschreck«) gewinnträchtig an die Frau zu bringen. Nach dem Kriege sah ich ihn in vielen Fernsehsendungen als Peter Frankenfeld wieder.

Ich bekam während meines Aufenthaltes auch Wochenendurlaub, den ich zu Hause bei Mama verbrachte. Nur noch wenige meiner Bekannten und Freunde waren in Britz anzutreffen. Bubi und Kalle waren bislang noch nicht von irgendwelchen Häschern verpflichtet worden. Kalles Eltern hatten in Rangsdorf, südlich von Berlin gelegen, ein Wochenendhaus, das, so meinte er, zur Zeit von den Eltern nicht genutzt werde, er aber beauftragt sei, ab und an einmal nach dem Rechten zu sehen. Er schlug vor, ein gemeinsames Wochenende dort zu verbringen. Gesagt, getan – ich erhielt wieder meinen Urlaub, der am Sonnabend um zehn Uhr begann und am Sonntag um acht Uhr endete. Wir trafen uns auf dem S-Bahnhof Neukölln, fuhren bis Mahlow (Endstation der S-Bahn) und weiter mit der Vorortbahn bis Rangsdorf. Kalle hatte ein aus Kirschsaft und Klosterfrau-Melissengeist zusammengemischtes Gesöff mitgebracht, das uns den Sonnabend versüßen sollte. Sein Vater arbeitete im Vertrieb dieser Firma und hatte daher Zugang zu dem Hausmittel. Ich konnte mir nicht vorstellen, dass ich dieses Zeug, für mich ein Medikament, überhaupt runterbekäme, geschweige denn, dass – wie Kalle meinte – Alkohol drin sei. Doch er blieb dabei, dass es nicht nur gut schmecke, sondern auch hochprozentig sei. Wir sollten nur nicht so viel davon trinken!

Es wurde ein sehr gemütlicher Abend. Das Getränk schmeckte überhaupt nicht nach einer Medizin, es schmeckte nach viel und mehr. Und so tranken Bubi und ich unbekümmert, trotz der ständigen Mahnungen unseres Freundes, einen nach dem anderen. Wann, wie und wo ich einschlief, wusste ich am nächsten Morgen nicht mehr. Ich wurde von dem lauthals gerufenen »Bubi, du alte Sau!« meines Freundes Kalle wach und sah, wie Bubi vor der geöffneten Schranktür stand und in den Schrank pinkelte, in dem meine noch saubere Ausgehuniform hing. Kalle hatte ihn aber schon weggerissen und durch die Haustür geschubst, sodass sich nur der erste Strahl auf meine Ausgehsachen ergoss. Dann wollte ich eigentlich tot sein oder wenigstens ins Wunderland verzaubert werden, nur nicht die Gegenwart erleben! Es war Sonntag und es war viertel neun. Um acht Uhr hätte ich im Lazarett sein müssen! Und dann – dieser Kater! Kalle nahm sich unserer an und tauchte erst mich, dann Bubi in die mit eiskaltem Wasser gefüllte Regentonne. Er berichtete über seinen Noteinsatz, als Bubi und ich draußen partout die Regenrinne raufklettern wollten, um auf das Dach zu gelangen. Der Ärmste hatte sich wohl mächtig ins Zeug gelegt, um uns von unserem Vorhaben ab- und ins Bett zu bringen. Nun hieß es, schnell aufzuräumen und die

Beine in die Hand zu nehmen! – Erst viel später erfuhr ich, dass »Klosterfrau Melissengeist« einen Alkoholgehalt von 79 Prozent hat.

Gegen zwölf Uhr meldete ich mich bei dem Wachhabenden in der Aufnahme des Lazarettes. Man hatte mich bereits suchen lassen und wollte jemand zu meiner Mutter schicken. Mit einem flauen Gefühl in der Magengegend, das nicht nur wegen meines Hungers, sondern auch wegen der ungeheuerlichen Verfehlung auftrat, schlich ich mich in mein Bett und schlief den Rest meines Rausches aus. Der Stationsarzt, ein angenehmer Zeitgenosse, schüttelte nur sein Haupt und wünschte mir viel Vergnügen beim Rapport. Am nächsten Morgen schlich ich mich, immer noch mit diesem flauen Gefühl belastet, vor das Zimmer des leitenden bayerischen Stabsarztes. Auf der im Gang stehenden »Sünderbank« saßen bereits drei Delinquenten. Ich wurde zwischen Nummer zwei und drei platziert. Einer, ein über eine halbe Stunde Zappengewichster, war bereits im Zimmer, aus dem ein bajuwarisches Grummeln in meinen Gehörgang drang. Während der Bayer die Tür aufriss, schrie er: »Raus! – Der Nächste!«, wobei der eben Abgefertigte hinausstolperte und Nummer eins reinging. Er war etwa eineinhalb Stunden zu spät gekommen. Der Stabsarzt kam jetzt langsam in Fahrt, man hörte neben dem Grummeln nun auch schon vereinzelte Schreie. Als Nummer zwei an der Reihe war (eine Verspätung von drei Stunden), hörte das Grummeln auf und es wurde nur noch geschrien. Mir wurde mit meiner 4-Stunden-Belastung angst und bange. Die Flaute in meiner Magengrube verstärkte sich merklich. – Da riss der Bayer die Tür auf und schrie uns beide, die wir noch auf eine Abreibung warteten, an: »Ihr Schweine, machts, dassa furtkimmt, ich will euch nicht mehr sehen!«, während Nummer zwei das Weite suchte. Wir schlossen uns dem Fliehenden ganz schnell an. – Noch einmal davongekommen, dachte ich, aber mein Stationsarzt meinte, dass es ohne Strafe nicht ginge, und verhängte Urlaubssperre. Da ich aber nur noch ein Wochenende vor mir hatte, tat diese Bestrafung nicht sonderlich weh.

Lazarett-Finale

Der Stationsarzt hielt meine Mandeln für den Entzündungsherd, der bei mir immer wieder zu den Rückfällen führte. Ich nahm mein Bündel und zog in das St.-Gertrauden-Krankenhaus um, in dem mir die Mandeln entfernt wurden. Ich erhielt ein paar Tage leckeres Speiseeis, das mir nicht nur schmeckte, sondern auch dem Heilungsprozess dienlich war. Nach ein paar Tagen wurde ich dann nach Hause entlassen. Inzwischen hatten wir bereits Dezember. Mein Genesungsurlaub dauerte bis Anfang Januar 1945. Mama und ich wünschten uns zu Weihnachten nichts sehnlicher als »Frieden auf Erden« und keine nervenzerreibenden Fliegerangriffe. Wir dachten an Papa in Norwegen und wünschten uns, wie früher wieder zusammen zu sein. Die Innenstadt Berlins war inzwischen dank der vielen Fliegerangriffe fast nur noch ein Trümmerhaufen. In der Britzer Hufeisensiedlung zerstörten nur einzelne Bomben wenige Häuser. Pech, dass unser Haus dazugehörte. – Es wurde gewitzelt: »Am Ku'damm fragt ein Schwede einen Berliner: »Ihr sollt doch so viel Warenhäuser in Berlin haben. Wo findet man sie?« – Berliner: »Na, guck dich mal um …«, und während er hierhin und dorthin zeigt: »Hier waren Häuser, dort waren Häuser, da hinten waren Häuser, so viel Warenhäuser habt ihr in Schweden nicht!« – Und der Reichsminister für die Luftfahrt, Generalfeldmarschall Hermann Göring, hieß jetzt Hermann Meyer, weil er einmal gesagt hatte: »Ich will nicht Hermann Göring, sondern Hermann Meyer heißen, wenn jemals ein feindliches Flugzeug die deutschen Reichsgrenzen überfliegen würde.« – Der Air Chief Marshal der Royal Air Force wollte mit den Bombenangriffen auf die deutschen Städte die Bevölkerung gegen Hitler widerstandsfähig machen, übersah aber, dass die V-2-Angriffe gegen London die Londoner Bevölkerung fester an den König banden. Die englischen Fliegerangriffe auf die Deutschen wirkten bei uns aber ähnlich. Sie schürten den Hass gegen die Engländer.

Letzter Flakeinsatz gegenüber dem Hydrierwerk Pölitz bei Stettin

Während ich in diesen traurigen Zeiten weniger oder auch nicht viel mehr meinen Urlaub genoss, machte sich die 4. Schwere Flak Abt. 326 in Freienbrink aus dem Staube und bezog am 10. Janaur 1945 bei Langenberg an der Oder, gegenüber dem Hydrierwerk Pölitz, zehn Kilometer von Gollnow (heute Goleniow) entfernt, eine neue Stellung. Mit einem Marschbefehl und Gepäck bewaffnet hockte ich eines abends in dem überfüllten Zug Richtung Stettin. Nach einer Stunde Fahrt hielt der Zug auf freier Strecke. Der Lautsprecher nannte als Grund einen Fliegerangriff auf Stettin und wies darauf hin, dass erst nach dem Abflug der Feindverbände weitergefahren werde. Nach einer Stunde ging es dann ungehindert weiter. Bei der Ankunft in Stettin bemerkte ich kaum neu entstandene Bombenschäden. Wie ich später erfuhr, war das Hydrierwerk Pölitz (jetzt: Police) Hauptziel der alliierten Luftstreitkräfte. Die Sperrfeuer der um das Werk zusammengezogenen Flak-Batterien verhinderten jedoch dessen Zerstörung. Die meisten Bomben fielen auf die umliegenden Wohn- und Freiflächen und in die nördlichen Vororte Stettins.

Ich verbrachte die restliche Nacht auf dem Stettiner Bahnhof und machte mich am nächsten Morgen auf den Weg über den

Dammschen See, einer Verbreiterung der Oder, in ein sehr sparsam besiedeltes Moorgebiet unweit der Ihna . Dort standen irgendwo unsere Kanonen, noch nicht ganz einsatzbereit auf bis zu einem Meter tief gefrorenem Boden. Ich meldete mich in der provisorisch eingerichteten Schreibstube und bekam mein altes Aufgabengebiet als »Fernsprechseelsorger«, jetzt ohne Klappenschrank, aber dafür mit Funkgerät, aufgehalst.

Mein mir vorgesetzter Unteroffizier Arnim war vielleicht drei Jahre älter als ich, gelernter Elektriker und fern aller militärischer Vorbehalte. Er lehrte mich, elektrische Leitungen zu verlegen und zu flicken, das Fernsprechalphabet von »Anton« bis »Zeppelin« und alle Unarten der elektrischen Eigenheiten sowie das Funkgerät zu verstehen. Das Morsealphabet stand zum Glück nicht mit auf dem Lehrplan. Nach einiger Zeit begriff ich, dass ich nicht mehr »Vermittler«, sondern nunmehr Melder und Funker war. Und da die deutschen Truppen weiterhin mit ihren Absatzbewegungen auf dem Vormarsch waren und die Vermutung die Runde machte, wir würden bald mit unserer 8,8-cm-Flak im Erdkampf eingesetzt, stimmte mich das gar nicht so froh! Noch war es aber nicht so weit. Wir wohnten in den kleinen Otto-Hütten, die man nur in gebückter Haltung betreten konnte. Zwar konnten wir uns nachts in Decken hüllen, um wenigstens einigermaßen zu schlafen, froren uns aber dennoch einen ab und versuchten des Morgens zähneklappernd, mit dem eiskalten Wasser Frieden zu schließen. Ich hatte zweimal in der Nacht jeweils zwei Stunden Dienst in der »Funk-Otto-Hütte« zu schieben. Einen Anruf erhielt ich selten, an eine Alarmmeldung kann ich mich nicht erinnern. Ich drehte mich durch sämtliche Sender der Welt und hörte Musik, meistens Jazz und manchmal – ganz selten und ganz leise – den Soldatensender Calais. Dieser Sender war – wenn man es nicht anders wusste – zunächst nicht von einem deutschen Sender zu unterscheiden. Er brachte die auch bei mir beliebte deutsche Durchhaltemusik. Alle Ansager sprachen fließend und akzentfrei Deutsch. – Radio London wagte ich dagegen nicht zu hören. – Im Übrigen schrieb ich Briefe oder dachte an meine Geliebte namens Ingrid, die nicht wusste, dass sie meine Geliebte war. Da jeder Landser eine Geliebte hatte, musste ich auch eine haben, weil das zum Krieg gehörte. Arnim hatte schließlich auch eine!

Unsere kleine Truppe um Arnim, wir waren vier Mann, hatte am Tage immer etwas mit Draht und Leitungen zu tun, während die »Kanoniere« Munition schleppen mussten. Der neu zu uns gekommene Oberfähnrich Gottschling, auch ein junger Mann, der nichts vom militärischen Drill hielt, setzte sich mit seiner Gitarre auf den Kühler des Lkw und spielte meinen Munition schleppenden Kameraden muntere Wanderlieder vor. Zum Einsatz kamen wir in dieser trostlosen Gegend nicht.

Erster Fronteinsatz bei Schwedt an der Oder

Am 30. Januar fuhr ich auf dem letzten Lkw bei klirrender Kälte von Langenberg über Alt Damm, Stettin, Tantow und Gartz nach Schwedt. Nachmittags trafen wir dort ein und fanden in einer Kaserne Unterkunft, nach über 14 Tagen gedrängtem Zusammenleben in nicht heizbaren Otto-Hütten eine Wohltat! Wir waren hundemüde und hätten uns gern eine Mütze Schlaf gegönnt, da wurde uns befohlen, in den Gemeinschaftsraum zu gehen, um eine Rede des Führers anzuhören. Schlaftrunken schlurften wir zum besagten Raum, in dem bereits eine andere Einheit – zu unserem Glück – die ersten Plätze belegt hatte. Wir lümmelten uns auf den übrig gebliebenen Bänken, legten unsere Arme auf den Tisch und den Kopf auf die Arme und hofften auf ein baldiges Ende der Führerrede – dabei hatte er noch gar nicht angefangen! Die im abgedunkelten Raum brennende 15-Watt-Glühbirne gab sich redlich Mühe, zum Programm passend eine diffuse Beleuchtung zu erreichen. Und dann hörte man etwas von Reichssender mit Richtstrahlen, dazwischen ein Knacken und Knarren, und dann vernahm man ein monotones »whohoho whoho, whohoho, whohohoho«, das gar nicht mehr aufhören wollte. Wir wurden gewissermaßen in den Schlaf gewhohohot. Von der anderen Einheit rief einer: »Ruhe, der Führer spricht!« – Wir hatten ja gar nichts gesagt, wussten es aber nun: Wir wurden von unserem Führer in den Schlaf gesungen! Ich weiß nicht, wie lange er sprach, meistens sehr lange. Und so lange schlief ich auch. – Später erfuhr ich, dass es die letzte Ansprache des Führers an sein Volk war, bevor er sich das Leben nahm. Er soll zum fanatischen Widerstand gegen die vorrückenden alliierten Truppen aufgerufen und den Endsieg beschworen haben. Soweit wir wissen, hat das aber nichts genützt.

Am nächsten Tag bezogen wir unser Quartier in einem an der Reichsstraße 2 gelegenen Gut. Wir, der Fernmeldetrupp, legten wieder die eine oder andere Leitung, nisteten uns mit unserem Funkgerät im Wirtschaftsraum des Gutes ein und hatten ansonsten nicht viel zu tun. Wo wenig Arbeit, da ständige Suche nach Gründen, die einer Aufarbeitung bedurften. Der von den Vorgesetzten verlangte streichholzlange Haarschnitt auf den Köpfen der Luftwaffenhelfer, die inzwischen zu Luftwaffenoberhelfern avanciert waren, wurde von uns ignoriert. Wir liebten es, die Haare lang zu tragen, und mieden jeden, der uns an die Haare wollte. Der neue Spieß nahm sich während unseres Aufenthaltes in Schwedt vor, dieses haarige Problem anzugehen. Ein Obergefreiter, dem ein Kamm nicht fremd war und der mit einer Schere umzugehen wusste, wurde mit der LwoH-Schur beauftragt. Nachdem wir den auf Streichholzlänge verschnippelten Haarschnitt des ersten Behandelten von uns gesehen hatten, versuchte sich ein jeder vor dem Haareschneiden zu drücken. Dank der ziemlich eigenständigen Arbeit des Fernmeldetrupps gelang es uns, unseren kräftigen Haarwuchs zu erhalten. Um nicht allzu sehr aufzufallen, schnippelten wir uns gegenseitig ein paar Haarspitzen ab.

Zwei unserer Geschütze – oder waren es vier? – wurden am 22. Februar 1945 in die gegenüber Schwedt am Ostufer der Oder gelegene Ortschaft Hohenkränig verlegt. Sie sollten die dort kämpfenden Infanterie- und Panzer-Einheiten als Feldartillerie und gegebenenfalls auch als Panzerabwehr unterstützen. Wir hatten keine Ahnung, wie die damalige Front verlief, wussten aber, dass der Russe die deutsche Abwehrlinie immer weiter nach Westen zurückdrängte. So hatte er die Oder im Süden an mehreren Stellen bereits überschritten und Brückenköpfe gebildet. Um Hohenkränig tobte nach ein paar Tagen eine Abwehrschlacht, von der wir auf dem Westufer nur das grollende und dröhnende Geschützfeuer mitbekamen. Unsere »drüben« eingesetzten Klassenkameraden taten uns aufrichtig leid, wobei die Anteilnahme unsere Angst enthielt, selbst dort eingesetzt zu werden. Die Erlebnisse, von denen die zwischen hüben und drüben hin und her pendelnden Verbindungsleute berichteten, trugen auch nicht gerade zu einem angstfreien Leben bei.

Als oberster Feldherr hatte Hitler die Führung der Heeresgruppe »Weichsel« dem SS-Oberen Heinrich Himmler übertragen, die er bis zum 21. März 1945 innehatte. Himmler führte zur Aufrechterhaltung der Disziplin in der Heeresgruppe drastische Maßnahmen ein, zu denen selbst bei kleineren Vergehen die Todesstrafe – meistens durch Erhängen – zählte. So berichteten unsere Verbindungsleute über mehrere an provisorischen Galgen erhängte Soldaten. Jeder der Erhängten hatte ein Schild vor der Brust, auf dem sein jeweiliges »Vergehen« stand: »Ich bin ein Feigling« – »Ich bin ein Verräter« – »Ich bin ein Deserteur«! Man erzählte ein Beispiel: Zwei Landser an einem Maschinengewehr suchten das Weite, als ein russischer Panzer mit aufsitzender Infanterie auf sie zurollte. Beide hatten sich dem Befehl, ihre Stellung zu halten, widersetzt. Sie wurden standrechtlich erschossen. Es gab Befehlshaber, so der Oberst der Panzergrenadier-Division »Kurmark«, Langkeit, die derartige Maßnahmen in ihrem Bereich rundweg ablehnten. An unserem Standort wurde jedoch von der SS hart durchgegriffen. Der am 2. Februar 1945 erteilte Führerbefehl an die Heeresgruppe »Weichsel« lautete: »Aufgabe der Heeresgruppe ist es, das Vorgehen des Feindes beiderseits der Warthe in Richtung Berlin an der Oder zum Erliegen zu bringen und mit allen verfügbaren Kräften eine durchgehende Frontbesetzung der Oderlinie bis Schwedt aufzubauen.« Die Verlegung unserer Batterie von Schwedt nach Greifenhagen hing sicher mit diesem Befehl zusammen.

Zweifrontenkampf in Greifenhagen

Am 1. März 1945 zogen wir mit sechs Geschützen in Richtung Greifenhagen. Zwei Geschütze blieben mit ihren Besatzungen in der am Westufer der Oder gelegenen Ortschaft Mescherin, die anderen vier Geschütze wurden im gegenüberliegenden Greifenhagen in Stellung gebracht, zwei davon an einer östlichen Ausfallstraße, die anderen beiden am südöstlich befindlichen Ortsausgang. Das sehr breite Stromtal der Oder bietet hier eine ausgedehnte Auenlandschaft, in der sich der Fluss entsprechend der heutigen politischen Landschaft auch nicht vereinen kann und als Ostoder und Westoder munter daherfließt. Das Stromtal verbindet die beiden Orte mit einer breiten Straße. Die über die Westoder führende Brücke ist 120 Meter lang und wurde 1911 als Eisenbahnbrücke ausgeführt.

Unser Fernmeldetrupp nistete sich in einem der von den Bewohnern bereits verlassenen Einfamilienhäuser ein. Wir schliefen in richtigen Betten und konnten sogar noch auf dem Gasherd das im Keller gefundene Eingemachte wärmen. Der Gasometer enthielt noch einen Vorrat, der dies ermöglichte. Unser Batteriechef, Oberleutnant Klant, hatte seinen Gefechtsstand unmittelbar neben den beiden Ostgeschützen. Wir mussten uns sehr ins Zeug legen, um zwischen den wichtigsten Kommandostellen unserer Einheit eine Sprechverbindung herzustellen. Dazu wurden zig Meter Telefonleitungen ins Erdreich oder an den Masten verlegt. Das Wetter meinte es gut mit uns. Die Frühlingssonne schickte schon ihre ersten Strahlen aus. Auch die Vögel zwitscherten ihr Frühlingslied und öffneten unsere Herzen. Wer dachte da schon an Krieg? Noch war von der anrückenden Front nichts zu hören. Wenn es nach uns gegangen wäre, wir hätten das Leben so schon aushalten können. Über die Zukunft, über das, was morgen geschehen würde oder könnte, machten wir uns keine Gedanken. Wir lebten jetzt!

Nach drei Tagen nahmen wir den Krieg wieder wahr. Wie ein noch weiter entferntes schweres Gewitter drangen die grollenden und donnernden Schlachtentöne in unsere Ohren. Die Front kam näher und ich wusste es: »Ein Deutscher geht nie zurück!« – Und dann kam einen Tag später ein dumpfes Donnern hinzu. Es hörte sich an, als würden die Büffelherden der Sioux in der weiten Prärie vor einem drohenden Steppenbrand panische Flucht ergreifen. Hunderte von Kühen rasten dicht gedrängt zwischen zwei Siedlungen, vor Angst und Schmerzen brüllend, in Richtung Oder. Aus ihren prall gefüllten Eutern spritzte die Milch. Keiner erbarmte sich, sie zu melken. Als ein älterer Landser meinte, dass nun bald die Schafe folgen würden, kam mir die Idee, ein Schaf einzufangen, um damit unseren Küchenplan zu ergänzen. Ich hatte immer den kunstvoll geschnitzten norwegischen Dolch, ein Mitbringsel meines Vaters, in meinem Gepäck, den ich wie meinen Augapfel hütete. Seine haarscharfe Klinge versprach einen guten Schnitt durch festes Fleisch.

Die Kühe waren in ein anderes Verderben gerannt, es gab eine kleine Pause und dann kamen laut blökend die Schafe. Arnim, Elsner und ich warfen uns förmlich über ein Schaf und schleppten das bockende Vieh in den mit Maschendraht eingezäunten leeren Hühnerstall. Das arme Schaf ahnte es wohl, dass wir es nicht zum Spielen mitgenommen hatten. Es zitterte erbärmlich und »määähte« in einer Tour. Ich kannte kein Erbarmen. Obwohl ich noch nie ein Tier geschlachtet hatte, fast immer als tierlieb galt, wollte ich den anderen beweisen, dass ich es konnte. Unteroffizier Arnim erhielt von mir eine Axt, mit dem er dem Schaf eins vor die Nuschel hauen und damit ins Nirwana schicken sollte. Ich wollte ihm dann mit meinem norwegischen Supermesser die Kehle durchschneiden und es ihm danach ins Herz stoßen. Die Kehle sah ich ja, aber wo sich das Herz versteckt hielt, konnte ich nur ahnen. Eine Abhörprobe durch mein linkes Ohr brachte jedenfalls keine Gewissheit. Arnim zierte sich zwar zunächst, als ich ihm aber die für meine Begriffe richtige Stelle zeigte, schlug er zu. Das Schaf ging sofort in die Knie, ich in die Hocke, rammte ihm das Messer in die Kehle und schnitt was durch. Das Messer funktionierte einfach toll, Blut spritzte aus der offenen Kehle und bahnte sich seinen Weg ins lockere Erdreich. Den Stoß ins Herz konnte ich mir ersparen, das Tier war sofort tot. Wir hängten es – Kopf unten – an die Wand und ich begann ihm das Fell abzuziehen. Wie ein Profi – so fühlte ich mich jedenfalls – setzte ich meine blutige Arbeit fort und schnitt mich durch die Eingeweide des Wolltieres. Die einzelnen Fleischstücke sortierte ich jeweils nach späterer Zubereitungsart und fand zum Schluss, dass ich eine saubere und fachgerechte Arbeit geleistet hatte. Ich wunderte mich selbst darüber, dass ich die einzelnen Organe – den Magen, die Galle, Leber, Nieren – bestimmen konnte. In der

Schule hatte man mich dies nicht gelehrt. Vorkenntnisse besaß ich nur aus meiner häuslichen Mitarbeit, wenn es galt, meiner Mutter beim Ausnehmen einer Weihnachtsgans oder eines von Onkel Lorenz aufgepäppelten Kaninchens zu helfen. – Aus Zeitnot, in die wir wegen der stetig vorrückenden Russen gerieten, konnte das Tier weder ausbluten noch aushängen. Insofern hatte die Fleischbeschaffung einen Schönheitsfehler. Ein weiterer Schönheitsfehler bestand darin, dass wir nur fünf Esser waren, die über viele Kilogramm Fleisch verfügten. – Ich machte mich sofort an die Zubereitung der Kotelett-Teile, die auf der Pfanne gebraten wurden. Mehrere andere gute Stücke hob ich für die nächsten Tage auf. Den größten Teil bekam unser Koch zu treuen Händen, auf dass er ihn seiner Gulaschkanone anvertraute und nicht portioniert verhökerte. Aber das trauten wir ihm eigentlich nicht zu. Er versorgte uns immer mit warmem Essen, und wenn es an Zutaten mangelte, tat es auch eine Plörre. Er organisierte dann wieder irgendwoher das eine oder andere Nahrhafte und tat es mit in die friedvolle Kanone. Im zivilen, kriegsfreien Leben würde man »klauen« dazu sagen. Sein Hilfskoch Klauke (er hieß wirklich so) war stets an der Gulaschkanone zu finden. Er fachte das Feuer an und sorgte dafür, dass es nicht ausging, und rührte mit langer, großer Holzkelle im Kupferkessel. Fragte man Klauke, was es zum Essen gebe, so kam die stereotype Antwort: »Ick weeß nich, der Chef hat da Nudeln drin, Knochen und Fleesch, wat det wird, da müssta ihn selba fragen. Ick rühr bloß!« – Eine derartige Antwort reizte uns natürlich, ihn das am Tage ein paar Mal zu fragen. Solange wir mit Klauke zusammen waren, erwies er sich als zuverlässig und blieb immer derselben Antwort treu.

Der Geschützdonner kam unhaltbar näher. Einen Tag nach der fachgerechten Er- und Zerlegung des Schafes stand ich in der Küche und schmorte für uns Hammelkeule. Während das Fleisch auf dem Herd stand, wurde die Gasflamme immer schwächer und schwächer, um letztlich ganz zu versiegen. Der Vorrat des Gasometers war offenbar aufgebraucht. Es war müßig, darüber nachzudenken, wie ich eine zarte Hammelkeule auf den Tisch bringen konnte, und ich knallte verärgert das noch nicht ganz durchgeschmorte Fleisch auf die Teller. Mit der entsprechenden Würztechnik, Gewürze aller Art standen noch auf den Regalen, schmeckte der Braten gar nicht so schlecht. Allerdings musste man sehr darauf herumkauen, um ihn einigermaßen zerkleinert durch die Speiseröhre zu pressen. Es sollte unsere Henkersmahlzeit werden!

Drei T-34-Panzer der russischen Armee rollten mit Karacho aus dem Wald auf die südöstlich gelegene Ausfallstraße, verteilten sich, während sie schossen, vor unseren beiden Geschützen. Führer des einen Geschützes war der Unteroffizier Richter, des anderen der Unteroffizier Herbert Junge. Beide Geschütze feuerten mit Panzerhohlgranaten auf die T 34. Nach kurzem Schusswechsel wurden zwei der Ungeheuer gefechtsunfähig geschossen. Einer davon brannte, während die Besatzung des zweiten versuchte, aus dem Panzer auszusteigen. Einige meiner mit den französischen Beutegewehren ausgerüsteten Klassenkameraden versuchten das durch gezielte Schüsse zu verhindern. Sobald sich die Einstiegsluke des Panzers öffnete, pfiffen den Russen die Kugeln um die Ohren. Wenn sie gewusst hätten, dass diese überlangen Gewehre nichts taugten (man sagte ihnen nach, dass sie um die Ecke schössen), hätten sie den Abgang sicherlich unverletzt geschafft. Dem Geschütz Richter wurde bei diesem Duell der Luftvorholer kaputt geschossen, sodass es ausfiel. Richter selbst wurde am Ohr schwer verletzt und musste in das im unteren Bereich von Greifenhagen gelegenen Feldlazarett gebracht werden. Ich war jetzt als Melder und Mädchen für alles eingeteilt und brachte den Verletzten gemeinsam mit einem Kameraden dorthin. Ich glaubte offenbar immer noch an den Weihnachtsmann, nur nicht daran, dass in dem Lazarett Schwerverwundete liegen könnten. Es verschlug mir die Sprache, als ich die vielen Leicht- und Schwerverletzten sah und ihr Gewimmer und ihre Schmerzenschreie mit anhören musste. Der Gestank, eine Mischung aus Äther, Benzin, Schweiß, Leder und dreckiger Uniform, war unbeschreiblich. Wir gaben Richter ab, wünschten ihm noch alles Gute und machten, dass wir schnell wieder nach oben kamen. – Beim Geschütz Junge ging die Richteinrichtung in Trümmern. Junge konnte deswegen nur mit Augenmaß durch das Geschützrohr zielen, aber er zielte gut und traf. – Am nächsten Tag versuchten wieder einige Panzer durchzubrechen. Nur das Geschütz Junge deckte die südöstliche Flanke ab, aber er hatte inzwischen Übung und erlegte weitere T 34. Unsere beiden die Ostflanke abdeckenden Geschütze hatten ebenfalls viel zu tun und wehrten mit Unterstützung von zwei leichteren Flakgeschützen einer anderen Einheit, die auch von Luftwaffenhelfern bedient wurden, die Angreifer ab.

Wir fanden es sehr eigenartig, dass keiner von uns den Frontverlauf kannte. Ich hatte zwar im Feldlazarett gesehen, dass Infanteristen im Einsatz waren, aber uns war oben auf dem Plateau noch kein kämpfender Landser begegnet. Man sah nur Wald und wusste, da irgendwo liegt der Russe, aber wo liegt der Deutsche? Wir waren ohnehin schon verunsichert, da gerieten wir unter vereinzelten Granatwerferbeschuss. Einem zur Stamm-Mannschaft gehörenden Kanonier wurde bei einem Einschlag ein Bein bis zum Oberschenkel weggerissen. Es baumelte nur noch an seinem Körper, und das andere Bein war auch kein schöner Anblick. Ich wurde verdonnert, ihn gemeinsam mit einem Kameraden aus der vorderen Linie (wir vermuteten, dass wir daran lagen) nach hinten zu bringen. Den Schwerverletzten hatten sie in Ermangelung eines Schmerzmittels zwar mit Schnaps vollgefüllt, aber nur bedingt erfolgreich. Er stöhnte und schrie ununterbrochen. Wir beeilten uns, hatten aber selbst nicht mehr die Kraft, ihn weiterzuschleppen. Ich eilte weiter nach hinten und holte Hilfe. Sie konnte allerdings nichts verrichten, der Kanonier war bereits seinen schweren Verletzungen erlegen.

Am nächsten Tag brach die Hölle los. Die russische Artillerie begann mit einem Trommelfeuer gegen Greifenhagen. Es gab dabei nur eines: Deckung suchen und abwarten. Stundenlang zerfetzten die einschlagenden Granaten Häuser, Bäume und Menschen. Das von uns kunstvoll aufgebaute Nachrichtennetz wurde zerfetzt und war nicht mehr zu gebrauchen. Nur noch Melder hätten Nachrichten überbringen können. Aber bei diesem Trommelfeuer hätten sie keine Chance gehabt, am Leben zu bleiben. Ich verkroch mich in den Keller eines Einfamilienhauses, in dem die Küche stationiert war. Über uns krachte und barst es, ich hatte große Angst, das Haus könnte uns begraben. Da sehe ich Klauke stehen: Er hatte sein zu einer Priesterkappe geformtes Käppi auf dem Kopf, seinen Körper talargleich in eine Decke gehüllt, breitete die Arme aus und begann die mir bekannte Predigt: »Und es begab sich zu seiner Zeit, da die Elbe brannte und die Hunde und Katzen nach Stroh liefen, um das Feuer zu löschen. Doch sie wurden nicht Herr über das Feuer. Da riefen die Katzen alle Hasen um Hilfe, um das Feuer zu löschen. Sintemalen waren es aber der Hunde viele und – es stand schon geschrieben: Viele Hunde sind des Hasen Tod ...« Und er predigte und predigte, als wolle er den Russen sagen: »Seht, Klauke hat Angst, aber er weiß nicht, was das alles soll!« – Es war irgendwie makaber, aber auch ergreifend. Ich werde dieses Bild Zeit meines Lebens nicht mehr los! Nach ein paar Stunden wurde es ruhig. Wir wagten uns nach draußen. So weit wir blicken konnten, stand kein Stein mehr auf dem anderen. Die schmucken Häuschen der Siedlung waren verschwunden, nur noch Mauerfragmente konnte man erkennen. Es stank nach Pulverdampf und Qualm. Hier und da brannte es noch in einer Ruine.

Es dauerte dann nicht mehr lange und an den uns bereits bekannten Stellen rollten wieder einige T 34 auf uns zu und versuchten durchzubrechen. Das Geschütz Junge konnte den Angriff stoppen und wiederum den einen oder anderen Panzer kampfunfähig schießen. Einem gelang es jedoch, den Schussbereich zu umfahren. Die russische Infanterie, folgte sie dem T 34 nach, hätte uns von der Seite angreifen und überrennen können. Sie hätten mit uns leichtes Spiel gehabt, denn wir waren als Infanteriesoldaten nicht ausgebildet und verfügten kaum über entsprechendes Waffenarsenal. Mit einer Panzerfaust bewaffnet, schlich sich Unteroffizier Junge an das Ungetüm heran und erledigte es mit dem einen Schuss, den diese Waffe hergab. – Es hieß, dass wir in der Nacht Greifenhagen verlassen und uns mit den Mescherinern vereinen würden.

Es entsprach den von Himmler eingeführten rigorosen Maßnahmen zur Aufrechterhaltung der Disziplin, dass die über die Oder nach Mescherin führende Brücke von der Waffen-SS besetzt und kontrolliert wurde. Schon vor Beginn der Kampfhandlungen war es für uns schwierig, den Kontakt mit den in Mescherin befindlichen Kameraden zu halten, weil die SS den Übergang nur noch mit Passierschein zuließ. Wir erhielten von unserem zuständigen Flak-Divisions-Kommandeur den Marschbefehl, uns in der kommenden Nacht mit den Geschützen abzusetzen. Von den Absetzbewegungen durfte der Russe nichts mitbekommen, die Aktion musste möglichst lautlos ablaufen. So konnten die Zugkraftwagen nicht bis an die Geschütze fahren, sondern sie nur in sicherer Entfernung mit Trossen aus der Stellung zu sich heranziehen. Mit den Arbeiten war gerade angefangen worden, da kam unser Chef von den Verhandlungen, die er an der Brücke mit der SS geführt hatte, zurück und befahl, die Kanonen wieder in Stellung zu bringen. Die SS hatte den Marschbefehl des Flak-Divisions-Kommandeurs nicht anerkannt und die Überfahrt verweigert.

Sie verwiesen auf einen Führerbefehl, dass der Brückenkopf bis zuletzt, das hieß fast immer »bis zum letzten Mann«, zu halten sei.

Der nächste Tag bescherte uns wieder mehrere Panzerangriffe, die erfolgreich abgewehrt wurden. Der Granatwerferbeschuss wurde auch stärker, ein Zeichen dafür, dass die Russen wohl bald mit der Infanterie angreifen würden. Wir kämpften den Kampf der Verzweiflung. Wir waren keine Helden, wir waren arme Schweine, die keine andere Wahl hatten, als unter Einsatz unseres Lebens gegen die Russen zu kämpfen; denn hinter uns stand die Waffen-SS und hätte mit uns kurzen Prozess gemacht, wären wir getürmt. Am Vormittag vernahmen wir eine gewaltige Explosion, die wir an der Oder vermuteten. Es wunderte uns, keine Abschussgeräusche gehört zu haben. Da wurde bekannt, dass die liebe SS die über die Oder führende Brücke gesprengt hatte. Es sollte mit dieser Aktion einerseits eine unkontrollierte Massenflucht verhindert werden. Andererseits deutete sie darauf hin, dass man den Brückenkopf bald aufzugeben gedachte. Und unter dieser Prämisse durften wir in der nächsten Nacht unsere Kanonen aus den Stellungen holen. Der einzige Weg, aus Greifenhagen hinauszukommen, führte über die Reichsstraße 31 in nördlicher Richtung, auf der man nach etwa sechs Kilometern auf die über die Oder führende Autobahnbrücke gelangte. Inwieweit diese Straße noch in deutschen Händen war, konnte uns keiner sagen, weil östlich davon die Kämpfe tobten und der Russe unbedingt an die Oder wollte. Achim und wir vier mussten uns noch sehr sputen, um nicht in Greifenhagen zu bleiben. Als wir die SS-Leute um Hilfe baten, behandelten sie uns wie ein Stück Dreck, sodass wir uns lieber selbst auf die Socken machten, um zu einem Fahrzeug zu kommen. Ein Kraftwagen des Roten Kreuzes nahm uns dann mit. Unterwegs kamen uns die Granateinschläge bedenklich nahe, aber wir hatten wieder einmal Glück und erreichten Mitte März 1945 das Dorf Radekow.

Wer kann es mir verdenken, dass ich in Greifenhagen oft verzweifelt war und mir die Angst mein Herz zuschnürte. Obwohl getauft und eingesegnet, hatte ich mit dem christlichen Glauben nicht viel am Hut. Eher außerhalb der staatlich anerkannten Religionsgemeinschaften stehend, glaubte ich, dass es einen Gott gab, der aber meine Wünsche nicht erfüllen konnte. Dennoch betete ich oft, er möge den wahnsinnigen Krieg beenden und mich vor Granaten und Bomben schützen. War er es, der meine Gebete erhörte, oder war es nicht eher Zufall, dass ich heil davonkam? Wie viele andere beteten umsonst und kamen sinnlos ums Leben? – Diese Gedanken beschäftigten mich in jener Zeit oft, ohne zu einem Ergebnis zu kommen. Letztlich sagte sich der Pubertierende: »Mir wird schon nichts passieren!«, und schaltete die Gedankengänge kurz.

Bei dem Kampfeinsatz in Greifenhagen schoss das Geschütz Junge allein zwölf Panzer ab, den 13. Panzer erledigte der inzwischen auch zum Wachtmeister avancierte Geschützführer mit der Panzerfaust. Für diesen Einsatz wurden am 13. März 1945 mehrere Auszeichnungen verliehen. Junge erhielt das Ritterkreuz, der Batteriechef das »Deutsche Kreuz in Gold« und mehrere Luftwaffenoberhelfer das »Eiserne Kreuz Zweiter Klasse«. Unter der Überschrift »Heldenhafter Einsatz einer Frau« wurde in der »Grafinger Zeitung« vom 24./25. März 1945 Folgendes berichtet:

»Durch Panzeralarm wurde auch die 30-jährige Hedwig Köttel in Greifenhagen aufgeschreckt. Für sie gab es allerdings kein langes Überlegen. Ihr Mann stand als Richtschütze eines Flakgeschützes in einem Panzergraben vor der Stadt. Mit dem Fahrrad ist sie kurz darauf dort. Die Männer sind zunächst erstaunt. Der Geschützführer und der Kanonier Köttel wollen sie heimschicken. Aber schließlich darf sie bleiben und wird zum

Holen von Munition eingeteilt. Als die Sowjetpanzer angreifen und die Granaten über das Feld fegen, lernt sie Deckung nehmen, aufspringen und unter Beschuss Munition herantragen. Als einer der Kanoniere verwundet wird, versorgt sie ihn, um dann gleich wieder Granaten an das Geschütz zu schaffen, zu dem Unteroffizier Herbert Junge aus Berlin, der, wie berichtet, an zwei Tagen 13 bolschewistische Panzer zur Strecke brachte. An der Vernichtung von sieben Panzern hat Hedwig Köttel Anteil, ebenso wie an zwei weiteren, die am Nachmittag vernichtet liegen blieben. Sie schleppte weiter Granaten und sorgte zwischendurch für die Verwundeten, bis auch sie durch Granatsplitter verwundet wurde.«

Im Artillerieeinsatz bei Radekow und Rosow

Unsere Geschütze gingen in einer Ackersenke bei Radekow in Stellung. Sie übernahmen jetzt die Aufgabe einer Artillerie, die die russische Bildung eines Brückenkopfes bei Stettin mit verhindern sollte. Drei Kilometer von uns entfernt lag an einem Steilufer der Oder unser Unterstand mit dem Beobachtungsgraben. Wir, die fünf der »langen Leitungen«, übten dort mit unserem Leutnant Sauer, im Berufsleben Lehrer, den Posten als »vorgeschobene Beobachter« aus. Der Posten war von der Feuerleitstelle über eine Erdleitung mit dem Feldtelefon zu erreichen. Er sollte feindliche Bewegungen melden und die über ein Scherenfernrohr zu ermittelnden Einschlagswerte korrigieren.

Ich bezog mit zwei Kameraden den Posten an einem herrlichen Frühlingstag. Die Lerchen sangen uns auf dem Weg dorthin ihr Lied und im Wald zwitscherte und trällerte es uns entgegen. Man hätte den Krieg vergessen können, wenn man nicht von Leutnant Sauer in unsere Arbeit eingewiesen worden wäre. Wir schliefen in dem Unterstand auf Stroh und

Waldreisig und hatten zweimal zwei Stunden in der Nacht Wache zu schieben. Dazu erhielten von Leutnant Sauer unsere Anweisungen. Falls eine Streife vorbeikam, hatte ich zu melden: »Luftwaffenoberhelfer Diebel auf vorgeschobenem Posten, belegt mit einem Leutnant und drei Mann – keine besonderen Vorkommnisse. – Die Oder ist die HKL!« Der letzte Satz war von dem obersten Feldherrn vorgeschrieben worden und musste unbedingt – und das gefälligst gebrüllt – der üblichen Meldung angehängt werden. Neben dem Unterstand lagen vor einem Baum unter Tannenzweigen zwei Panzerfäuste, acht Eierhandgranaten und eine Leuchtpistole. Leutnant Sauer ordnete folgenden Schlachtplan an: Falls wir überfallen werden sollten, hätten wir erst eine rote (Feind greift an) Patrone, danach eine weiße (um den Feind zu sehen) mit der Leuchtpistole abzuschießen, eine Eierhandgranate abzuziehen und zu werfen und dann eine Panzerfaust abzuballern. Ich sagte: »Jawoll, Herr Leutnant«, mir war aber klar, dass ich das, wenn denn der Feind angriffe, nicht packen würde, weil ich vermutlich bereits nach Abschuss der roten Kugel in den Waldboden hätte beißen müssen. Mir war nicht klar, wie man mitten im Wald auf eine Panzerfaust kam und wen ich hätte treffen sollen.

Vom Graben aus konnte man über das gesamte Odertal bis nach Greifenhagen blicken. Ein eigenartiges Gefühl kam in mir hoch, als ich dort drüben Russen auf Panjewagen die Reichsstraße 31 entlangfahren sah. Vor ein paar Tagen waren wir noch dort hin und her gefahren. Der Frühling meinte es gut mit uns. Am Tage begleitete uns der Sonnenschein und nachts schickte der Mond sein silberweißes Licht in das Odertal. Die Wasservögel sangen unbeeindruckt vom Kriege ihre vielstimmigen Liebeslieder. Selbst nachts kamen einige von ihnen nicht zur Ruhe. Ich genoss diese Natur und fühlte mich, als sei ich im Urlaub. Die drei Birken neben unserer Unterkunft hatten wir angezapft und ließen das Birkenwasser in ein unter die

Zapfstelle gehängtes Kochgeschirr tropfen. Nach drei Tagen war das Kochgeschirr fast voll. Es schmeckte köstlich! – Mit einigen Probeschüssen wollten wir uns auf Greifenhagen einschießen. Leutnant Sauer ermittelte die Werte anhand des Kartenmaterials und des Scherenfernrohres und gab sie an die Batterie durch. Der erste Schuss wurde abgefeuert. Mit den Feldstechern beobachteten wir die vom Gegner vereinnahmte Gegend und konnten keinen Einschlag entdecken. Auch die Wirkung des zweiten Schusses vermochten wir nicht zu erkennen. Erst nachdem der dritte Schuss abgefeuert war, schrie einer: »Da!«, und wies mit dem Finger auf eine schwarze Wolke, die sich gerade über Greifenhagen in etwa 500 Meter Höhe entfaltete. Eigentlich sollte die Granate irgendwo, möglichst in Greifenhagen, detonieren und dabei das Erdreich aufwühlen. Leutnant Sauer schrie plötzlich: »Wer hat hier den Schaltkranz verschroben?!«, und wurde richtig böse. Wir waren uns keiner Schuld bewusst. Da die mühselig errechneten Werte nun im Eimer waren und noch einmal zusammen mit der Leitstelle erarbeitet werden mussten, ließen wir uns ablösen.

Erdbunker bei Rosenow

Im Großen und Ganzen schoben wir in Radekow eine ruhige Kugel. Wir lagen nicht unter Beschuss der Russen, es war Frühling und wir hatten so unsere Gefühle. Am 2. April zogen wir zwar mit Sack und Pack nach Rosenow um, das nur zwei Kilometer von Radekow entfernt lag, unseren Lustgefühlen war das aber nicht abträglich. So pilgerten ein paar von uns mit unserem Klaviervirtuosen Harry Ortmann zielbewusst in die verlassene Kirche und hofften, dass die Orgel noch funktionierte. Sie tat es! Ich trat den Blasebalg und Harry »Placeman« swingte in die Tasten: »Fräulein, Sie dürfen heute nicht allein sein …«. und »Das Karussell, das dreht sich immer rundherum …«. Und dann war Schluss mit lustig. Ein paar SS-Männer waren mit unserem Wunschkonzert nicht einverstanden und drohten uns mit Sanktionen, wenn wir nicht sofort die Kirche verlassen würden. Wir waren ob ihrer kirchenfreundlichen Einstellung doch einigermaßen überrascht, räumten aber eingedenk unserer Erfahrungen, die wir mit SS-Leuten gemacht hatten, das Feld. Vor lauter Frust untersuchten Elsner und ich unsere »eiserne Ration«, redeten uns den Ernstfall herbei und stillten unser maßloses Verlangen nach einem leckeren fünfgängigen Menü. Wenn nun der wahre Ernstfall eintreten sollte, hatten wir nischt mehr zu fressen.

Unser Jens-Per war immer schon ein »Hansdampf in allen Gassen«. Wo er sein nagelneues Schnellfeuergewehr herhatte, verriet er uns nicht. In unserem neu eingerichteten Erdbunker stellte er es uns vor. Ich durfte es als Erster in die Hand nehmen und von allen Seiten betrachten, Nächster war Helmut. Ein Gewehr hat unter Freunden immer mit dem Lauf nach unten zu weisen und nur unter Feinden darf man einen oder mehrere erschießen. So hatte man es uns auch damals gelehrt. Weisungsgemäß hielt Helmut den Lauf des Gewehres nach unten, drückte ab, ein Schuss löste sich und bohrte ein Loch in den naturbelassenen Bunkerboden. Der Vorfall konnte so nicht unter den Teppich gekehrt werden. Ob die Knarre gesichert war oder nicht, wurde nicht ermittelt. Helmut erhielt einen Riesenanschiss und die Genugtuung, ein nagelneues Gewehr kennengelernt zu haben. Ich trug mein altes, langes, um die Ecke schießendes belgisches Beutegewehr mit mir herum, wenn ich allein zu dem vorgeschobenen Posten lustwandelte. Feinde traf ich dabei nicht an, sah aber auf den Feldern die Hasen rammeln. Ich war schon immer ein guter Schütze, dachte an geschmorten Hasenbraten in Sahnesoße, legte mich auf die Erde, zielte und schoss … um die Ecke! Ein sehr erschrockener Hase rannte von dannen und ich legte eine Feuerpause ein, die ich noch heute einhalte.

In Rosenow fielen die Würfel, die unsere nächste Zukunft bestimmten. Unsere Zeit als Luftwaffenhelfer lief im April 1945 aus und wir mussten uns entscheiden, ob wir bei der 4./326 als Kanoniere blieben oder zu einer anderen Waffengattung wechselten. Die meisten von uns fühlten sich bei der Flak am besten aufgehoben. Einige gingen nach Hause und erhielten dort vom Wehrbezirkskommando den Marschbefehl zu einer anderen Einheit. Werber der Waffen-SS versuchten, die abgehenden Kameraden für die SS zu begeistern, aber nicht einer verspürte ein Verlangen nach diesem besonderen Haufen. Ich versuchte umsonst, einige mir ans Herz gewachsene Klassenkameraden zum Bleiben zu überzeugen. Wir wünschten uns allen ein ehrliches »Bleib übrig!« und vereinbarten, uns nach Kriegsende in Britz zu treffen.

Bratkartoffeln in Angermünde

Am 16. April 1945 brachen wir unsere Zelte in Rosenow ab, wir wurden unsere Kanonen los und kamen nach Angermünde, wo man uns einige Tage Ruhe gönnte. Wir waren in einem

Mehrzwecksaal untergebracht und gammelten ziellos und ziemlich lustlos herum. Ete versuchte sich an einem Schlagzeug, das dort nutzlos umherstand, während Harry in die Tasten des verstimmten Klavieres griff. Die anderen fummelten an Kleidungsstücken und Ausrüstungsgegenständen herum und brachten sie so gut es ging »auf Vordermann«. In den Abendstunden schloss ich mich einigen an, die in einem uns gegenüberliegenden Haus ein Bratkartoffelverhältnis aufgerissen hatten. Dort wohnte offenbar allein und elternlos eine vielleicht 17-Jährige und ließ mal den einen, dann mal den anderen von uns an ihr Oberes. Zwischendurch briet sie uns wirklich leckere Bratkartoffeln, obwohl ein Bratkartoffelverhältnis eigentlich mit dieser Erdknolle nichts zu tun hat. Um von uns zu ihrem Hause zu gelangen, musste man allerdings erst mühsam eine Panzersperre überwinden, für uns ein Kinderspiel. Bei uns regten sich nicht nur die Gefühle, sondern auch die Lust, und so bekamen einige von uns – auch ich – Appetit auf Gebratenes. Nach Zapfenstreich machte sich einer nach dem anderen klammheimlich auf den Weg, kletterte über die Panzersperre und gab sich dem Genuss der aufregenden Nacht hin. Nach Abfütterung, Geknutsche und zärtlichen Berührungen ging es schleunigst wieder über die Panzersperre zurück auf unsere Ledermatten. Wieder in Morpheus' Armen, träumte jeder seine Version über eine Vollendung der Glückseligkeit. – Wenn unsere Mütter das gewusst hätten! Sie machten sich um uns sehr große Sorgen. Die Mutter von Ete mobilisierte mehrere andere Mütter (auch meine) zu einem Besuch ihrer Söhne in Angermünde. Mama und ich hätten uns viel zu erzählen gehabt, aus Zeitgründen kamen wir aber nur auf die wichtigsten Dinge zu sprechen. Die Mütter wollten noch vor Dunkelheit wieder in Berlin sein, um nicht in einen nächtlichen Fliegerangriff zu geraten. Und dann hatten sie noch vor, mit unserem Batteriechef zu reden. Oberleutnant Klant stellte sich diesem Treffen.

und wie mir Mama erzählte, versprach er den Müttern, auf ihre Jungen aufzupassen und sie sicher nach Hause zu bringen. Diese Aussage konnte alles oder nichts bedeuten, drückte aber schon eine Absage an den Endsieg aus. Die Mütter fuhren jedenfalls einigermaßen beruhigt nach Berlin zurück. – Wie mir Herr Klant nach Kriegsende schrieb, fühlte er unsere Batterie in Angermünde vergessen, als der Befehl kam, unsere Geschütze einer – seiner Meinung nach – schlecht ausgebildeten Abeitsdienst-Einheit zu übergeben. »Ein sich großkotzig gebärdender Führer dieser Einheit wollte die Übergabe mit einer Pistole erzwingen! – Keine Kanonen zu haben bedeutete für uns den Infanterieeinsatz in Berlin!«

Letzter Einsatz mit »gebremstem Schaum«

Dank seiner Hartnäckigkeit erhielten wir jedoch wieder einige Geschütze, die wir, aus Angermünde kommend, am 16. April 1945 an einer Autobahnbrücke bei Pomellen in Stellung brachten. Unsere Unterkünfte lagen in einem der Autobahn nahen Bauernhof. Ich gehörte weiterhin zu Arnims Funkergruppe. Wir waren mit zwei Funkgeräten ausgestattet, hatten aber dennoch eine drei Kilometer lange Telefonleitung verlegt, die uns mit dem vorgeschobenen Posten verband. Der Posten befand sich in einem Waldstück östlich der bei Kolbitzow über die Autobahn führenden Brücke. Die Geschütze lagen in Brückenhöhe auf der die Autobahn überquerenden Fahrstraße und dienten als Feldartillerie und nicht als Panzerabwehr. Der Russe hatte inzwischen die gesamte Ostseite der Oder nördlich und südlich von Stettin besetzt und versuchte, in Höhe der Stettiner Autobahn die Oder zu überqueren. Immer wieder versuchte er in der Nacht eine Pontonbrücke über die Oder zu errichten. Sie wurde am nächsten Tag von der deutschen

Artillerie zerschossen, es war jedoch nur eine Frage der Zeit, bis der Feind sein Ziel erreichte und auf dem westlichen Ufer einen Brückenkopf errichten konnte. Den 20. April – sie wollten Hitler sicherlich ein Geburtstagsgeschenk machen – starteten sie mit einem Trommelfeuer auf die westliche Seite, das die vor uns bei Kolbitzow liegende Batterie erreichte. Mithin lag auch unser VB unter Beschuss. Die Telefonleitung war hin und ich bekam den Befehl, sie nach Schäden abzusuchen und notfalls zu reparieren. Mit einer Heidenangst und dem notwendigen Handwerkszeug machte ich mich auf die Suche. Solange die Leitung neben der Autobahn unter Bäumen lag, kam ich ja mit mir und der Lage zurecht, aber die Bäume hörten bald auf und ich hatte nur noch den Himmel über mir, den zu allem Überfluss auch noch einige IL-2-Kampfflugzeuge bevölkerten. Dieses Gefühl war so grenzenlos beschissen, dass es mich wunderte, nicht die Hosen schon längst voll gehabt zu haben! Kurz vor der Kolbitzower Brücke detonierte in etwa drei Meter Entfernung eine Granate. »Ratsch-bum« war sie da. Hinschmeißen konnte ich mich nicht mehr. Ich erlebte sie stehend und, oh Wunder, ich lebte noch und hatte noch nicht einmal einen Splitter abbekommen! Wieder die Frage: »War es ein Wunder, war es Zufall, war es Gott?« Ich musste weiter, unter die Brücke durch, über das weite Feld. Inzwischen hatte der Beschuss wenigstens aufgehört und die Flugzeuge kurvten auch nicht mehr umher. Wo war Feind, wo Freund? Keine Ahnung, ich musste suchen. Und dann kam der Krater. Ein ganz schöner Koffer hatte unsere Telefonleitung zerfetzt, sodass zwischen den beiden Enden eine mehr als fünf Meter lange Lücke klaffte. Ich zog erst an einem Ende, dann am anderen und wiederholte das Prozedere ein paar Mal. Nach einiger Zeit hatte ich die Lücke auf zwei Meter zwar verkürzt, ich bekam aber die Enden nicht zusammen. Arnim und auch ich hatten nicht daran gedacht, dass man eventuell auch ein Stück Leitungsdraht brauchte, um die Leitung flicken zu können. Ich musste unverrichteter Dinge wieder umkehren. Die Leitung wurde dann vom VB aus geflickt. Einen Tag später war sie wieder zerrissen, diesmal an mehreren Stellen, sodass sich eine Reparatur nicht mehr lohnte. So kam es, dass die Funkgeräte nicht nur sinnlos rumstanden.

»Urräh – urräh – urräh«

Die deutsche Seite bereitete einen Gegenangriff vor, der den Russen zur Aufgabe des Brückenkopfes zwingen sollte. Unsere Batterie war hierbei zur artilleristischen Unterstützung vorgesehen. Hierzu bedurfte es eines Stoßtrupps, der die Aufgabe hatte, an der vordersten Linie das Geschützfeuer in die richtigen Bahnen zu lenken. Ich bekam das schwere Funkgerät, bestehend aus einem Sende- und einem Empfangsteil, zu schleppen. Mit Arnim waren fünf Wellenlängen vereinbart worden, auf denen wir senden und empfangen wollten. Unser Batteriechef, der Oberfähnrich und wir drei Mann zogen in Richtung Front und durften schon bald neben den Raketenangriffen der Flugzeuge auch die Stalinorgeln erleben. Mühsam, immer wieder Deckung nehmend, erreichten wir unser Ziel: Eine Infanterie-Einheit in einem Stellungssystem, auf den Angriff der Russen wartend. In einem Hohlweg baute ich das Funkgerät auf und versuchte mit der Batterie Kontakt aufzunehmen. Der mich begleitende Oberfähnrich, der das Feuer leiten sollte, sobald ich den Anschluss hergestellt hatte, wurde kurzfristig zum Chef abberufen. Auf mich nun allein gestellt, ging ich die Wellenlängen durch und rief die Batterie. Dabei bekam ich eine Riesenangst, der Russe könnte mich orten und mir, wenn er mich dann hätte, eins tödlich auf die Mütze geben. Ich zitterte! Um mich herum lagen die Infanteristen auf dem Sprung, jederzeit irgendetwas zu tun, wobei ich nicht sicher war, ob sie stürmen oder abhauen würden. Beides wäre für mich, der ich unbewaffnet an die beiden Kästen gefesselt war, äußerst beschissen gewesen. Der Schlachtenlärm war ungeheuerlich. Das Jaulen der Stalinorgeln, die Detonationen der Granaten hüben und drüben, dazwischen die böse röhrenden russischen Jagdflugzeuge ließen die Luft erzittern. Ein Splitter des neben mir detonierten »Ratsch-bum«-Geschosses hatte Mitleid mit mir, pfiff in das Funkgerät und setzte es außer Betrieb. Somit hätten wir eigentlich wieder zurückgekonnt, aber mit einem furchtbaren »Urräh«-Geschrei stürmten ein paar Hundert Russen mit blinkenden Bajonetten auf ihren Gewehren gegen die deutsche Stellung an. Hier geriet alles in Aufruhr, ein Offizier wollte mir einen Karabiner in die Hand drücken und mich zwingen, mit zum Gegenangriff anzutreten. Mein kurzer Hinweis: »VB – Funkgerät – Artillerieunterstützung – muss bleiben!«, überzeugte ihn von meiner strategisch wichtigen Position. Er stürmte weiter. Ich guckte nur einmal über den Rand des Hohlweges, sah die Russen kommen und mein Ende nahen! – Eine Handvoll Waffen-SSler, die aus ihren Maschinenpistolen wild schießend gegen die herannahenden Russen anrannten, stoppten den Ansturm des Feindes und machten sogar einige Gefangene. Ich konnte mit den beiden Geräten wieder aus dem Hohlweg hervorkommen und sah, wie unser kleiner Arno B. mit einem baumlangen Russen ankam, den er zuvor gefangen genommen hatte. Er war richtig stolz und wollte seinen Gefangenen nicht hergeben. Die SS hatte jedoch etwas dagegen und schleppte den Russen in eine Scheune, in der er sofort erschossen wurde. Es hieß, der Führer habe angeordnet, dass an der Ostfront alle Gefangenen zu erschießen seien. Die Ordnung schien beiderseits wiederhergestellt zu sein, die Infanterie gewann wieder ein paar Meter Boden und wir zogen uns zurück.

Scheißhauskrähen und anderes Ungeziefer

Gegen Abend trafen wir –bis auf das Funkgerät – wohlbehalten in unsere Stellung ein. Zu dieser Zeit begannen die »Scheißhauskrähen« über unserem Gebiet zu kreisen. Das war der russische Doppeldecker U 2, der wohl von zwei Russinnen geflogen wurde, von denen eine, entdeckte sie eine Bewegung am Boden, mit Nägeln gefüllte Bomben danach warf. Selbst das Glimmen einer Zigarette führte zu dieser gemeinen Tat. Da der Motor dieses komischen Flugzeuges wie ein Nähmaschinenmotor ratterte und schnarrte, nannte man sie auch die »Nähmaschine«. Sie ging uns mächtig auf den Keks und es wäre ein Leichtes gewesen, sie abzuschießen, zumal sie fast auf der Stelle fliegen konnte. Doch darauf lauerten schon eine in der Nähe kreisende zweite, dritte und vierte Maschine, hätten die Abschussstelle bereits erkannt und konnten die Bombe gezielt einsetzen. Am besten war es also, sich ruhig zu verhalten und schlafen zu gehen. Am nächsten Morgen verunsicherten die Flugzeugrotten der IL 2 die Gegend. Sie flogen insbesondere Angriffe auf Stellungen, die von der U 2 ausgekundschaftet worden waren. – Was musste Jens-Per auch am Vorabend draußen eine Zigarette rauchen! Die U 2 hatte darauf reagiert und eine Bombe geworfen. Zum Glück daneben, aber am nächsten Tag schwenkte eine Rotte IL 2 über uns ein und flog einen Angriff. Unser Oberfähnrich stand auf dem Erdwall einer Kanone und schrie wie ein Verrückter: »Feuer!« Die Granate steckte zwar schon im Rohr, aber die Mannschaft warf sich vor dem einsetzenden Maschinengewehrfeuer der Angreifer schützend in Deckung. Nur der beherzte Harry Ortmann wagte den Sprung an den Abzug. Die 8,8-cm-Flak spuckte die Granate dem zweiten angreifenden Flugzeug entgegen. Es zerbarst in sämtliche Einzelteile, sodass die folgenden drei Maschinen ausweichen mussten und abdrehten. Sie ließen uns auch in

Zukunft in Ruhe. Wir fragen uns noch heute, ob der von uns abgegebene Schuss tatsächlich die IL 2 getroffen hatte oder welche Ursache dem sonst zugrunde gelegen haben könnte. Das Ergebnis, ob so oder so, war für uns jedenfalls erfreulich.

»Vorwärts, Kameraden, wir hauen ab!«

Eines Nachmittags, ich saß gerade am Funkgerät und hörte die neuesten Meldungen ab, kam der Oberleutnant Klant in das Zimmer, hörte eine Weile mit und fragte dann unvermittelt: »Na, Diebel, gewinnen wir den Krieg?« – Mich überraschte diese Frage und ich antwortete vorsichtig: »Ich weiß nicht, Herr Oberleutnant!« – »Diebel«, sagte er daraufhin, »das müssen Sie doch wissen!«, und verließ den Raum. Ich machte mir weiter keine Gedanken, fand aber, dass seine Frage nicht gerade darauf schließen ließ, dass er an den Endsieg glaubte.

Am nächsten Tag ließ der Batteriechef die Katze aus dem Sack: Er ordnete die Vorbereitungen für eine Absetzbewegung an. In der Nacht vom 24. zum 25. April 1945 schossen unsere Geschütze ein mehrstündiges Dauerfeuer in Richtung des vom Russen eingenommenen Dorfes Rosenow, bis wir unsere Munition verschossen hatten. (Wie wir später erfuhren, ermöglichten wir dadurch den Ausbruch einer vom Russen eingeschlossenen RAD-Einheit.) Danach sprengten wir unsere Geschütze bis auf eins, das die Geschützbedienung mangels einer Zugmaschine aus der Stellung zog und weiter mit sich schleppte. Oberleutnant Klant hatte in Erfahrung gebracht, dass die Stadt Schwerin als Lazarettstadt den Amerikanern kampflos übergeben werden sollte, und beabsichtigte, sich mit uns dorthin abzusetzen. Das Geschütz sollte noch möglichst lange als eine Art Alibi mitgeführt werden. Ich musste neben meinem Gepäck auch noch das schwere Funkgerät und das lange belgische Gewehr schleppen. Nach und nach wurde der Rückzugsplan untereinander verbreitet, den der Chef gemeinsam mit Leutnant Sauer entwickelt hatte. Vor den sicherlich in größeren Ortschaften stehenden »Kettenhunden« mussten wir gewarnt werden. Ihnen durften wir nicht in die Hände fallen. Sie gehörten zur Feldgendarmerie oder zur Waffen-SS und hatten jetzt die Aufgabe, Fahnenflüchtige an der Flucht zu hindern und sie »zwecks Bildung einer Kampfgruppe« zu sammeln, zu verhaften oder gegebenenfalls sogar zu erschießen oder – wie in Schwedt – zu erhängen. Den Namen verdankten sie nicht nur ihrer Halskette, an dem ein Metallschild befestigt war. Sie lagen im gewissen Sinne auch an der Kette und waren so bissig wie Hunde. – Leutnant Sauer organisierte sich ein Leichtmotorrad, etwa sechs Kameraden erhielten Fahrräder. Die Offiziere ermittelten aufgrund der von den Russen zu erwartenden Gefechtsvorstöße unseren Fluchtweg und den nächsten gemeinsamen Treffpunkt. Leutnant Sauer sollte mit seinem Motorrad den Treffpunkt sondieren, insbesondere nach Kettenhunden Ausschau halten. Ihm folgten die sechs Radfahrer, die er am Ort so postierte, dass wir vor der Feldgendarmerie sicher waren. Das Gros musste nun zusehen, dass es so schnell wie möglich zu Fuß oder an irgendwelchen Fahrzeugen hängend zum Treffpunkt kam. Dort würde der erste Posten mit dem Ruf »Batterie Klant!« auf sich aufmerksam machen und den Eintreffenden den weiteren Weg zum nächsten Posten weisen. Hatte sich dann alles gesammelt, würde der nächste Ort ermittelt und für alle verbindlich vereinbart. Auf diese Art und Weise sollten die etwa 80 Mann, die wir noch waren, wohlbehalten Schwerin erreichen.

Am frühen Morgen des 25. April zogen wir los. Als nächster Treffpunkt war Brüssow vereinbart worden. Die Idee, das schwere Geschütz per Hand mitzuschleppen, war doch nicht so gut. Es hinderte uns daran, möglichst schnell voranzukommen. Ich erfuhr nicht, wo es abblieb, vermutlich wurde es in einer abgelegenen Scheune unbrauchbar gemacht. In einer langen Reihe zogen wir von Dorf zu Dorf über Landstraßen und Feldwege, durch kleinere Waldstücke und überquerten Felder und Wiesen. In den Dörfern regte sich kein Leben mehr. Die Bewohner waren mit ihrem Hab und Gut bereits in Richtung Westen unterwegs. Die Angst vor der herannahenden alles zerstörenden Kriegsmaschinerie und den dann folgenden Untaten der Sowjets, besonders an den deutschen Frauen, hatten sie flüchten lassen. Ich kam mit meinem schweren Gepäck nicht so schnell vorwärts und gehörte daher mit zu den Letzten unserer Truppe. Die Sonne meinte es schon ziemlich gut, fast zu gut, denn in unseren Winterklamotten und voll beladen mit schwerem Gepäck, gerieten wir gehörig in Schweiß. Der Ziehbrunnen eines Dorfes führte klares Wasser und lud die Durstigen ein, sich zu bedienen. Ich stellte mein Gewehr an den gemauerten Rand des Brunnens, trank und schloss mich den anderen wieder an. Die belgische Knarre hatte es verdient, so zu enden. Ich schleppte mich und das vermaledeite Funkgerät weiter. Man hätte es ja auch so enden lassen können wie den Schießprügel, aber vielleicht wurde es noch gebraucht. Der Chef, sich auch einmal an das Ende seiner Truppe bewegend, hatte direkt Mitleid mit mir und bürdete das Funkgerät einem älteren, nicht mehr pubertierenden Mitstreiter auf. Mir war es nun vergönnt, mit den anderen Klassenkameraden mitzuhalten. Nach einiger Zeit traf ich auf Helmut, der sich über einen Tümpel gebeugt hatte, um das mit seinen beiden Händen geschöpfte Wasser zu trinken. »Bist du verrückt, Helmut?«, sagte ich. »Das Wasser ist doch total verdreckt, da könnten doch Bazillen drin sein!« Er trank dennoch, schaute gen Süden, dort, wo Berlin sein müsste, und teilte mir mit fast tränenerstickender Stimme die Sorgen mit, die er sich um seine Mutter machte. Er fragte sich, ob er sie noch einmal wiedersehen werde. Ich war überrascht. Helmut, der starke, der sich immer und überall durchsetzende Kerl, äußerte ausgerechnet mir gegenüber Gefühle. Ich versuchte ihn zu trösten, doch er fing sich wieder und mahnte: »Komm, wir müssen weiter!«, und schon war er wieder der Starke!

Brüssow

In Brüssow standen keine Kettenhunde. Wir schliefen nach langer Zeit wieder einmal in Federbetten und konnten uns mit dem im Keller stehenden Eingemachten gut verpflegen. Gegen Abend flogen einige sowjetische Jagdflugzeuge mehrere Angriffe gegen die kleine Stadt, die uns aber nicht aus der Ruhe brachten. Wir verabredeten als nächsten Sammelpunkt die Ortschaft Werbelow, nur rund zehn Kilometer von Brüssow entfernt, die wir bereits am 26. April mittags erreichten. Auch in diesem seelenlosen Dorf trieben sich keine »Soldatenklauer« herum. Bisher war uns kein Angehöriger verloren gegangen. Die »Absetzungsbewegungen« liefen wie gefechtsmäßig ab und wir hofften, sie mögen uns gelingen.

Bisher hatten wir gutes Wetter. Die Nächte waren kühl und tagsüber schien die wärmende Frühjahrssonne. So sollte die Witterung auch in den nächsten Tagen bleiben. Am 27. April zogen wir weiter und gaben uns als Ziel das Städtchen Woldegk. Etwa zehn Kilometer liefen wir wie bisher auf kleinen Straßen, durch Waldungen und über Äcker, immer darauf vorbereitet, von Tieffliegern angegriffen zu werden. Bisher hatten sie uns in Ruhe gelassen, als wir aber nach ein paar Kilometern Fußmarsch in Waldesnähe ein Feld überquerten, griff uns eine IL 2 an. Wie immer liefen wir weit auseinander gezogen in einer Reihe. Zum Glück kam sie von der Seite und ballerte im Tiefflug aus allen Rohren auf uns. Wir lagen weit verstreut auf dem frisch gepflügten Ackerboden, krallten uns in die noch aufgeworfenen Schollen und warteten voller Angst auf den Gnadenschuss. Eine zum Glück schlecht gezielte Rakete explodierte weit hinter uns. Sobald das Jagdflugzeug vorbei war, sprangen wir auf und versuchten, so schnell wie möglich das einigermaßen schützende Waldstück zu erreichen. Doch die Maschine drehte nicht zu einem erneuten Angriff ein, sondern startete in der angeflogenen Richtung durch. Wir konnten aufatmen. Einen Kanonier der Stamm-Mannschaft hatte es allerdings erwischt. Er musste an Ort und Stelle beerdigt werden, bevor wir weiterzogen. – Zwei unserer Schulkameraden wollten es sich nicht ausreden lassen, allein nach Berlin abzuhauen. Ob sie ihr Vorhaben erfolgreich ausführen konnten, ist nicht bekannt. Oberleutnant Klant ließ sie jedenfalls ziehen. – Bei Wolfshagen kamen wir auf die Reichsstraße 198. Unsere bisherige Strecke hatten wir ohne große Anstrengung zurückgelegt. Ich empfand es mehr als Wanderung, gewisslich mit einem Stück Gefahrenpotenzial, denn als eine Flucht. Als wir auf die in beiden Richtungen der Reichsstraße langsam und stockend ziehenden Menschen- und Materialströme stießen, war uns klar, dass nun ein anderer Wind wehen würde. In Richtung Front drängten sich fast nur Militärfahrzeuge voller Ungeduld. In der Richtung, in die wir wollten, befanden sich neben den zurückflutenden Militärfahrzeugen viele Flüchtlinge auf Pferdefuhrwerken mit ihrem Hab und Gut, aber auch viele zu Fuß gehende Zivilisten und Militärs. Die Straße schien total verstopft zu sein, ab und zu bewegte sie sich aber wie durch ein Wunder gleich einer langen Schlange ein Stück vorwärts. Und in dieses Untier mussten wir uns nun auch noch reindrängeln. Harry Ortmann, Ete S. und ich beschlossen, so gut es ging zusammenzubleiben und aufeinander aufzupassen. Wir trachteten danach, ein bequemes Mitfahrerplätzchen auf einem Lkw zu erhalten. Die zu Fuß gehenden Soldaten zeigten uns schon an, dass weder bequeme noch unbequeme Plätze auf Rädern frei waren. Es war auch nicht damit zu rechnen, dass bis Woldegk welche frei werden würden. Jeder Lkw wurde von uns unter der Prämisse in Augenschein genommen, ob es an, auf, links, rechts, vorn oder hinten eine Steh- oder Sitzmöglichkeit zu erkennen gab. Wir hatten kein Glück und mussten latschen, aber nicht mehr lange, denn schon nach einer Stunde kam Woldegk in Sicht. Vor Woldegk wimmelte es nur so von Kettenhunden. Unser Posten stand weit vor der Stadt, schrie und schickte die Neuankömmlinge zu dem nächsten Posten, der ihnen den Schleichweg zum Quartier wies. Oberleutnant Klant zählte die Häupter seiner Leute und stellte wieder einmal fest, dass abgesehen von den beiden nach Berlin Getürmten wieder alle zusammen waren. Wir konnten uns abermals in Federbetten suhlen. Eine größere Zahl feindlicher Flugzeuge flogen an diesem Abend die Stadt an und zerstörten mit ihren Raketen und ihrer Leuchtspurmunition besonders die Gebäude um den Bahnhof. Wir kampierten in einem anderen Stadtteil.

Neubrandenburg

Am 27. April brachen wir auf der Reichsstraße 104 nach Neubrandenburg auf. Etwa 40 Kilometer waren zurückzulegen. Diesmal erwischten wir drei bald ein Fahrzeug, sodass wir verhältnismäßig schnell Neubrandenburg erreichten. Ete hatte einen komfortablen Platz auf dem rechten Kotflügel eines Lkws erwischt. Harry und ich machten zwei ganz doofe Plätze auf einem Wehrmachts-Fernmelde-Lkw mit angekoppelter Lichtmaschine aus: Er kletterte an dem an der hinteren linke Ecke des Funkwagens befindlichen Antennenmast hoch, setzte seine beiden Füße auf die den unteren Teil des Mastes umfassende, etwa zehn Zentimeter vorstehende Halterung und hielt sich mit der rechten Hand an einem von oben herunterhängenden

Stück Strippe fest. Ich quetschte mich mit der linken Pobacke auf den rechten Teil der mit dem Lkw verbundenen Lichtmaschinendeichsel und stemmte meine Füße gegen die Rückseite des Funkwagens. Der die Deichsel bis dahin ganz für sich in Anspruch nehmende Landser musste nun nach links rücken und saß nur noch mit seiner rechten Pobacke auf dem linken Teil der Deichsel. Die mit einer bremsenden Federung ausgestattete Deichsel sorgte für eine sanfte Anpassung an die sich ständig ändernde Geschwindigkeit des Lkws. Fuhr der Lkw schneller, vergrößerte sich der Abstand zwischen Lichtmaschine und Fahrzeug. Die Länge meiner Beine reichte dann gerade aus, um mich halten zu können; denn wenn sie abrutschten, wäre ich unweigerlich von der Stange gefallen. Bremste der Wagen seine bisher gehaltene Geschwindigkeit herunter, verringerte sich der Abstand und meine Knie knickten ein. So wurden meine Beine gezwungen, sich der jeweils gewählten Geschwindigkeit des Lkws anzupassen. Während sie sich wenigstens bewegen durften, begann mein Hintern einzuschlafen. Vor Neubrandenburg hörten wir unseren Rufer mahnen. Harry kletterte von seinem Stehplatz und wankte, sich kaum auf den Beinen halten könnend, zu einer Parkbank. Meine linke Pobacke befand sich zwar im Tiefschlaf, löste sich aber dennoch weisungsgemäß von der Deichsel, während meine gefühllosen Beine nicht mehr in der Lage waren, »sich in die Hand zu nehmen«. Ich sammelte meine letzten Reserven, geriet aber dennoch ins Taumeln und drohte hinzuknallen. Ete verhinderte den Fall und zog mich auf die Parkbank neben Harry.

Unsere Schlepper wiesen uns den Weg zu einem Gut, auf dem wir in der Scheune übernachten konnten. Über unser weiteres Vorgehen sollte je nach Lage der voranrückenden Front später entschieden werden. Zunächst blieb uns nichts weiter übrig, als uns in der Umgebung umzusehen. Nicht weit von uns entfernt entdeckten wir ein mit Lebensmitteln vollgefülltes Nachschubdepot. Das musste untersucht werden! Wie es schien, wurde es nicht mehr bewacht, sodass wir ungehindert durch die nicht verschlossene Tür eintreten konnten. Uns erwartete ein Oberfeldwebel, offenbar der Hüter dieses Schlaraffenlagers, mit grimmiger Miene und laut vor sich hin fluchend: »Nehmt euch, klaut, wasser wollt! – Allet vorbei, verdammte Scheiße!« Wir gingen durch die Gänge und staunten über das reichhaltige Sortiment. Da gab es »gute Butter«, abgepackt in 25-Kilo-Platten, Fleisch-, Wurst- und Käsekonserven, kistenweise Liköre, Schnäpse, Zentnersäcke voller Mehl, Nudeln und Zucker. Eine Platte »gute Butter«, und wir hätten in den nächsten Monaten ausgesorgt! Aber was sollte es, per pedes auf dem Wege der Untugend konnten wir leider nicht mehr Gepäck mitschleppen, als wir tragen konnten. So ließen wir nur einige Fleischbüchsen und zwei Flaschen Alkoholika mitgehen und verrieten unseren Kameraden die lukrative Sehenswürdigkeit. Sie konnten sich gerade noch eindecken, bevor die SS davon Wind bekam, das Depot schloss und später samt Inhalt in die Luft jagte. Und so kam es auch, dass der »Soldatenklau« auf uns aufmerksam wurde. Harry, Ete und ich hatten zwar nicht viel von dem Erbeuteten getrunken, aber es reichte aus, um unser Hirn zu benebeln. Ich konnte den beiden auch meine neueste Errungenschaft, einen Friseurkamm und eine Friseurschere, zeigen und damit unter Beweis stellen, dass ich wüsste, was ich nach dem Kriege werden wolle, nämlich Friseur! – In der Scheune ließ der Offizier, der uns gekascht hatte, nagelneue Schnellfeuergewehre verteilen und deren Handhabung erklären. Er meinte, dass es nun unsere Aufgabe als Kampfgruppe sei, den angreifenden Russen nicht nur aufzuhalten, sondern auch zu vernichten. Die Einwände unseres Chefs, wir hätten weder Infanterieerfahrung noch seien wir an einer Handfeuerwaffe ausgebildet, ließ er nicht gelten. Sein Befehl müsse so ausgeführt werden. Mit »Sieg Heil!« verabschiedet er sich. Gegen Abend legten wir uns mit unseren Klamotten ins Heu, um noch eine Runde zu pennen. Mir fielen die Augen sofort zu und Morpheus nahm mich in seine Arme. – Mitten in der Nacht wurde ich von einem irren Gefechtslärm wach. Granaten detonierten in unmittelbarer Nähe der Scheune, einige Gebäude brannten bereits lichterloh. Noch halb benommen von dem Alkohol rief ich nach Ete und Harry und stellte dabei erschrocken fest, dass ich mich offensichtlich mutterseelenallein in der Scheune befand. Ich wusste weder ein noch aus und … betete. Da rief fragend eine Stimme aus dem Heu: »Fredi?« Es war Harry, und fast gleichzeitig wühlte sich Ete aus dem Heu. Wir waren schockiert. Hinter uns züngelten schon die Flammen und das Inferno saß uns unmittelbar im Nacken. Wir türmten auf die Straße und sahen an einer Kreuzung den vermutlich letzten Sanitätskraftwagen, der Neubrandenburg verlassen wollte. Die Fahrer wollten gerade die hintere Klappe des Fahrzeuges schließen, als wir sie baten, uns mitzunehmen. Zwar zierten sie sich zunächst, ließen uns aber aufspringen und preschten los. Ich schickte ein Dankgebet gen Himmel und hörte den Stein von meinem Herzen fallen.

Wie konnte das geschehen? Wie wir nachher erfuhren, hatte Oberleutnant Klant den Plan von Mund zu Ohr verbreiten lassen, sich in der Nacht einzeln zu einer vereinbarten Stelle zu verdrücken, um danach, wenn alle da waren, unsere Absetzbewegungen wie geplant fortzuführen. Wir drei hatten das aufgrund unserer alkoholischen Leere im Hirn nicht mitbekommen. Dies war uns eine Lehre, die wir nie vergessen wollten! – Wir kannten jetzt aber auch nicht den nächsten Treffpunkt. Ganz sicher lag er auf der Reichsstraße 104. Aber wo? Nach einer kurzen Fahrt reihten wir uns wieder in die sich gen Westen bewegende Schlange ein und suchten nach der gewohnten unbequemen Mitfahrgelegenheit. Wir mussten jetzt sehr auf unseren mit »Batterie Klant« mahnenden Posten aufpassen, um den Anschluss an unseren Haufen nicht zu verpassen. Wir schrieben inzwischen den 28. April und trampten auf irgendeinem Fahrzeug in Richtung Stavenhagen. Kurz vor dieser Stadt hörten wir unseren Rufer und stiegen ab. Die Batterie hatte uns und wir hatten sie wieder. Erleichtert folgten wir den Pfadfindern und erholten uns wie Hunde in unserer Meute.

Malchin, Teterow, Stavenhagen

Vom 29. bis zum 30. April ging es ohne besondere Vorkommnisse die Reichsstraße 104 von Stavenhagen über die Städte Malchin und Teterow (der Heimat des Dichters Fritz Reuter; und dabei dachten wir an unsere Britzer Heimat, die Hufeisensiedlung) nach Güstrow und am 1. Mai von dort über Sternberg nach Bruel. Bisher erlebten wir trotz des regen Verkehrs auf den Reichsstraßen keine Tieffliegerangriffe der Russen. Die sowjetische Luftwaffe flog stattdessen massive Angriffe gegen die oftmals verstopften Ortschaften und Städte. Jetzt gelangten wir in die Operationsräume der amerikanischen Luftwaffe und erlebten gleich mehrere Tieffliegerangriffe. Die Fahrer der Lastkraftwagen sahen es deshalb gern, wenn sich die fußlahmen Beifahrer auf die Kotflügel oder die Dächer setzten und bei drohenden Anflügen die Fahrer warnten. Hinter Güstrow fuhren wir drei Verschworenen auf einem offenen Lkw, lümmelten uns auf den fein säuberlich gepackten Kisten und beobachteten den Himmel. In Richtung 8 sahen wir einige Lockheed-Lightning-Jagdmaschinen der Amerikaner, wie sie weit von uns entfernt eine Straße bejagten. Wir sahen keinen Grund zur sofortigen Warnung. Doch die beiden Fahrer waren offenbar anderer Ansicht. Sie verließen eilig das Fahrzeug und rannten, dabei wild gestikulierend immer mit dem Finger nach unten zeigend, auf den Acker und gingen dort zunächst in Deckung. Wir dachten, sie seien nun total übergeschnappt, da deckte Harry eine Kiste ab. Den Inhalt sehen und abhauen waren eins. Die Kiste enthielt nämlich kleine Kammern, in denen, von allen Seiten gepolstert, kleinere längliche Kisten steckten, und darin war … hochexplosiver Sprengstoff! Wir saßen also auf einer an sich schon tickenden Bombe. Mit diesem Fahrzeug fuhren wir nicht mehr weiter. Vor einer Ortschaft, es könnte Sternberg gewesen sein, trafen einige von uns unseren Ritterkreuzträger Herbert Junge. Er hielt so kurz vor dem »Endsieg« noch Vorträge über die Anwendung der 8,8-cm-Flak bei Panzerangriffen.

Bruel

Vor Bruel wurden wir wieder von Kettenhunden festgesetzt. Wir lagen in einem an der Straße befindlichen Waldstück, wurden streng bewacht und harrten der Dinge. Plötzlich vernahmen wir aus unmittelbarer Nähe englische Wortfetzen in unseren Gehörgängen. Unsicher, aber neugierig geworden, schickten wir einige zur Erkundung los. Nach wenigen Metern winkten sie uns nachzukommen. Was wir sahen, verschlug uns die Sprache: Da saßen unbewacht etwa 15 amerikanische Soldaten in ihren Uniformen, quetschten sich englische Worte durch ihre Lippen, die selbst unsere im Schulfach Englisch gut dastehenden Kameraden nicht richtig verstanden, und aßen ganz ordentliche Sachen. Wir bekamen nur so viel heraus, dass es Kriegsgefangene waren, die aus nicht bekannten Gründen von den Deutschen frei gelassen worden waren, auf dass sie sich zu den uns bekämpfenden amerikanischen Truppen begeben konnten. Sie schimpften furchtbar auf den Russen, der sie auch noch (obwohl befreundet) beschoss. Uns kam das ziemlich rätselhaft vor, und so hatten wir für die nächste Zeit genügend Gesprächsstoff. Vielleicht handelte es sich um eine geheime Übereinkunft zwischen amerikanischen und deutschen Militärs, denn im Norden erlaubte der amerikanische General Garvin, der mit seiner Luftlande-Division am 2. Mai gleichzeitig mit dem englischen Vorstoß nach Lübeck den mecklenburgischen Raum besetzt hatte und operativ zur englischen Heeresgruppe gehörte, dass die Reste der »Weichselarmee« sich hinter die amerikanisch-englischen Linien zurückzogen. Als deutsche Gegenleistung wäre die Freilassung der in diesem Raum gefangen gehaltenen amerikanischen Soldaten denkbar gewesen. – Am späten Nachmittag wechselten unsere Bewacher. Die neuen waren zugänglicher und rieten uns, noch so lange auszuharren, bis sie uns verließen, und dann ohne Umschweife zu verschwinden. So ganz verstanden wir dies nicht, aber wir taten wie geheißen und hauten schnellstens ab, als wir uns allein wähnten.

Schwerin – in amerikanischer Gefangenschaft

Schwerin lag nun vor uns. Die Stadt war durch Admiral Dömitz zur Festung erklärt worden. Die Brücken sollten jedoch nur dann gesprengt werden, wenn absehbar war, dass die Russen die Stadt einnehmen würden. Der Kampf gegen die Westtruppen war sofort einzustellen und die Stadt war kampflos zu übergeben. – Am 2. Mai erreichten wir die »Festung«. Wir trennten uns jetzt voncinander, und jeder sollte seinen Weg allein weitergehen. Man wünschte sich gegenseitig viel Glück und ein baldiges Wiedersehen in Berlin. Ich setzte mich an den Straßenrand, öffnete die aus den Heeresbeständen der Wehrmacht geklaute Rindfleischbüchse und begann mit der Atzung.

Es herrschte eine bedrückende Ruhe. Ein leichter Nebel lag über der Landschaft und hinderte die bereits aufgegangene Sonne, ihre wärmenden Strahlen zu senden. Auf der Straße näherte sich langsam ein amerikanischer Jeep mit aufgesetztem Maschinengewehr und vier GIs. Einer dieser amerikanischen Infanteristen lümmelte sich, die Beine übereinandergelegt, auf der Motorhaube, hielt seine MP auf mich gerichtet und rief Kaugummi kauend: »Do you have weapons?« Ich hielt die Hände hoch und rief zurück: »No!« Kam die Antwort: »Then go back!« Ich ging zurück und wurde zu einer Gefangenensammelstelle geleitet, an der ich erst einmal von einem amerikanischen GI »gefilzt« wurde. In meinem Tornister befanden sich neben zwei wohl harmlosen Schulbüchern und einem Liederbuch auch der gute norwegische, reich verzierte Dolch, der mir beim Abschlachten des Schafes so gute Dienste geleistet hatte. Um jeglichen Verdacht des mich kontrollierenden Amis auszuräumen, ich würde einen der Ihren abstechen wollen, trennte ich die Klinge von dem Schaft und ließ sie unbemerkt ins Gras fallen. Wenigstens den bunt bemalten Schaft wollte ich behalten. Bei mir war sonst nichts Kriegerisches oder Barbarisches zu finden, und so wurde ich als Gefilzter in ein schnell eingerichtetes Gefangenenlager aufgenommen. Man muss es als eine organisatorische Meisterleistung der Amis ansehen, dass sie in ganz schneller Zeit dafür sorgten, die vor den Russen fliehenden, zu ihnen eilenden Zigtausende und Abertausende von deutschen Soldaten unterzubringen und zu verpflegen. Vor den Eisheiligen waren die Nächte noch sehr kalt. Ich schlief mit 14 ausnahmslos älteren Soldaten in einem Zelt auf dem blanken Boden ohne Decken. Von der Verpflegung, die wir erhielten, konnten wir nicht satt werden, sie hielt uns aber so gerade über Wasser. Ich stritt mich täglich mit 15 Hungernden um eine Care-Nahrungsmittel-Einheit, die ein GI an einem Tage allein futtern konnte. Dennoch war es eine Meisterleistung.

Eutin in englischer Gefangenschaft, von Deutschen bewacht!

In der Zeit vom 4. bis zum 11. Februar 1945 hatte in Jalta, einem Badeort auf der Krim, eine Konferenz zwischen den alliierten Staatschefs Roosevelt, Churchill und Stalin stattgefunden, auf der die Aufteilung Deutschlands in drei Besatzungszonen (später wurden es vier) beschlossen wurde. Schwerin war zwar von den Amerikanern besetzt worden, gehörte aber nach diesem Jalta-Abkommen zur sowjetischen Besatzungszone und musste daher von ihnen geräumt werden. Die Übergabe der Stadt an die Sowjets sollte am 1. Juli 1945 stattfinden. Da die Amerikaner die in ihren Händen befindlichen Abertausende von Kriegsgefangenen nicht den Russen überlassen wollten, organisierten sie vor diesem Termin eine Gefangenenübernahme durch die Engländer. England hatte fast die gesamte zwischen Kiel, Lübeck und Eutin liegende Fläche zum Sperrgebiet erklärt, um dort die Gefangenen unterbringen zu können. Für die in diesem Gebiet wohnende Bevölkerung hatte das zur Folge, dass sie gewissermaßen mit eingesperrt waren. Sie durften das Sperrgebiet nur mit ausdrücklicher Erlaubnis der britischen Militärbehörden verlassen. Die Soldaten durften sich, soweit es die Dienstanweisungen ihrer Vorgesetzten erlaubten, außerhalb der nächtlichen Sperrstunden frei bewegen. Sie mussten ranghöhere Dienstgrade weiterhin militärisch grüßen und unterlagen deutscher Disziplinargerichtsbarkeit. Der Brite behielt zwar die Oberaufsicht über das illustre Treiben in diesem eigenartigen Gefängnis, die Gefangenen sollten sich aber selbst verwalten. Die Briten dachten dabei sehr pragmatisch, indem sie sich für die Kontrolle, Betreuung und Versorgung dieser Menschenmenge der vorhandenen Wehrmachtsstrukturen bedienten.

Eines Tages begann dann die große Abräumaktion, die mehrere Tage in Anspruch nahm. Peu à peu wurden die Kriegsgefangenen mit den bereitgestellten Güterwagen nach Eutin gekarrt. Ich staunte nicht schlecht, als ich in einer Schreibstube von einem mit Orden behängten deutschen Unteroffizier befragt wurde. Von einem anderen erhielt ich einen schriftlichen Marschbefehl, mit dem ich mich auf die Suche nach »meiner Einheit« zu begeben hätte. Irritiert machte ich mich ohne Karte und genaue Beschreibung auf den Weg. »Da an der Ostsee, in der Nähe von Grünberg, oder so ähnlich, liegen verlassene Stallungen, dort wirst du schon deine Einheit finden!«, hatte der Schreibstubenhengst gesagt. Da fiel mir ein, was an dessen Uniform so anders war. Rein äußerlich nur eine winzige Kleinigkeit: Es befand sich kein Hakenkreuz mehr auf Mütze, Brust oder sonst wo! Wenn das der Führer wüsste. Aber der hatte sich ja mit seiner Geliebten, Eva Braun, am 30. April 1945 im Führerbunker unter der Reichskanzlei leiblich entmachtet.

Es war ein ziemlich weiter Weg bis zu meinem Ziel. Ich musste mich durchfragen, hatte ja keine Chance abzuhauen. Wohin auch; wusste ich doch nicht einmal, wo ich genau war. Auf den Wegen und Straßen, die ich passierte, pilgerten viele der neuen Mitbewohner dieses Landstriches her und hin, auf der Suche nach ihrem neuen »Zuhause«. Ich hoffte, unterwegs auf einen Klassenkameraden zu treffen. Irgendwo müsste doch mal einer von ihnen auftauchen, meinte ich, hoffte aber vergebens. Und dann fand ich endlich meine Einheit, die eigentlich gar nicht meine war, aber zu der ich jetzt zu gehören hatte. Sie war, vielleicht 300 Meter von der Ostsee entfernt, in einem großen Viehstall untergebracht. Hier, wo irgendwann einmal 80 Kühe standen, lagen jetzt etwa 120 Soldaten, gar nicht mal so dicht gedrängt, nebeneinander. Sie bildeten eine Kompanie, bestehend aus vier Zügen mit je 30 Leuten, kamen aus allen Waffengattungen und waren älter als ich, manche viel älter. Befehligt wurde der zackige Haufen von einem verhältnismäßig jungen Hauptmann, der uns bei jedem Morgenappell weismachen wollte, dass der Führer in Japan und nicht tot sei und uns von Japan aus befreien werde. Ich fand unter den Männern tatsächlich neben mir einen zweiten Halben, als da Pubertierenden, und freundete mich mit ihm an. Wir hielten uns so gut es ging aus den militaristischen Schnurrpfeifereien des Irren heraus, philosophierten und versuchten, an der Ostsee ein wenig Freiheit zu genießen, währenddessen die Kompanie zum 17. Male singend um das Gehöft marschierte. Wir durften unseren Freiheitsdrang aber nicht übertreiben, da die Heeres-Disziplinarordnung angewendet werden durfte und wir nicht unsere Entlassung gefährden wollten.

Obwohl wir uns so sauber wie möglich hielten, hatten sich auch zu meinem Kumpel und mir Läuse gesellt, die wir trotz der sofort eingeleiteten Such-fang-quetsch-Methode nicht loswurden. Es waren besonders nachtaktive Tiere, die während des Schlafes kreuz und quer unter der Wäsche über die bloße Haut rannten und dabei mal hier und mal dort furchtbar juckten. In dieser aktiven Zeit waren sie nicht zu fassen. Erst wenn sie ihren Verdauungsschlaf in einer der vielen Maschen meines gestrickten Wehrmachtspullovers hielten, hatte man Chancen. Mein Kumpel und ich fürchteten, unseren üppigen Haarwuchs zu verlieren, falls unsere Mitbewohner sich in unseren Haaren festsetzten. Man hätte uns dann unweigerlich den Kopf geschoren. So schnitten wir uns gegenseitig die Haare an den Genitalien ab und suchten täglich in unseren Kopfhaaren nach den beißenden Renntieren und deren Nissen. Mein Friseurhandwerkszeug hatte ich durch die Filzkontrolle bekommen und konnte jetzt mit professioneller Schere dienen. Es wurde uns jedenfalls kein Härchen gekrümmt.

Ich wäre gern als Erster entlassen worden, aber dann wäre nicht er, der Herr Hauptmann, Erster gewesen. Dieser Adolf-treue Schwätzer ließ zu Ehren seiner eigenen Verabschiedung die Kompanie antreten und hielt noch einmal eine Rede, in der er seinen staunenden Zuhörern versicherte, dass der Führer noch immer lebte und jetzt von einem geheimen Ort aus weiter agieren werde. Er wünschte uns noch alles Gute. Das einzig Positive an dieser Entlassung freute uns: Wir waren ihn los! – Nur einmal versuchten wir, schwarz aus dem Sperrgebiet abzuhauen. Ein »alter Hase« hatte die Vorbereitungen für einen gefahrlosen Grenzübertritt getroffen. An der Grenze sollte auf uns ein Lkw warten. Wir sollten am frühen Morgen gegen fünf Uhr dort sein und würden mit dem Fahrzeug, getarnt als Versorgungsfuhre, die Grenze passieren können. Nach Zapfenstreich trafen sich die fünf Ausbrecher vor der Stallung, besprachen anhand des dürftigen Kartenmaterials die Route. Es war eine herrliche sternenklare Frühlingsnacht. Der noch nicht ganz volle Mond strahlte mit seinem wärmenden Licht auf die bereits schlafende Landschaft. Aus einem unweit unseres Weges stehenden Haus bemühte sich gerade ein Landser, seine Sehnsucht nach Freiheit zu offenbaren. Aus dem geöffneten Fenster sang er mit voller Stimme das Durchhaltelied »Heimat, deine Sterne …«. Das gab uns zwar nicht direkt Auftrieb, wir fanden aber, dass dies – so als Omen gesehen – ein guter Anfang war. Wir liefen über Äcker und Felder, teilweise durch den Wald, begutachteten die Wetterseite der Bäume und richteten uns nach den Sternen, immer gen Südwesten, unserem Ziel entgegen. So latschten wir über fünf Stunden durch die Gegend und befanden uns dann gegen fünf Uhr morgens endlich dort, wo wir am Abend zuvor losgegangen waren!

Endlich frei! – Diemarden bei Göttingen

In der Jalta-Konferenz hatten die Alliierten auch die Einteilung Berlins in drei Sektoren (später vier) beschlossen. Nach Unterzeichnung der bedingungslosen Kapitulation Deutschlands am

8. Mai 1945 begannen die beiden Alliierten, später auch die Franzosen, mit der Besetzung ihrer Sektoren. Hier im Sperrgebiet erfuhr ich fast nichts über diese Aufteilung. Ich wusste nicht, welche Macht für meine Heimat Britz zuständig war. Nach dem russisch besetzten Berlin entließ der Engländer in den ersten Nachkriegsmonaten keinen seiner Gefangenen. – Und ich hatte solche Sehnsucht nach Berlin! – Ob Mutter und Vater noch lebten? Diese Frage beschäftigte mich täglich. In den Gesprächen, die ich mit meinem Kumpel führte, tauschten wir oft unsere Kindheitserlebnisse aus und trösteten uns gegenseitig, wenn wir besorgt um unsere Eltern bangten. – Mein Cousin Heinz, Sohn meiner Tante Lucie, hatte mir einmal anlässlich eines Kurzurlaubes in Diemarden, einem Dorf nahe Göttingen, vorgeschlagen, uns nach Kriegsende bei der mit ihm befreundeten einheimischen Familie zu treffen, falls man nicht mehr nach Berlin käme. Diese Adresse, die ich immer bei mir trug, konnte ich jetzt anstelle Berlins als Entlassungsort angeben. Sie wurde auch anerkannt, und so war ich endlich am 1. August 1945 an der Reihe. Ich erhielt einen Marschbefehl nach Eutin. Dort konnten wir erst duschen und wurden dann in einem Raum von oben bis unten mit DDT-Pulver eingesprüht. Unsere Klamotten wurden extra behandelt. Man stank zwar nach dieser Prozedur wie eine chemische Keule, die Läuse aber war ich los. Der englische Offizier stellte mir Fragen, die ich gar nicht beantworten konnte. Offenbar suchten sie nach Wehrwölfen, von denen ich keinen blassen Schimmer hatte. Ich erhielt trotzdem meinen Entlassungsschein und wurde zu einer Exgefangenen-Gruppe geschickt, die nach Göttingen und der weiteren Umgebung wollte.

Heinzens Frau Margot wohnte mit ihrer Tochter schon seit einiger Zeit in Diemarden bei ihren Freunden. Ich wurde von ihnen herzlich aufgenommen und schlief zunächst auf einer Eckbank. Obwohl wir uns auf dem Lande befanden, gelang es uns nicht, die uns zustehenden Lebensmittelrationen in irgendeiner Weise aufzubessern. Die Landwirtschaft wurde hier von großen Gütern betrieben, in denen die Landbevölkerung beschäftigt war. Unsere gemeinsamen Versuche, mit Heinz, der einige Zeit nach mir aus der Gefangenschaft eintraf, bei den Gütern Lebensmittel zu organisieren, brachten fast gar nichts ein. Nachdem uns dann an einer Torausfahrt die Gutsbesitzerin fünf Kartoffeln, einige Mohrrüben und etwas Petersilie in die Hand gedrückt hatte, gingen wir, rachsüchtig wie wir waren, nachts als Heimkehrer verkleidet auf die nahrhaften Felder und klauten Frühkartoffeln. Jeder von uns bekam einen Rucksack voll, und so hatten wir nach zwei bis drei Feldzügen etwa 30 Kilo dieser nahrhaften Knolle als Vorrat angelegt. Ich wollte nicht auf der faulen Haut liegen bleiben und schloss bei einer Göttinger Baufirma einen Lehrlingsvertrag als Maurer ab. Da ich noch keine 21 Jahre alt und damit nicht volljährig war, musste ein Erziehungsberechtigter her. Margots Mutter, eine sehr resolute Frau, übernahm dieses Amt mit beinahe zu viel Ehrgeiz und avancierte zu meiner Ersatzmutter. Meine Bemühungen, über das Rote Kreuz in Erfahrung zu bringen, ob meine Mutter noch am Leben war, blieben erfolglos. Ich konnte allerdings eine Nachricht an unsere Adresse schicken, mit der sie erfuhr, dass ich noch lebte. Die Ungewissheit ließ mich nicht ruhen.

Über die »grüne Grenze« nach Berlin

Ich ließ meine Entlassungspapiere in die russische Sprache übersetzen und versuchte, legal über die Grenze zwischen der englisch und der russisch besetzten Zone nach Berlin zu gelangen. Während der englische Grenzer mich passieren ließ (mein Schulenglisch ließ grüßen!), schrie mir der russische ein klares »Njet« entgegen. Und das verstand ich sofort, auch ohne der russischen Sprache mächtig zu sein. Was blieb mir also übrig, als mich an einem wohlorganisierten »Grenzdurchbruch" zu beteiligen. Kurz gesagt, ich erreichte auf abenteuerliche Weise in mein Zuhause Berlin-Britz. Meine Mutter saß gerade am Fenster unserer Parterrewohnung in der Hufeisensiedlung, als erwarte sie mich. Wir fielen uns tränenreich in die Arme. – Mein Vater kam einige Monate später aus Norwegen, und so gehörten wir zu den glücklichen Familien, die nach dem Kriege wieder vereint waren.

Nun war es an der Zeit, sich über seinen weiteren Ausbildungsweg Gedanken zu machen. Ich hatte keine Lust mehr, die Schule weiter zu besuchen. In Göttingen hatte ich mit der Maurerlehre bereits einen Grundstein für meinen Berufsweg gelegt. Da Berlin fast vollkommen zerstört war und die Ruinen das Straßenbild beherrschten, schien mir ein Beruf in der Baubranche aussichtsreich zu sein. Zudem hatte sich in Göttingen bereits gezeigt, dass ich handwerklich begabt war und mir die Arbeit Spaß machte. Was lag da für mich näher, als mit dem Einjährigen endgültig die Schule zu schmeißen und mich als Baupraktikant zu verdingen, um später an der Baugewerkschule die Prüfung eines Schmalspuringenieurs abzulegen. Mein Vater sagte zwar: »Junge, werde Beamter!«, aber wer hört schon auf seine Eltern! Wer hört noch dazu auf einen Vater, der 1946 ohne Quellenangabe behauptete, Deutschland würde wieder vereinigt werden – allerdings erst in 50 Jahren!

Wegen meines schweren Rheumaleidens musste ich dem kaltnassen Bau den Laufpass geben und arbeitete dank meiner lieben Nichte Eva ein paar Monate in Sachen »shipping and receiving« beim Amerikaner auf dem Flugplatz Tempelhof. Dann verdingte ich mich zunächst über den Jugendnoteinsatz, später als wohlbestallter BAT-Kleinangestellter im Neuköllner Amt für Jugendförderung als Mädchen für alles. Ich bekam

Freude an der Jugendarbeit und beschloss, Jugendpfleger zu werden.

Politischer und sonstiger Nachholbedarf

In den Hungerjahren nach dem Zusammenbruch des Tausendjährigen Reiches versuchten meine Freunde und ich, unsere Freizeit möglichst sinnvoll zu gestalten. Zunächst wurde bei der Tanzschule Seidel ein Kursus belegt, um das nachzuholen, was uns durch den Krieg versagt gewesen war. Wir wollten endlich das Tanzbein schwingen und wurden eine tanzwütige Gruppe, die kaum eine Tanzveranstaltung ausließ. Mein Freund Klaus und ich tanzten uns von Kursus zu Kursus bis in den Turnierkursus hinein, der allerdings bei mir mangels passender Partnerin abgebrochen werden musste. Der Lust am Gesellschaftstanz tat das aber keinen Abbruch. Es wurde weiter getanzt und auch gejazzt.

Wir liebten die uns unter dem Dritten Reich vorenthaltene »verbotene Musik«, die wir trotz des Verbotes in unserer Flakstellung Freienbrink nach Zapfenstreich heimlich genossen. Tanz und Swing waren für mich das eine »Standbein« meiner Freizeit. Bekanntermaßen kann man auf einem Bein schlecht stehen, und so versuchte ich mein Standvermögen durch den Besuch einer Jugendgruppe zu festigen. Mein Vater, der bereits vor 1933 alter Sozi-Anhänger war, trat 1946 der SPD bei. Nach einigen gemeinsamen Gesprächen gelang es ihm, mich mit dem Sozi-Bazillus zu infizieren. So vorbereitet, gastierte ich in einer der von dem alten »Vordreiunddreißiger« Erwin Etzkorn und seiner Ehefrau Friedel betreuten Falkengruppe »Kurt Schmidt«. Erwin Etzkorn wurde 1928, im Jahre meiner Geburt, Mitglied der Arbeiterjugend. Er war von 1946 an Bezirksverordneter in Neukölln und wurde 1959 Bezirksverordnetenvorsteher seines Bezirkes.

Jugendarbeit bei den »Falken«

Mir gefiel die Art und Weise, wie man in der Falkengruppe miteinander umging, und ich erfuhr etwas über deren Ziele und die Geschichte der Arbeiterjugend. Ich hörte in ein, zwei Treffen – getreu meinem Wahlspruch »festina lente« – geduldig zu, um mir ein Urteil bilden zu können. Kaum fing ich dann an, mitzureden und diesen oder jenen Vorschlag zu unterbreiten, hatte ich auch schon eine Funktion an der Backe. Ich sollte dann eine zweite Gruppe aufbauen, konnte nicht »Nein« sagen und versuchte mein Glück. Es war nicht immer einfach, die Mitglieder zu aktivieren. Im Jungvolk, der Vorstufe zur Hitlerjugend, wurde befohlen. Hier war jetzt Überzeugungsarbeit zu leisten und möglichst vorbildlich voranzugehen. Ich freute mich immer wieder, wenn ich die Mitglieder für eine Aktion, sei es eine Veranstaltung, eine Fahrt oder ein Ausflug, überzeugen konnte. Ich hatte aber auch das Glück, mich auf angenehme Mitstreiter verlassen zu können.

Zelten am »Großen Fenster« – Havel

Das »Große Fenster« an der Havel war lange Zeit unser Strand, an dem wir uns zum Baden, zu gemeinschaftlichen Zauselstunden (so viel wie »Afrikanisches Duell« aus dem »Geheimen Kinderspielbuch« von Joachim Ringelnatz) oder zum Zelten trafen. Dabei waren Jungen und Mädchen in aller Natürlichkeit beisammen, schlossen Freundschaften, die lange Zeit, auch ohne den heute fast unvermeidlichen Sex, hielten. – Ich erinnere mich an eine Begebenheit, als meine weiblich-männlich gemischte Schar den Wunsch nicht loswurde, unbekleidet in die Havel zu springen. Ich hatte keine rechte Lust, weil mir das Wasser zu kalt war. Die Wasserratten entledigten sich der Kleidung und rannten voller Genuss in die Havel. Auf der Havel gab es in dieser Zeit kaum Schiffsverkehr, doch kam just in diesem Moment ein Motorboot an den nackicht Badenden vorbei, auf dem vier offenbar gut situierte Herren saßen, die sich über diese Unsittlichkeit sehr empörten und die Wasserschutzpolizei holten. Rasch warf ich den Badenden ihre Badehosen und -anzüge zu, die sie unter Wasser anzogen. Als die Polizei erschien und Unsittliches ahnden wollte, entstiegen der Havel ganz brav und gesittet meine Falken.

In den Jahren 1946, 1947 gründeten wir in Britz weitere Falkengruppen. Die Britzer Gruppen arbeiteten mit den Rudowern eng zusammen. Ihr Chef, Horst Simanowski – Mitglied des Abgeordnetenhauses von Berlin von 1946 bis 1950 – leistete mit seiner Frau vorbildliche Arbeit.

Während in Britz und Rudow die jugendpflegerische Arbeit im Vordergrund stand, hatten die Rixdorfer Gruppen eine kämpferisch-politische Erziehungsauffassung. Diese beiden konträren Ansichten (rechts oder links?) gaben oft Anlass zu verbalen Auseinandersetzungen, die nicht immer freundschaftlich verliefen. So wurde ich als »vor dem Klerus kniefallender Verräter« bezeichnet, weil ich in Britz versucht hatte, mit der katholischen Jugendgruppe zusammenzuarbeiten.

Im Rahmen unserer jugendpflegerischen Arbeit erarbeiteten wir uns in intensiver Kleinarbeit kabarettistische Programme, die wir in der Britzer Onkel-Bräsig-Schule, der »Capri« (einem in der Karl-Marx-Straße gelegenen Tanz- und Unterhaltungssaal) sowie in sozial betreuten Heimen aufführten. »Achtung Aufnahme«, so hieß unser kabarettistisches Rundfunkprogramm – politisch, humoristisch und musikalisch von uns schweißtriefend aufgearbeitet und ständig unter Lampenfieber aufgeführt.

Die Einladungen hierzu wurden auf die unbedruckten Rückseiten von mir organisierter uralter Originalkrankenblätter (der Datenschutz lässt grüßen!) geschrieben und an Hinz und Kunz verteilt. Auf gleich wertvollem Papier wurden die Plakate selbst entworfen, die dann an den Ladentüren von Britzer Geschäftsleuten hingen und zum Kauf der Eintrittskarten zum Preis von 0,50 DM verlocken sollten. Ab und zu fuhr ich auch mit einem Lautsprecherwagen durch die Hufeisensiedlung und verkündete das bevorstehende kabarettistische Ereignis. Ich war damals noch nicht einmal volljährig, also unter 21 Jahre alt, und zog ungeachtet eventueller finanzieller oder sonstiger Konsequenzen die geplanten Aktionen mit Enthusiasmus durch. Der Erfolg, an dem die vielen Akteure ihren gehörigen Anteil hatten, bewies uns, auf dem richtigen Pfad der Jugendpflege zu wandeln.

Durch einen Zufall lernte ich 1946 einen jungen Gehörlosen kennen, der außerhalb der bekannten Jugendorganisationen eine Gruppe gehörloser Jugendlicher betreute. Er konnte, wenn ich mir beim Artikulieren Mühe gab, von meinen Lippen ablesen. So führten wir ein für mich interessantes und lehrreiches Gespräch, aus dem ich die Sorgen und Nöte gehörloser Menschen kennenlernte. Wir vereinbarten ein Treffen mit seinen Freunden. Nach mehreren Zusammenkünften schlug ich ihnen vor, sich den Falken anzuschließen, um gegen ihre Ausgren-

zung etwas zu unternehmen. Nach einer eingehenden in Ge-
bärdensprache geführten Diskussion – für einen Hörenden ein
erstaunlich lebhaftes lautloses Erlebnis – beschlossen sie den
Anschluss. Die zwischen ihnen und den Falken stattfindenden
Veranstaltungen – leider hat es nicht viele gegeben – halfen
gegenseitiges Verständnis aufzubauen und förderten ein Zusammengehörigkeitsgefühl. Selbst bei gemeinsamen Tanzver-
anstaltungen unterschieden sich weder beim Walzer noch beim
Boogie-Woogie Hörende und Gehörlose. Die einen hörten die
Musik mit den Ohren, die anderen mit ihren Gefühlen und
den Augen.

Mir bereitete die Arbeit bei den Falken jedenfalls viel Freude
und sie erfüllte mich voll und ganz. Ich war mit vielen meiner
Mitstreiterinnen und Mitstreiter mehr oder weniger gut befreundet – auch über den Falkengruß »Freundschaft« hinaus!

Britzer Falken der »ersten Stunde«

Die Luftbrückenzeit

Am 24. Juni 1948 sperrten die Sowjets die Zufahrtswege in die Bundesrepublik Deutschland. Sie verfolgten damit die Absicht, den Rückzug der westlichen Alliierten aus Westberlin zu erzwingen, um danach die alleinige Herrschaft über ganz Berlin ausüben zu können.

Bereits am 25. Juni 1948 befahl der amerikanische General Lucius D. Clay die Einrichtung einer Luftbrücke, die die Versorgung der Westberliner sichern sollte. Zweimotorige Flugzeuge der Baureihe C 47 flogen danach alle drei Minuten, im Abstand von 13,5 Kilometer je Maschine, von Westdeutschland nach Berlin, wie in den Annalen nachzulesen ist. Die Engländer beteiligten sich mit Wasserflugzeugen an dieser Aktion.

Um die Stromversorgung in Westberlin nicht gänzlich zusammenbrechen zu lassen, sorgten zeitlich unterschiedliche Stromsperren für einen überlebensnotwendigen Bedarf. Die neuesten Nachrichten konnten nicht mehr zu den gewohnten Zeiten über den Äther gesendet werden. Man wusste nicht mehr so recht Bescheid, Gerüchte drohten die noch bestehende Einigkeit der Westberliner aufzuweichen. Unser Sender, der »RIAS Berlin« (Rundfunk im amerikanischen Sektor), versorgte die Wissensbedürftigen in fast allen westalliierten Verwaltungsbezirken über Lautsprecher mit den neuesten Nachrichten. Warum auch immer, der Bezirk Neukölln schickte täglich seinen eigenen Lautsprecherwagen zu bestimmten Zeiten an festgelegte Haltestellen, an denen die RIAS-Nachrichten den dort bereits wartenden Mitbürgern lauthals übermittelt wurden. Ich wurde zu der Zeit über den Jugendnoteinsatz zu der Pressestelle des Bezirksamtes Neukölln abgeordnet, um den dortigen Pressestellenleiter, einen ziemlich fahrigen Herrn, bei seiner schweren Arbeit zu unterstützen. Mir fiel in erster Linie die Aufgabe zu, die paar Zeitungen nach Neuigkeiten zu durchforsten und abwechselnd mit zwei anderen Stimmgewaltigen die RIAS-Nachrichten zu verkünden. Die Nachrichten übergab mir der RIAS-Sprecher am Hermannplatz, dessen Tätigkeit dort endete, zur weiteren Informationsrundreise durch Neukölln. Manchmal verpassten wir die Nachrichtenübergabe am Hermannplatz. Mir passierte es zum Glück nur zweimal. Dann war ich auf die, im wahrsten Sinne des Wortes, zusammengehauenen Nachrichten angewiesen, die der Pressechef aus dürftigem und zum Teil veraltetem Zeitungsmaterial entworfen hatte. Dieser Eigenbau brachte mich mitunter leicht ins Stottern. Ich war dann zufrieden, die Stätte meiner Blamage schnellstens wieder verlassen zu dürfen. Gefährlich wäre es geworden, wenn ich nach dem Manuskript einen Wetterbericht hätte verlesen müssen, der den herrlichsten Sonnenschein versprach, während draußen die Zuhörer bei einem Platzregen unter ihren Regenschirmen standen. Ich verzichtete dann lieber auf den ausführlichen Wetterbericht und verabschiedete mich mit den Worten: »Wie Sie sehen, lässt das Wetter sehr zu wünschen übrig. – Sie hörten die Nachrichten des Senders RIAS Berlin!«

Lebensmittelkarten sorgten in dieser schweren Zeit für eine gerechte Zuteilung der knappen Nahrungsmittel. Unter der Rationierung litten vor allem Kinder und Jugendliche, die gerade im Wachstum genügend und Nahrhaftes zwischen die Zähne bekommen mussten. Kirchliche Einrichtungen, Jugendverbände und Wohlfahrtseinrichtungen versuchten über ihre zum Teil bestehenden ausländischen Verbindungen die größte Not zu lindern.

Zu den Wohlfahrtsverbänden gehörte auch die heute noch existierende Arbeiterwohlfahrt (AWO), die durch die Alliierte Kommandantur am 2. Mai 1946 zugelassen wurde. Ihre Geschäftsräume befanden sich in den ersten Jahren in der Kochstraße. Von April 1947 an war die Sozialdemokratin Ida Wolff (verstorben 1966) 17 Jahre lang zunächst Geschäftsführerin, später Vorsitzende dieser Vereinigung, die sich durch Mitgliedsbeiträge und Spenden finanzierte. »Mutter Wolff«, wie sie von uns genannt wurde, organisierte während der Berliner Blockade Kinderluftverschickungen und Kinderzeltlager.

Kinderzeltlager im Glienicker Schlosspark

Eines dieser Lager sollte in den Monaten Juli bis September 1948 im Glienicker Schlosspark für 10- bis 14-jährige Jungen und Mädchen eingerichtet werden. Der Schlosspark liegt nahe der während des »Kalten Krieges« historisch gewordenen Glienicker Brücke an der Grenze zu Potsdam. Das in den Park eingebettete Schloss Glienicke diente dem Prinzen Carl von Preußen, einer der Söhne des preußischen Königs Friedrich Wilhelm III., als Wohnsitz. Einzelne Details seiner »Leidenschaften für Antiken und andere Alterthümer« wurden von dem Architekten Karl Friedrich Schinkel und dem Gartenbauarchitekten Peter Joseph Lenné in die Gestaltung dieser einzigartigen Architektur und Gartenlandschaft übernommen.

Die AWO übertrug sowohl die pädagogische als auch die technische Lagerleitung den Falken. Das Küchenpersonal stellte die AWO, für die medizinische Betreuung waren Mitglieder des Arbeiter-Samariter-Bundes zuständig. Mir fiel die Aufgabe zu, die ganze Angelegenheit als technischer Lagerleiter so gut es ging abzuwickeln.

Am 11. Juli wurden 15 Zelte aus amerikanischen Heeresbeständen von fleißigen Helfern unter den altehrwürdigen Bäumen, je fünf ein »Dorf« bildend, aufgebaut. Die Lagerleitung nebst Samaritern mussten sich mit den zerstörten, provisorisch hergerichteten Räumen im Kavalierflügel zufriedengeben, während ich – wie ich jetzt bei Wikipedia nachforschen konnte – in dem im ersten Stockwerk gelegenen Zimmer des ehrenwerten Grafen von Moltke hauste, welches auch ab und an Prinz von Hohenlohe-Ingelfingen nutzte. Allerdings hatten die Hoheiten ganz sicher Türen in den Wänden und waren nicht durch fensterlose Fensterhöhlen beim An- und Auskleiden den Blicken neugieriger Zuschauer preisgegeben. Wenn es windig war, pfiff dieser gnadenlose Geselle rücksichtslos heulend durch sämtliche Tür- und Fensterhöhlen und machte mir nachts Angst, weil ich nicht sicher war, ob nicht doch noch ein paar Gespenster aus des Prinzen Zeiten ihr Unwesen trieben. Hatte der Krieg dem Schloss schon übel mitgespielt, so gaben ihm die nach Kriegsende frierenden Holzsammler den Rest. Im Schlosshof vermischten sich die herabgefallenen Dachziegel mit wertvollen Skulpturen antiker Sammlungsstücke des Prinzen, die vordem an den Fassaden des Schlosses angepappt waren. Keiner von uns erahnte, auf welch wertvollen Kulturgütern er herumtrampelte!

Die Küche mit den Gulaschkanonen fand ihren Platz in einer der Remisen. Hier hatten die starken Eichentore den Holzsammlern so weit standgehalten, dass sie, provisorisch hergerichtet, wieder ihren Dienst erfüllen konnten.

Am 12. Juli sollten die Kinder des ersten Durchganges, der jeweils 20 Tage währen sollte, kommen. Wie ich feststellen musste, befanden sich die Zelte in einem mehr als schlechten Zustand. Obwohl es an Zeltstoff und Gummilösung fehlte, gelang es uns aber, die schadhaften Stellen noch vor Eintreffen der Kinder zu flicken, sodass ihnen der Regen nichts anhaben konnte.

15 Helfer holten die 160 Kinder am S-Bahnhof Wannsee ab und führten sie die lange Wegstrecke über den »Kilometerberg« (Schäferberg – 106 Meter hoch) bis zum Schlosspark. In Anbetracht der kommenden Erlebnisse waren die Neulinge guter Dinge, zumal sie ihr Gepäck nicht zu schleppen brauchten. Diese Last nahm ihnen ein von uns organisierter Lkw ab.

Nachdem sich die aus verschiedenen Westberliner Verwaltungsbezirken kommenden Kinder in ihren Zelten häuslich niedergelassen und hundemüde auf die Army-Pritschen gehauen hatten, brütete die Helfergemeinschaft über das Prozedere für eine erfolgreiche Jugendarbeit. Man hielt sich die Lage Westberlins vor Augen und war sich einig, den Kindern die Ernährungskrise so klarzumachen, dass sie für die knappen Lebensmittel ein gewisses Einsehen aufbrächten. In jedem Falle sollten die Kinder sinnvoll im Sinne einer demokratischen Jugendarbeit beschäftigt werden. Das Zeltlager war als eigener Staat zu verstehen, dessen »Bürger« sich ihr Parlament wählten und in Sitzungen über die Lagerordnung und die Gestaltung ihrer Freizeit palavern und mehrheitlich beschließen konnten. Diese Maxime wurde übrigens in allen drei Durchgängen mehr oder weniger erfolgreich praktiziert.

Ein Tagesprogramm lief etwa wie folgt ab:

8:00 bis 9:00 Uhr: Wecken, Frühsport, Waschen, Zelte spannen

9:00 bis 9:30 Uhr: Frühstück (süße Suppe und zwei Schnitten mit Creme)

9:30 bis 12:30 Uhr: Nach Beschluss

12:30 bis 13:00 Uhr: Mittagessen (Schulspeisung, 2 Brötchen, Suppe)

13:00 bis 16:00 Uhr: Mittagsruhe

16:00 bis 16:30 Uhr: Kaffeezeit (Muckefuck, zwei Schnitten mit Fett)

16:30 bis 19:00 Uhr: Nach Beschluss

19:00 bis 19:30 Uhr: Abendbrot (drei Schnitten, süße Milchnudelsuppe)

19:30 bis 21:30 Uhr: Nach Beschluss

21:30 Uhr: Lagerruhe

22:00 Uhr: Zeltruhe

Das »OFFICE OF MILITARY GOVERNMENT« (US Berlin Sector) hatte der AWO am 6. Juli 1948 die Durchführung des Zeltlagers genehmigt. Das Genehmigungsschreiben enthielt den handschriftlichen Zusatz: »This approval does not authorize the issue of extra food above the ration.« (Diese Genehmigung ermächtigt nicht die Ausgabe zusätzlicher Lebensmittel über die festgesetzte Ration.) Dennoch fuhr eines Tages ein Lkw, voll beladen mit Lebensmittelspenden aus Amerika, auf das Schlossgelände. Ida Wolff und Franz Neumann, der damalige oberste Berliner Sozi, waren eigens in das Lager gekommen, um die für uns wichtigen Nahrungsmittel von Mrs. Studd entgegenzunehmen. Da freuten sich am meisten unsere Küchenfeen, die nun ihre eigenen Kochkünste unter Beweis stellen konnten und nicht nur auf die Verteilung der in Thermophoren gelieferten Schulspeisung beschränkt waren. Jetzt galt es, aus Trockenkartoffeln, Maismehl, Mungobohnen (nie wieder gesehen!), Zucker, Schmalz, Erdnussbutter, Fleischbüchsen und Trockengemüse wohlschmeckende Mahlzeiten zu kochen. Unsere Küchenfeen begannen zu zaubern. Dank der amerikanischen Spenden gelang es uns jedenfalls nicht nur, unsere Schützlinge zu sättigen, sondern sie nach 20 Tagen ein paar Pfündchen schwerer nach Hause zu schicken.

Ich hütete unsere Schätze gemeinsam mit dem Küchenpersonal. Weh dem, der sich unberechtigt an sie heranmachen wollte! Selbst eine inhaltlich übel riechende Fleischbüchse musste es sich gefallen lassen, vom Lagerarzt Dr. Sowieso schriftlich als verdorben bezeichnet zu werden. Das nannte man früher »preußische Ordnung«!

Während von den Kindern kaum über das Essen geklagt wurde, gab es den einen oder anderen Helfer, der den Hals nicht voll kriegen konnte. Da behauptete beispielsweise einer, er habe sich in der ersten Woche, um nicht zu verhungern, zwei Brote dazukaufen müssen. Der Küchenkommissionsobere wusste über den fast Verhungernden zu berichten, dass er abends neben seiner Suppe und vier Schnitten noch einen »Nachschlag« bekommen hatte, den er sich für den Morgen aufheben wollte, um den Hunger zu vergessen. Zum Glück waren das Einzelfälle, die in einer Zauselstunde demokratisch gelöst wurden.

Nahrungsmittelspende aus den USA

Abgesehen vom Stammpersonal blieben die wenigsten Helfer 60 Tage, also alle drei Durchgänge, im Lager. Nach 60 Tagen kamen uns, die wir blieben, die vielen köstlichen süßen Suppen förmlich zum Halse raus. Wir gönnten uns, als dann alle Kinder weg waren, ein lukullisches Festmahl: deutsche sonnengereifte Tomaten mit klein geschnittenen Zwiebeln, in amerikanischem Schmalz geschmort. War das lecker!

248

Politische Bildungsarbeit oder Spiel und Freude

Abgesehen von der Nahrungsmittelversorgung ging es uns auch um die sinnvolle Beschäftigung der Kinder. Sie sollten sich bei uns in der Gemeinschaft nicht nur wohlfühlen, sondern auch gegenseitige Rücksichtnahme in demokratischer Gesinnung erlernen. Hier bildeten sich in der Helfergemeinschaft zwei unterschiedliche Auffassungen, so wie ich sie in meiner Britzer Falkenarbeit kennengelernt hatte: politische Bildungsarbeit oder durch Spiel und Freude die Kinder näher an die Politik heranzuführen. Wie waren doch einige Helfer darüber empört, als das Wohlgefühl der Kinder abends zum Ausbruch kam: Da zogen sich die Jungen Kleider an und die Mädchen schlüpften in Hosen und gemeinsam hüpften sie durch die Zeltstadt und sangen ihr Lieblingslied. Und weil ihr Lieblingslied nun gerade das Lied »Nie, nie wollen wir Waffen tragen!« war, sangen sie es. »Au«, meinten dann einige Helfer der politischen Bildungsarbeit, »eine derartige Entweihung dieses Liedes darf man nicht dulden!«, und untersagten fortan solche Umzüge. Spiel-und-Freude-Anhänger, zu denen ich ja gehörte, führten sie wieder ein, nachdem wir uns demokratisch durchgesetzt hatten.

Die Havel floss so dicht an unserem Lager vorbei, und dennoch: Keiner durfte sich in oder mit dem Havelwasser erfrischen! Schuld hatte die Blockade. Da es an Kohle mangelte, konnte auch nicht genügend Strom erzeugt werden, um die Pumpanlagen der Berliner Wasserwerke zu betreiben, die das von den Westberlinern erzeugte Abwasser (einschließlich der Fäkalien) auf die Rieselfelder verteilten. Sie mussten stillgelegt werden, und die ganze Scheinheiligkeit floss ungefiltert in die Havel. Das von uns untersuchte Havelwasser wimmelte nur so von Bakterien. Die Kinder sahen auch ein, dort nicht baden zu können, und wuschen sich an den hierfür vorgesehenen Wasseranlagen.

Unsere Schutzbefohlenen konnten an verschiedenen Neigungsgruppen, wie Gesang, Laienspiele, Sport, Lesen und Volkstanzen, teilnehmen. Ausflüge, Wanderungen und auch Dampferfahrten sorgten für Abwechslung.

Einmal angeregt oder für etwas begeistert, nahmen die Kinder die Sache selbst in die Hand und führten sie, mit sich und der Umwelt zufrieden, erfolgreich durch. So geschehen mit der Glienicker Olympiade. Auf einem von mir entworfenen Plakat stand lediglich: »OLYMPIADE – teilnahmeberechtigt sind: …« Es folgte die Aufzählung 18 westlicher Länder und der Hinweis, dass Meldungen sofort entgegengenommen würden. Dieses Plakat pappte ich vor dem Wecken an die »Dorftafel«.

Als ich am Spätnachmittag nach einer Lebensmittelschnorrerei aus Berlin zurückkam, hatten sich mindestens zehn Kinder in meinem hochherrschaftlichen Zimmer meiner organisierten Papierrollen bemächtigt und waren dabei, im Zimmer, im Gang und auf den Treppen die Fahnen der von ihnen adoptierten Länder zu entwerfen. Darüber hinaus gaben sie noch zusätzliche Anregungen zum weiteren Ausbau der Olympiade. Am nächsten Tag hatten 18 Länder ihre Teilnahme amtlich zugesagt. Es standen die Disziplinen Völkerball, Hürdenlauf, Hindernislauf, Staffellauf und »lustige Staffel« zum Wettstreit.

Am 1. September wurde die Olympiade um neun Uhr eröffnet. Sie war um 19 Uhr beendet. Danach fand die Siegerehrung statt, die wieder der eine oder andere Helfer so gar nicht im Sinne des Sozialismus fand. Alle anderen hat es gefreut, besonders für die Kinder war es ein einmaliges Erlebnis.

Meine Laienspielgruppe

Ich begeisterte zwei Händevoll Jungen und Mädchen, unter meiner Leitung ein Laienspiel einzuüben, um es beim nächsten Elternbesuch aufführen zu können. Mit viel Geduld und

längerem Zureden meinerseits versuchten sie, ein aufführungs-
würdiges Laienspielstück einzustudieren. Ich wanderte mit ihnen, dozierend, durch den Glienicker Forst, machte mit ihnen
eine Dampferfahrt, ging abends noch mit ihnen spazieren. Sie
müssen mich unheimlich gern gehabt haben; denn sie wichen
mir kaum von der Pelle. Es beruhte auf Gegenseitigkeit. Ich
hätte die Truppe am liebsten, wenn es denn gegangen wäre,
adoptiert! – »Text vergessen gibt's nicht!«, war meine Devise.
Sie sollten einfach weiterreden, eben gerade so, wie ihnen der
Schnabel gewachsen war! – »Und wat machen wir, wenn een
Rosinbomber kommt?« – Schwere Frage. Einfach »Guck mal,
da kommt schon wieder einer!« sagen!

Fredis Laienspielgruppe

Der Tag der Aufführung vor der versammelten Elternschaft
kam und meine Leute führten ihr »einstudiertes« Stück auf.
Über uns flog alle dreieinhalb Minuten ein Retter. In den ersten zwei Minuten saß der Text, dann dröhnte eine C 47 über
unseren Köpfen: »Kiek ma, een Flugzeuch!«, erhobener Zeigefinger; der Text war weg. Man sprach nun, wie einem der

Mund gewachsen war: Zeigefinger – Kiek ma! – Man wurde persönlicher: »Meine Olle hat dicke Beene, und deine?« – Zeigefinger – Kiek ma! – Text wurde immer persönlicher – Zeigefinger … – Nach einer halbstündigen Darbietung wussten weder das Publikum noch ich, worum es in diesem Stück eigentlich ging. Vielleicht hätte man es »Kinderspiel unter der Luftbrücke« nennen können. – Ich war stolz auf meine Truppe!

»Schrippenmeier« und andere Freuden

Ab und zu gelüstete es meine engsten Mithelfer und mich nach Abwechslung. Die Arbeit mit den uns Anvertrauten befriedigte uns zwar, war aber oftmals auch nervenaufreibend und verlangte nach einer ausgleichenden Erholungspause, die uns wieder die Kraft geben sollte, Freude zu verbreiten – also »Kraft für Freude« und nicht »Kraft durch Freude«! »Schrippenmeier«, seines Zeichens Bäckermeister in Wannsee, wusste da Rat. Er, Helmut Meier, wollte nicht nur Brot für uns backen, sondern sah in uns auch geeignete Ballschmetterer für seine in der Chausseestraße stehende nicht ausgelastete Tischtennisplatte. Wir waren sofort mit dabei. Zweimal wöchentlich trafen wir uns am späten Nachmittag bei ihm und schlugen den kleinen weißen Ball über das Netz. Helmut, trotz seines Berufes ein sportlich durchtrainierter Typ, verlor selten ein Spiel. Nur ab und zu besiegte einer von uns den Champion. Obligatorisch setzten wir uns abschließend wieder »frisch gemacht« an den gedeckten Tisch und aßen zu dem duftenden Kaffee Selbstgebackenes.

Einmal kam unser ausgleichender Bäckermeister auf die Idee, im damaligen »Sportpalast« – dort wurde gerade für ein Sechstagerennen trainiert – mit dem Fahrrad ein paar Runden zu drehen. Ich prophezeite ihm, dass er die Bahn nicht einmal werde betreten dürfen, doch schon saß er auf dem Sattel eines herrenlosen Rennrades, rief einigen herumstehenden Profis zu: »Ich fahr mal eben!«, und zischte von der höchsten Stelle hinab in die Gerade. Sein Ansinnen: »Nun du!«, lehnte ich dankend ab.

Zweimal gönnten wir uns das Vergnügen, ins Wannsee'er Kino zu gehen. Der Weg dorthin führte ja, wohl oder übel, über den Kilometerberg, für die heutige Zeit eine sportliche Herausforderung, damals ein fast normaler Fußweg. Auf dem Hinweg begleitete uns die Sonne, mal mit, mal ohne Wolken, während wir die menschenleere, lange, unbeleuchtete Straße im Dunkeln zurücklegen mussten. Statt des heute dort vorherrschenden Verkehrslärms hörten wir alle paar Minuten – ob tags oder nachts – die Motorengeräusche der den Flughafen Tempelhof anfliegenden Rosinenbomber.

In dem Film »39 Stufen« ging es um die fiese Arbeit einer ausländischen Spionageorganisation, die mit Mord und Totschlag zu tun hatte, und irgendwer reiste dabei verängstigt durch das unheimliche schottische Hochmoor.

Der zweite Film »Die Wendeltreppe« spielt in den Zwanzigerjahren in Neuengland und handelt von einem Serienmörder, der junge Frauen kaltblütig umbringt.

Mit dem Gepäck hie Mord/Hochmoor und da Serienmörder/Frauenleichen im Hirn machten wir uns dann jeweils lustig scherzend auf den nächtlichen langen Nachhauseweg. Je näher wir dem Lager kamen, desto ruhiger wurde ich; denn ich wusste, was bald geschah: Meine beiden Freunde krochen mit ihrem Gepäck in ihre Zelte und wurden von zehn schlafenden unschuldigen Kindern vor Außerirdischen geschützt. Ich musste hingegen ganz allein in das voller Gespenster und Geister wimmelnde Schloss über die unwirtliche Schlosstreppe gehen, um in mein tür- und fensterloses Gemach zu gelangen.

Wenn es sich dabei auch nicht um eine Wendeltreppe handelte und sie auch keine 39 Stufen hatte, mir klapperten jedenfalls die Zähne vor lauter Angst, und zwar so laut, dass sich selbst die Gespenster und Geister fürchteten.

Geburtstagsüberraschung

Der 19. Juli 1948 war für mich ein Tag wie jeder andere. Nachdem ich meinen morgendlichen Lauf durch den Glienicker Park hinter mich gebracht und aus den Marmeladeneimern ungeachtet der über mich herfallenden Wespen die Tagesration für die Küche portioniert hatte, fuhr ich auf Einkaufstour gen Berlin. Bei der Rückkehr ins Lager fielen mir die vielen Kinder auf, die mit einigen Helfern in unmittelbarer Nähe meines vornehmen Herrscherdomizils laut schnatternd umherwuselten. Als sie meiner gewahr wurden, ordneten sie sich rasch – nur noch murmelnd – in mehreren Gruppen und verwehrten mir den Zutritt zu meiner Treppe. »Was führt ihr denn jetzt schon wieder im Schilde?«, wollte ich gerade fragen, da stimmten sie mir zu Ehren einen Geburtstagskanon an und fielen danach über mich her, um mir zu meinem 20. Geburtstag zu gratulieren. Ich war gerührt! – Ein Gedicht hatten sie auch noch verfasst:

> Wir wünschen Dir Glück zum neuen Lebensjahr,
> Wir wünschen Dir Glück auf immerdar.
> Du sorgtest für uns alle Tage,
> Aus Deinem Mund kam keine Klage.
> Du ranntest von des Lagers einem Rand
> Bis zum andern, mit den Heringen in der Hand.
> Du ranntest mit der Strippe unterm Arm,
> Bis es Dir bald wurde zu warm.

Du bist unser unersetzlicher technischer Leiter,
Ohne Dich kommen wir gar nicht weiter.
Du gabst nicht nur einen guten Rat,
Du setztest ihn auch um in die Tat.
Du tatest alles, um was wir Dich baten,
Drum danken wir Dir für Deine guten Taten.

Wer erhält schon ein so schönes Geschenk zu seinem beinahe vergessenen 20. Geburtstag?

Das Lagerabschiedsfeuer wurde ein wirkliches Erlebnis. Aus allen vier Himmelsrichtungen kamen die Fackelläufer und zündeten gemeinsam den Holzstoß an. Unser Chor sang das Lied »Flamme empor« und in vielen Kinderaugen standen Tränen. Es waren auch schon Tränen des Abschiedes. Ein kleines Mädchen faltete gar die Hände, während das ergriffene Gesichtchen von dem lodernden Feuer angestrahlt wurde.

Über der Rückfahrt der Kinder dieses letzten Durchganges lag eine fast unheimliche Ruhe. Als wir die uns ans Herz Gewachsenen auf dem S-Bahnhof Wannsee verabschiedeten, traten nicht nur den Kindern, sondern auch uns die Tränen in die Augen.

Papa hatte wieder einmal recht

In den Sommerferien des Jahres 1949 übernahm ich abermals die technische Leitung des AWO-Kinderzeltlagers im Glienicker Schlosspark, allerdings mit weniger Herzblut. Dafür sollte ich sogar eine Aufwandsentschädigung von der AWO erhalten. Als ich mich in der Kochstraße bei Ida Wolff zurückmeldete, holte sie eine Geldkassette aus dem Schreibtisch, öffnete sie und sagte: »Fredi, sieh selbst, mehr haben wir nicht!« – Es war nischt drin!

Es wurde nun langsam Zeit, für meine Berufsausbildung etwas zu tun. Ich schränkte meine ehrenamtlichen Tätigkeiten, zum Leidwesen und teilweise auch zum Zorn, bei den Falken sehr ein und dachte an meinen Vater: Ich wurde Beamter!